Hawai'i

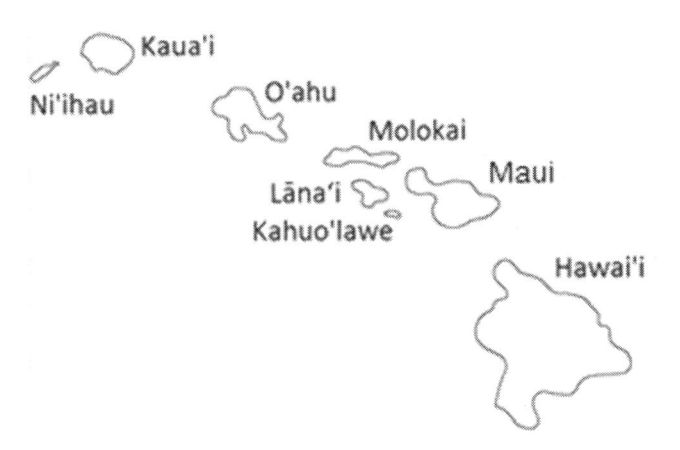

```
     Kaua'i
Ni'ihau   O'ahu
           Molokai
         Lāna'i    Maui
         Kahuo'lawe
                    Hawai'i
```

In the well-crafted Hungarian narrative the author tells a rich story of the land she considers her second home, the Hawaiian Islands, and its people. The story opens broad vistas of the natural beauty of the Islands and the history of it inhabitants weaving the story's tread from well before Hawaii became an American possession. The author's original pictures taken over 40 years enliven the presentation.

A Szigetek természetes szépsége és a Hawaii nép melegsége örökre elbűvölte az írót. Könyvében szélesen rátekint a szigetek keletkezésére, gazdag helyi biotájára és népének történetére. Sajátos narativja igen alkalmas ezirányú érzelmei átadására épp úgy mint a mélyről fakadó környezeti és tarsadalmi kritikák megfogalmazására. A könyv több, mint 150 képpel illusztrált.

Fedőlap: Pu'u Ula'ula, a Haleakala csúcskratere, Maui

Kathryn és Ruth
unokáimnak

"May your generation see
wonders undreamt."

Carl Sagan:Pale Blue Dot

Hawai'i

Emlékezéseim

Mihály Márta

Kailua, Hawai'i

Scada Publishing

Teljes könyvcím:

Mihály, Márta. 2013. Hawai'i. SCADA Internet edition –
https://createspace.com/

ISBN-13: 978-1482674842
ISBN-10:148267484X

All rights reserved©M. Orlóci 2013
lorloci@uwo.ca

Hawai'i

Bevezető az új kiadáshoz

Az elszaladt 20 esztendő sok fényt derített a hawai'i emberek eredetére, régi életmódjuk alaposabb megismerésére, de kölönösen az ősi társadalmak vándorlási útjai több lehetőséget tártak fel az élőviláguk megismerésére. Ez alkalmat adott arra, hogy a 2000-ben írott internet kiadásban közölt ismereteimet kibővitsem.

Azóta 13 esztendő múlt el, de ez lényegesen gazdagította az ismerteket és az én tapasztalaimat is. 40 esztendővel ezelőtt jártam először Hawai'i-ban és azóta sokszor visszatértem. Összesen 7 esztendőt éltem e bátor, jólelkű emberek között és láthattam a világ legszebb, legváltozóbb és legmozgalmasabb szigeteit, Hawai'i-t.

Vissza kell pillantanunk egy néhány századot a filozófiai irányok váltakozásaiban, mert csak így világosodik meg a bennszülött hawai'i ember elképzelése az élővilágról és csak így ismerjük meg a szigetek igazi gondnokait és ősi otthonukat ezeken a gyönyörű szigeteken.

Kr.e a VI.-tól egészen a XVI.-ig Thales filozófiája szerint a kozmosz minden tagja élő-észlelő és tudomással rendelkező volt. A XVII. század elején megérkezett Descartes és új filozófiája. Ez gigantikus és hosszas változást teremtett. Szerinte az ember, vagyis csak az emberi agy a gondolkodó, tervező, észlelő és tudomással biró szerv. Itt van a személytudat, az érzelem és a lélek. A test többi része az embernek élettelen, nem észlelő alkata. A többi lények a Földön nem

Mihály Márta

gondolkodnak, élettelenek és érzéktelenek.

A mai, nyugati, modern világ gondolkodásmódja szerint a kozmosz, illetve Földünk lényei nem gondolkodó, élettelen és érzéketlen gyűjtemények összessége. Egyedűl csak az ember a gondolkodó, érzelmi lény. Ez az elképzelés viszonylag fiatal.

Ez a gondolat divatossá vált a nyugati világban, a modern vallásos áramlatok is támogatták. Hiszen ez az embert a társadalom élére állította, mint vezető szellemet. Felfedeződött az egyén és az egyéni érdekek hatalmassága.

Természetesen a modern materialisztikus társadalmaknak kedvezett a nem gondolkodó, érzéketelennek nevezett természeti világszemlélet. Ez szinte emberi jogot formált Földünk nem emberi élőlényeinek, természeti kincseinek teljes kihasználására.

Hawai'i-ban több, mint két ezer év alatt megerősödött a szigetvilág sajátos életfilozófiája, amely előző otthonaik és vándorlásaik tapasztalataira épített. Ezek új otthonukban szorosabbá tették kapcsolatukat a természettel, azok élő és nem élő világával, hiszen nem volt szomszéd, semmiféle kűlső hatás, nem látogatta öket senki.

Elmesélik mondáikban, imáikban és tetteikben, hogy minden lény Földünkön rokonságban áll mindenkivel és mindennel. Ebben a kozmoszban az ember jelenléte, mint minden más alkotja a teljes, természetes egyensúlyt. Úgy gondolják, hogyha jó kapcsolatot tartanak fenn a Természettel, akkor bíztosítják annak tökéletes közreműködését.

Hasonlóan gondolkodnak az indiaiak, kínaiak, japánok és a mi Első Nemzetünk társadalmai is. Tao Te Ching hangsúlyozza, hogy minden lény a kozmoszban egyforma természetű (Of the same nature). A japán zen bőlcselkedők teljes egyesűlést keresnek a Természettel.

A descartes-i elmélet visszásságát és tökéletlenségét többen bírálták az elmúlt évszázad során, de ez a téves elképzelés igen mélyen bevésődött a modern társadalmakban, főleg a nyugati gondolkodásmóban.

Pierre Teilhard de Chardin jezsuita paleontológus és teológus írásai nagy hatással voltak a katólikus és nem katólikus olvasóira. Munkáit nagy mértékben befolyásolta a több éves kínai tartozkodása, főleg Kína évezredes miszticizmusa. Szerinte minden lény a Kozmoszban él, észlelő és képes az emberi kapcsolatokra, mert Isten él minden természetes lényben.

A XX. század fizikus kutatói a Földünkön és atmoszféránkban egy teljes gondolkodó élővilágot találtak. 1988-ban megjelent Thomas Berry:The Dream of the Earth c. könyve. E ritka reális és értékes könyv írója egy amerikai szerzetes, eko-teológus. Olvasóiban felébreszti Természetünk szépségét és hűen ábrázolja korunk gyatra, emberi gyalázatosságait, a haszonkeresés határtalan visszaéléseit az élő és élettelenekkel szemben.

Könyvének józan és igazságos fejtegetései szomorú fényt derítenek az emberek és a Kozmosz lényeinek gyatra kapcsolatára. Mi, az emberek csak igen gyenge bizonyitványt kaphatunk viselkedésünkért, Földünk élő és nem élő lényeivel szemben.

Reménykedem, hogy az ébredezés Földünk élő, étettelen és tárgyi világa iránt erősödik, hiszen ez a mi csodálatos, elbűvölő világunk, ahol mindennel és mindenkivel emberiméltósággal kell viseltetnünk.

Ebben a szellemben szeretném elmesélni e szép szigetek keletkezését, sajátos természeti szépségét. Lakói szoros kapcsolát a szigetekkel, vándorlását, ősi szokásait, isteneiket és mindennapjait. Feltétlen beszélnem kell a modern világ kegyetlen, hatalmat és vagyontszerző mesterkedéseiről is.

Mihály Márta aranydiplomás erdőmérnök
London, Ontario, Canada 2013

Mihály Márta

Bevezető az első kiadáshoz

A könyv célja általános ismeretterjesztés. Nem útikalauz. Műfaja féltudományos, ezért szakmai fejtegetései korlátozottak. Ilyen esetben a közmegértés a szerzőtől sok leegyszerüsítést és látszólagos felszínességet kíván. Ugyanakkor ez az írásmódozat kötetlenebb, mert lehetővé teszi az általánosságot, személyes élmények leírását és ezáltal népszerűsíti és szélesebbkörüvé teszi az ismereteket.

Hálás köszönetem Dr. Udvardy Miklós akadémikus professzor úrnak könyvem lektorálásáért. Irás közben azon gondolkodtam, hogy vajon ki fogja elolvasni és szakszerüen bírálni ezt a félig tudományos, ismeretterjesztő tanulmányt, hiszen kevés olyan magyar biológust ismerünk, aki szakértője a hawai`i szigetek csodálatosan sajátos élővilágának. No és ismeri azok ökológiai fontosságát, érzi lakóinak jellegzetes Aloha szellemét, tengereinek, vulkánjainak leírhatatlan szépségét, akárcsak én.

Számomra fontos, hogy a lektor lelkesedése a szigetek csodálatos

Hawai'i

természeti értékei és azok védelme iránt az enyémhez hasonló legyen, hiszen ez a lendítőkereke a lektorálásnak és az írásnak is. No és nem utolsó sorban, abban reménykedtem, hogy olyan biológus olvassa tanulmányomat, aki hajlandó leszállni a tudományok "trónusáról" és vállalkozik egy félig tudományos könyv elbírálására. A legjobb lektort találtam. Miklós bátyám erre a nehéz feladatra lelkesedéssel, azonnal vállalkozott. Nagyon hálás vagyok segítségéért.

Férjem, Dr. Orlóci László magyar és kanadai akadémikus professzor, segítőtársam volt a computer-szerkesztési munkálatokba. Köszönöm támogatását.

Mihály Márta

Előljáróban

Amikor Hawai'i-ra gondolunk egy szinte misztikus, romantikus trópusi vidéket képzelünk el. Langyos passzátszelekről, lengedező pálmafákról, meleg, gyengén hullámzó kék tengerről, örökös napsütésről álmodunk. Dús, óriás levelű trópusi növényekre, olajbarna bőrű bennszülöttekre és ne tagadjuk, romantikára is gondolunk. A valóság ennél szebb és sokkal több.

A Hawai'i Szigetek a Csendes Óceán tengeri és a szigetvilág szárazföldi élőlényeinek gazdag, természeti gyűjteménye. A bennszülöttek a polinéziai népek színes és gazdag múltú leszármazottjai. Az őshonos növények és állatok elődei véletlenül sodródtak erre a páratlanul szép szigetvilágra.

A több millió éven keresztül megismétlődő tűzhányós tevékenységek, a trópusi éghajlati körülmények és a szigeteket körülölelő több ezer kilométer széles, mély tenger elszigetelő hatása alkották és napjainkban is formálják az élőlények alig elképzelhető faji és teritóriális változatosságát.

Az idő kereke és a különleges szigeti körülmények az élőlények színes mozaikját a kaleidoszkópok gazdagságához hasonló, csodálatos remekmüvekké formálta. Az Evolúció leírhatatlan szépséget és változatosságot alkotott küllemükben. Tengeri elszigeteltségük pedig megőrizte és kifinomította a sok, különleges megkülönböztető jellegüket.

Pele vulkán istennő a tűzhányók fáklyáival jó kertészeket vezérelt ebben a csodálatos természeti múzeumba.

A bennszülöttek is messziről jöttek, bolyongó törzsek leszármazottjai. Küllemüket, nyelvüket, vallásukat és életmódjukat a messzi déli tengerek változatos világából hozták. Az ős hawai'iak kiváló építői és gondnokaivá váltak ennek a csodálatos világnak. Imáikba foglalták a szigetek köveit, megénekelték virágjait, madarait és ódákat kántáltak életet adó vízeséseikhez. Ismerték és tisztelték a tengert. Titokzatos lakóit néha testvérnek, máskor istenségeknek gondolták.

Hawai'i a meglepetések földje. Az őshawai'iak lelkiereje, vagy szelleme, a –*mana*-, átformálja a látogatót, megnöveli az életkedvét, felfrissíti és lángra lobbantja a szunnyadó, pislákoló érzelmeit. Valamilyen módon feltőlti a kiűrült sziveket, elfeledteti a bánatot. Tekintélyes űzletemberek magukról megfeledkezve, gyermekként lubickolnak a tengerben, pedig sokszor már végefelé jár a nap.

A trópusi naplemente arany palástot terít a nászutasokra. Ölelésüket gyengéden símogatja a langyos passzátszél, sűrű csillagmilliárdok lesik nászuk titkát. A gyermekek kacagnak, még egy útólsót úsznak és hangos nevetéssel, igazi bennszülött módon, a hasukon, a hullámokon csúsznak. Még a gondolata sem merül fel a holnap gondjainak.

Az emberek eme lelki beállitottsága az –*Aloha*-. A helyzettől függően lehet az –*Aloha*- búcsúzkodás is, amolyan Istenveled. De a legszebb, amikor azt mondják, hogy –*Aloha*-, Isten hozott, amint mosolygó arccal, a barátságok örök gesztusával átölelnek, és a szigetek szimbólumát, szép, illatos -*lei*-t (virágfüzért) tesznek nyakad köré. Kedves olvasóm, *Aloha*, Isten hozta Hawai'i-ba.

Mihály Márta

I.

A szigetek

A Csendes Óceán közepén, észak-nyugatról dél-keletre apró pontok jelzik térképeinken a Hawai'i Szigeteket (1. ábra). Több, mint 3500 km hosszú ez a változatos, főleg vízalatti vulkánikus hegyláncolat, melynek magasabb csúcsait a tengerből kiemelkedve szigettekként látjuk. A hegyláncolatot vulkánok építik.

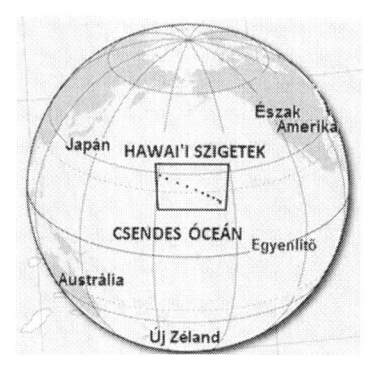

1. ábra

Hawai'i

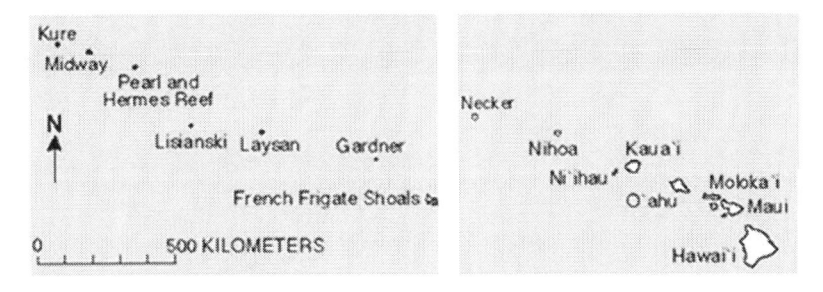

2. ábra

Az észak-nyugati lekopott, legtöbbje emberileg lakatlan szigetvilág, Kure-től Nihoa szigetig terjed (2. ábra). Természetvédelmi Rezervátum, több, mint 2500 km hosszú. Felületük lekopott csupasz lávakö, vagy növényzettel gyéren takart. A szórványos növénytakaró a legtöbb esetben ritka, őshonos (endemikus) fajok gyűjteménye. Természetesen ezek a zátonyok, lagunák és korallszigetek a madarak, fókák, teknősök rákok, halak és más tengeri élőlények otthona. Látogatásukhoz engedély szükséges.

A déli, fiatalabb csoport (2. ábra) nyolc nagyobb szigetből áll: Niihau, Kauai, Oahu, Molokai, Lanai, Kahoolawe (a katonai lőtér), Maui és Hawai'i. A sziget csoportok összessége alkotja a Hawai'i Szigeteket, vagyis a Hawai'i államot (Aloha State), az Amerikai Egyesült Államok 50. tagállamát, melynek fővárosa Honolulu.

Mihály Márta

II.

A szigetek születése

1. kép

A 1. ábra figyelmes tanulmányozása felébreszti bennünk a gondolatot, hogy talán valamikor a legészakíbb, lekopott korallszigetek, vagy homokzátonyok helyén magas hegyek lehettek és jobban kiemelkedtek a tengerből, akárcsak a mai délebbre fekvő szigetek. Valóban így is volt.

Hogy milyen magasak voltak fiatalon ezek a lekopott tüzhányóhegyek, hogyan és mikor koptak le azt pontosan nem tudják. Ha viszont a mai tüzhányó tevékenységeket megfigyeljük, akkor következtetni tudunk a sok millió éves földtani eseményekre, a hegyek eredeti magasságára, a kopás idötartamára és annak módozataira is.

A geológusok számitásai szerint a földkérgen, a tengerfenék alatt körülbelül 27-50 millió évvel ezelőtt lyuk keletkezett. Ezen keresztűl

Hawai'i

a Föld belsejéből kitört az izzó, cseppfolyós magma. Ez a magmakiömlés az évmilliók során sok ezerszer megismétlődött. Előbb a magma, szélesen szétterült a tengerfenéken, majd megszilárdult. Idővel az ismétlően kilövelt magma az előbbi réteg tetejére ömlött és egyre magasabb és magasabb hegyet épített a víz alatt. A láva egy napon elérte a tengerszíntet és a további kitörések a hegy csúcsát magasan, rétegekként a tengerszínt fölé építették. A mai szigetek látható csúcsok, melyek a tengerfenéken fekvő hegyláncolat látható tetejeként a tengerből kiemelkednek.

A tüzhányók ma is növelik a szigetek szárazföldi és vízalatti területeit. Ilyen a Kilauea 30 éve folytonosan müködő válltűhányója Pu'u O'o, amely tovább építi a legfiatalabb és legnagyobb Hawai'i szigetet (Nagy Szigetnek becézik) dél felé. Az utólsó néhány évben fokozódott a tűzhányós tevékenység, két válltűzhányó ömleszti a lávát a Hawai'i sziget (Nagy sziget) délkeleti szélére. Több száz holddal növekedik a sziget évente.

Ugyanakkor a folytonosan hullámzó tenger, a passzátszél és az esőzések állandóan pusztítják a régi (a sziget északi részeit) és az újjonan született lávaföldeket is.

A Hawai'i szigetek hosszú láncolatának keletkezése a földkéreg repedéséből folytonosan kiömlő magma és a világ földrészeinek, illetve a kontinensek lassú sodródásának következménye.

 A lemeztektonika elmélet szerint minden földrész, mint egy merev tányér úszik a Föld belsejében lévő folyékony magmán, akárcsak a törött tojáshéj a fehérjén. Évmilliók óta a szárazföldi kontinensek és ezeket elválasztó óceánok különböző irányokba sodródnak. A sodródást a magmában gerjedő hőáramlatok okozzák. Az irány és sebesség megközelítőleg kiszámítható.

Igy például tudják, hogy a Csendes Óceán tengerfenék, mint a többi földrész évente 7-13 cm-t sodródik észak-nyugatra és, ahogy lassan elcsúszík a lyuk felett, a "hátán " viszí és folyamatosan építí hegyláncolatot Japán felé. Ez az épitkezés a becslések szerint, amint említettem, 27-50 millió évvel ezelőtt kezdődött.

Az öregebb szigeteket a lemeztektonika mozgása az évmilliók alatt észak-nyugatra sodorta, messze a születési helyüktől, vagyis az eredeti kéreg lyuktól. Közben a víz és a szél koptatta a tüzhányók tetejét. Így idővel a legtöbb sziget elvesztette magasságát és a tenger alá merült. Észak-nyugat irányban fokozatosan pusztult a hegyláncolat, dél-kelet felé pedig új területekkel nőtt és ma is növekedik a Hawai'i szigetvilág.

A legfiatalabb sziget Hawai'i. Ennek a legöregebb, kihalt vulkánja Kohala 0.9 millió éves, de a sziget dél-keleti óldala új terület, a legfiatalabb. Itt minden pillanatban új terület születik, hiszen Kilauea, vállvulkánja P'u O'o most is müködik, növeszti a szigetet. Ez a vulkán 30 éve folytonosan ömleszti a lávát a tengerbe, a sziget dél-keleti csücskénél.

Hawai'i ma a legnagyobb sziget, de ez is egy napon majd túlsodródik a kéreg magmanyílása felett. Ekkor a jelenleg müködő Kilauea tüzhányó előbb alvó, itt-ott ritkán müködő, majd kihalt vulkánná válik. Később a szél, eső és a tenger lekoptatja a tetejét. Az évmilliók során lassan korallzátony nő a karimáján, később összeomlik és a tengerfenékre sűllyed vissza. Közben lassan tovább sodródik a Csendes Óceán tekéje és a földkéreg nyíláson keresztül a magmafolyás új szigeteket épít.

Nemrégen a Hawai'i szigettől dél-nyugatra, a parttól 120 km-re, már egy új tengeralatti vulkánt találtak, új sziget növekedik. Neve Loihi. Jelenleg több ezer méterre van a tengerszínt alatt, de idővel csúcsa ki fog bújni a tengerből. Nagy gőzzel és sistergéssel jelzi majd egy új hawai'i sziget születését. Úgy gondolják, hogy 100-tól, 10 ezer év múlva eléri a tengerszíntet. Loihi tanújele a földrészek fent leírt sodródás folyamatának és a szigetek dél-kelet irányú növekedésének.

A vulkánikus szigetépítő tevékenység, ahogy a mai megfigyelésekből látjuk, nem volt csendes geológiai folyamat. Néha évezredekig nyugalom volt a 6-16,000 m mély vizekben, de idővel felgyűlemlett a magma és gáznyomás a Föld belsejében és a vulkánikus csövekbe. Megteltek a magmagyűjtő medencék, majd a csövek és felszínre tört a magma, elkezdődtek a tűzhányós tevékenységek (a levegővel érintkező magmát lávának hivják).

Hawai'i

A gáznyomás hatalmas erővel zúdította a forró lávát a tengerbe. Forrott, sistergett a víz, gőztornyok szökeltek az egekbe. Sötét-kék, gomolygó hullámokat kovácsolt a víz. Lüktetett a bugyogó magma. Itt-ott a felszínre csapott a lávanyelv. Visszazuhant, messze sodródtak a gurúló, kihűlő láva-bombák. A víz alatt épűlt az új sziget.

Korallok ezreit főzte és zuzta az ízzó törmelék. Halak, rákok százai menekültek. Morajlott a tenger. Épített, ölt és pusztított a tűzhányó. Földrengés rázta a földet és a tengert. Méteres hullámok nyaldosták az újszülött, néha felbukkanó, merész, sokszor féligfolyékony, vízalatti partokat. Kötörmelékek repültek, megszilárduló lávakövek ragadtak a forró hamúhoz. Pattogott, sercegett a tűz. Rétegesen növekedett a kráter.

Bizonyosan sok ezer éves építő és romboló munka után bújhatott csak ki az új szigetcsúcs a tengerből. Nem tudhatjuk, hogy hányszor törte össze a hullámverés, rombolta szét a földrengés, vagy robbantotta darabokra a kürtőkben megakadt, félig megszílárdúlt törmelék. Minél közelebb jutott a friss lávacsúcs a felszínhez annál nagyobb volt a tenger pusztító hatása.

A mi mércénkkel ez nem lehetett gyors épitkezés. No, de volt bőven idő, senki nem látta, vagy mérte az eseményeket. Pontos részleteit a sziget épitésnek nem ismerjük. A mai megfigyelésekből csupán következtetni tudunk a lezajlott eseményekre.

Sok százezer, vagy talán néhány millió éves tüzhányós tevékenység után végre a még sistergő új kráter gyözedelmeskedett, csúcsa kibújt a vízből, megszületett. az új sziget. 3500 km-re volt a legközelebbi szárazföldtől és azok élőlényeitől.

Mihály Márta

III.

Terra Nova

Ez egy új, szűz, fekete láva Föld volt, igazi Terra Nova. Érintetlen, csodás újszülött, fényes fekete lávafelszín (2. Kép). Élettelenül és csórén, mint egy csillogó, fekete periszkóp emelkedhetett ki a végtelennek látszó, örvényes vizekből.

Létezéséről nem tudott senki. Nem gyönyörködtek szépségében. Ezer éveken át nyaldoshatta, verhette a tenger élettelen, fekete, pucér partjait. A forró napsütés szürkére égette kiálló, magasabb redőit. Ahogy növekedett ismétlődően új, forró láva ömlött az új kráterből és elöntötte növekedő partjait.

Néha ezer évekig aludt a magma a tenger mélyén, nyugodtak voltak a kürtők, csak itt-ott pufogott, vagy szállongott a füst a kráter szilárdnak hitt repedésein. Máskor a kráter mellett, a vállán, 20-30- km-re az eredeti kürttől törtek ki apróbb tüzhányók. Időnként, mint egy fáklyasor úgy világított a kráter oldala. Lehetséges, hogy 2-300 évig csak a kihűlő, visszahúzódó lávatenger füstölgött, pipálgatott, jelezve, hogy nem vesztette el erejét, ahogy a hawai-i-ak mondták

Hawai'i

"várta Pele vulkánistennő tanácsát".

2. kép

De idővel újra felteltek a kűrtők és megint sietséggel ömlött a láva a régi folyások hátára. Forrongásától volt hangos a táj. Hatalmas láva tüzek égtek. Minden nehezen megtelepűlt élőlény elveszett, megégett. A sziget partjait rendületlenül nyaldosták a hullámok, tetejét és oldalait mosta a langyos trópusi eső és köveit vájták a passzátszelek. Kopott és épűlt.

Közben sodródott az óceán tekéje észak-nyugat felé és új kráterek ébredeztek dél-keleti irányban. Bizonyosan 50 millió évtől napjainkig ez a folyamat igen sokszor és nagy változatossággal megismétlődött. A lávakitörések gyakoríságát és jellegzetes módozatát 1750- napjainkig, a 3. ábra jól szemlélteti. Ennél öregebb feljegyzés nincs.

Valóságban talán a Hawai'i Szigetek a világ legnagyobb tömegű és legmagasabb hegyláncolata. Mi csak a hegyek csucsait, illetve a tengerszínt feletti tömeget láthatjuk, viszont a hegyvonulat legnagyobb része a tenger alatt van. A szigetek körül a tenger 6-15,000 m mély, tehát a vízből éppen csak kiemelkedö csúcsok már 6-15,000 m magas tengeralatti hegyek.

A legmagasabb tüzhányó, Mauna Kea több, mint 4200 m magas, de ehhez hozzá kell adjuk a hegy tengeralatti magasságát is, hiszen a hegy a tengerfenéken fekszik. Igy a Mauna Kea tüzhányó 19 km-nél is magasabb hegyóriás.

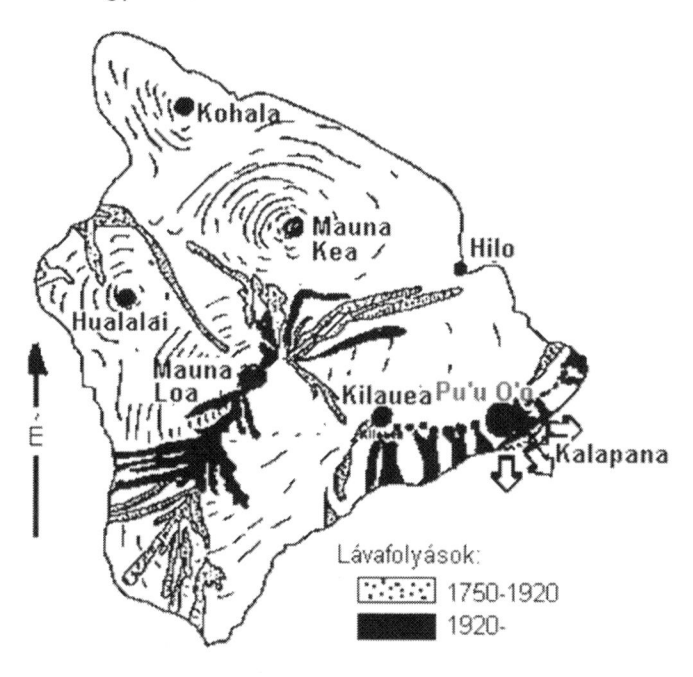

3. ábra

A hawai'i szigetcsoport átlagosan több, mint 3500 km-re van a legközelebbi földrészektől, ezért a csupasz, élettelen lávakö-szigetek betelepülése nem volt egyszerű, vagy rövid lejáratú folyamat. A biológusok szerint a mai növények és állatok ősei főleg a nyugati szárazföldi kontinensekről származnak. Véletlenül vetődtek valamelyik újszülött szigetre és onnan népesítették be a később fejlődött szigeteket.

De hogyan is kerülhetett, olyan messziről, a tengeren keresztűl egy-egy növénymag, vagy rovar ezekre a csóré, fekete lávafolyásos szigetekre? Az elképzelések szerint a szél, a tengervíz, vagy az eltévedt, esetleg viharba keveredett, vagy vándorlómadarak tollán (ragacsos, tapadó felületű magvak), lábain, emésztöszerveiben, a tengeren úszó roncsokon vándorolhattak a szigetekre.

Hawai'i

A szél, nagy távolságokon, főleg vihar esetén, csak igen apró spórákat, illetve magokat tud hordozni. Gyakran életképtelenné válik a spóra, vagy a mag a hosszú út alatt, a sósviz, vagy a szikkasztóan száraz szelek miatt. Ez a szállításímód a legsikertelenebb.

A tengervíz magszállítóképességének elbírálása ma bizonytalan, mert nem ismerjük a tengeri hullámok sok millió évvel ezelőtti mozgási irányát sem az uralkodó széliranyt. Ez főleg a kontinensek földrajzi elhelyezkedésétől függ, mely valószinüleg különbözött a mostanitól.

A legtöbb ős honos hawai'i virágzónövény előde a nyugati kontinensekről származik. Ez azt a gondolatot ébreszti a kutatók körében, hogy a viharba keveredett, vagy vándorló madarak és a kondenzcsík segítségével került a legtöbb virágzó növénymag elődje a szigetekre. A megfigyelések bizonyítják a fenti észrevételeket, ugyanis a hawai'i növényzet és állatvilág foghíjjas. Sok család, amelyik előfordul a környező kontinenseken, teljesen hiányzik a hawai'i flórából. A hiányzó családoknak rendszerint túl nagy a magja, illetve a termése, vagy pedig nehezen szaporodik. A rovarvilág ilyenmódú átterjedése még nehézkesebb.

A botanikusok úgy hiszik, hogy jelenleg kb. 2500 magasabb rendű növény fajta él a szigeteken. Több, mint 900 ezekből őshonos, vagyis csak a hawai'i szigeteken fordult elő. Ez a nagyszámú bennszülött növény kevesebb, mint 150 elődből (szigetre sodort mag, vagy hajtás) fejlődött hawai'i-vá. Természetesen a bennszülött növények és állatok száma a lakosság növekedésével csökken. De manapság ilyen nagy arányú őshonosság igen ritka jelenség.

Sanyarú sors várta az érkező magokat. Nagy részük már az érkezéskor csíraképtelen volt. Másik részüknek nem volt egy gramnyi por, vagy talaj a lávakő réseiben, ahol kicsírázhattak volna. Avagy nehezen kicsírázott, de nem volt csapadék a további fejlődéshez. Sokszor a fekete lávát felhevítette a trópusi napsütés, megsűlt az érzékeny, magas víztartalmú embrió.

Természetesen tökéletes pusztítást okozott egy-egy új lávakitörés. Ez mindent kiégetett az útjában és környékén kilóméterekre szórta az égető hamút, vagy a gyilkos lávát. Ezekből láthatjuk, hogy lassú volt az életképes egyedek megtelepűlése és még lassúbb volt kifejlődésük, hiszen régi otthonuktól teljesen eltérő, igen sanyarú körülményekkel küzdködtek a szigeteken.

A fennmaradásért folytatott küzdelmekben az évmilliók alatt a növényzet kialakított olyan jellegeket, amelyekkel sikeresen megmaradt és magokat növeszthetett az új otthonban. Ezek a növények az iskola példái az evoluciós fejlődésnek.

Ezeknek a különleges jellegeknek kialakítását elsősorban a szigetek izoláltsága, a terméketlen vulkánikus lávafolyások, a kitörések sanyarú atmoszférikus körülményei, a csapadék bizonytalansága, a trópusi éghajlat és a rendkivül változatos topográfiai körülmények tették szükségessé.

Csak némi szárazföldi növényzet kifejlődése tette lehetővé az állatvilág fokozatos megjelenését. A puszta láva nem bíztosíthat táplálékot, búvóhelyet az állatvilágnak. Ezeknek bevándorlási nehézségei fokozotabbak. Megtelepülésük és megmaradásuk a sziget mostoha és jellegzetes körülményei mellett még a növényvilág életképességétől is függött. Sokszor megmenekűlt egy-egy generáció az öregebb láva üregekbe, de az új lávafolyás kiírtott minden növényt és a köztük eldugott petéket is. Újra, csórén, élettelenül izott a lávakö.

Az egyedi átalakulás hawai'i-vá formálta az ősi, véletlenül arra vetődött és szerencsésen megtelepűlt fajokat. Például, ha hawai'i páfrányfát látunk, akkor azonnal felismerjük, hogy páfrány, de a növény mégis nagyban különbözik a világ bármelyik részén növő páfránytól. Vagyis sajátosan hawai'i.

IV.

Éghajlat

A szigetvilág kellemes, trópusi éghajlata jelentős szerepet játszott a jellegzetesen hawai'i növény és állatvilág kialakulásában. Ennek köszönhető a híres és lüktető idegenforgalma, mezőgazdasági termelékenysége is.

A téli-nyári hőmérséklet és a levegő páratartalma nagyobb ingadozásoktól mentes. Mindkettő túltengését az észak-keletről lengedező, majdnem állandó, langyos passzátszelek és a tenger közelsége mérsékelik.

Például a főváros, Honolulu, augusztusi (legmelegebb hónap) átlaghőmérséklete 26 C fok, a januári (leghidegebb), 24 C fok. A lakott szigetek átlaghőmérséklete az alacsony fekvésű területeken ehhez hasonló. A dél-nyugati tengerparti sávok rendszerint kissé melegebbek és jóval szárazabbak.

Nem sok ruha kell! Egy pamut trikkó és lengedező, tágas nadrág, vagy szoknya a legkényelmesebb. Állítólag, ruhátlanul igazán a legkellemesebb. Nem próbáltam. Viszont az őshawai'iak ruhanélkül éltek a partok körűl, csak szeméremövet viseltek. Elmondhatom, hogy a tenger közelében a sok évi hawai'i tartózkodásom alatt soha nem viseltem mást, mint fürdőruhát, vagy a legkönnyebb pamutruhát, a napfény ellen.

Természetesen a tengerszínt feletti magasság növekedésével csökken a hömérséklet és növekedik az ingadozás is. Kilauea tüzhányó (jelenleg müködö vulkán) 1400 m magasságán 14-18 C fokra süllyed a téli-nyári átlaghőmérséklet. A legalacsonyabb hömérsékletet a Hawai'i szigeteken a Mauna Kea tüzhányó csúcsának (4206 m) közelében mérték. Télen itt fagy, -8 C fokra is lesüllyed a hömérséklet. Január, február és márciusban hó takarja a kráter csúcsát, dacára a trópusi szélességnek. Ugyanakkor a partok mellett a fekete lávakö felszívja a nap melegét és a talaj gyakran 40 C fokra is felmelegedik.

A magas hegyek csúcsai legtöbbször természetvédelmi területek. Itt kevés a csapadék és sok a csupasz lávakögörgeteg, vagy hamu és kötörmelék. Ezek a területek sokszor a Hold felszínére emlékeztetnek. Az alacsonyabb részek, rendszerint a hegy nedvesebb észak-keleti oldala eső-erdővel borított, a dél-nyugati szárazabb lejtőket pedig cserjés, majd füves puszták takarják. Természetesen, a hegyóldalak különböző korú lávafolyásokkal tűzdeltek.

Ezek a lávafolyások koruktól függően többé-kevésbé növénnyel fedettek, vagy frissebb kiömlés esetén teljesen csupaszok. A lankás völgyek és a partok környéke a lakott területek. Ezeket használják legeltetésre és mezőgazdasági művelésre is. A tenger felett (a szigetek körül) az átlagcsapadék évi 65 mm. A szárazföldön a csapadék eloszlása kis távolságon belül igen változó. Az egyenlőtlen eloszlást a magas hegyek és a passzátszelek viszonya okozza. A 4. ábra (Oahu sziget) jól érzékelteti az egyenlőtlen csapadék eloszlást.

A passzátszelek a tengerről maguk elött tolják a csapadékdús légtömegeket. A szigetek észak-keleti oldalán rendszerint magasabbak a hegyek és sokszor meredekebb a partvonal is. Ezekbe ütközik a meleg, csapadékdús légtömeg, felcsúszik a hegyoldalára és ott a hömérséklete lecsökken. Emiatt kicsapódik a páratartalom és ott bőséges esőzést okoz.

Hawai'i

A part felé, déli irányba, fokozatosan csökken a csapadék mennyisége, mivel a leszálló légtömeg hömérséklete emelkedik. Ha feltekintünk a hegyekre akkor jól láthatjuk a hegycsúcsok körüli állandó sötét felhőgyürűt. A legkedvezőbb magasság a bőséges csapadék lecsapódásra 1700-2300 m. Természetesen az esőövezet magasságát befolyásolja a hegy domborzata is.

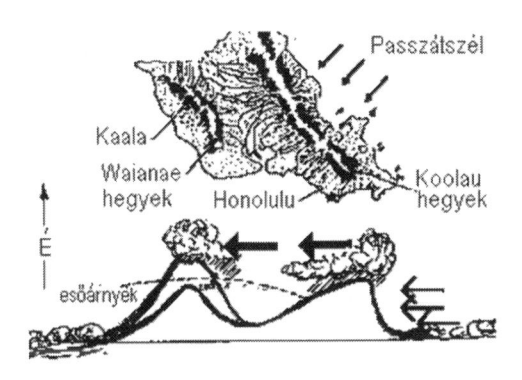

4. ábra

A szigetek két legnedvesebb pontja (ezek egyben hegycsúcsok is) jól igazolják a fenti tényeket. Waialeale (Kauai sziget) 1730 m magas vulkánhegy teteje a világ legnedvesebb lápja. Az évi csapadék itt (1911 és 1958 között) átlagosan 13 m. Az állandó esőzés miatt a csúcs ritkán látható.

A másik igen nedves hegygerinc Puu Kukui (Maui sziget), 1920 m magas, 12 m-nél több évi átlagos csapadékkal. Nehéz elképzelni ilyen sok esőt. Ezek a nedves helyek emberi telepűlésre nem alkalmasak, de lelőhelyei a ritka, őshonon (endemikus) növény és állatfajoknak. Csodálatos világ! Szinte járhatatlan.

A sziget déli oldalán csökken a hegyek magassága, fokozatosan kevesebb páratartalom marad a leszálló légtömegekben, és a partok felé egyre nagyobb lesz a szárazság. Itt, különösen a déli parti sávokon, néhány napot kivéve egész évben ragyogó napsütés, szinte sivatagi szárazság van (150-200 mm. évi csapadék).

Ezeken a helyeken vannak a kedveltebb fürdőhelyek és nyaralók (Waikiki). Érdekes módon, itt szabad szemmel is igen gyakran követhettem a csapadék csökkenést. Számtalanszor láttam, ahogy a passzátszél a hegyekből, alig 5 km-ről, nagy sebességgel hozza a sötét esőfelhőket a tengerpartra. Ezek a parthoz közeledve egyre világosabbá, majd foszlányokká váltak és a part felett egyszerűen elpárolognak. Tovább ragyogott a nap és a part felett tiszta kék maradt az ég.

A vihar a szigeteken ritka esemény. Orkánok rendszeresen, szinte minden évben keletkeznek a tengeren, de legtöbbje délre elkerüli a szigeteket. Közelsége kegyetlen pusztításokat okoz, mert a tenger hullámai szinte elseprik a parti településeket és mezőgazdasági űltetvényeket. A hawai'i parti házak a trópusi klímára tervezettek, vagyis gyenge deszkaházak, oszlopokon állanak.

Hatalmas károkat okozott az 1992-es Iniki orkán Kauai szigeten. Szinte leradírozta a tengerparti házakat és teljesen tönkretette, tövestől kitépte a nagy kőltségekkel telepített kávé ültetvényeket, éppen a szedés előtt.

Többször évente megjelenik a Kona (déli) szél. Amint a neve is mutatja, ez a szokásos észak-nyugati passzátszelek helyett a déli meleg szelek és légáramlatok uralmát jelenti. Ilyenkor először szélcsend van, emiatt felszökik a hőmérséklet. Ezzel párhuzamosan megnövekedik a levegő páratartalma.

Néhány óra elmultával lassan betódúl a szinte égető trópusi szél. Ilyenkor nyomasztó meleg van, mindenki ideges. Ez az állapot feltétlen hatással van az emberekre, különösen azokra, akik szívgyengék, vagy idegrendszerük érzékeny a légköri változásokra. Ekkor bizonyosodik be a passzátszelek fontossága a szigetek éghajlati tényezői között. A tengervíz meleg, és tiszta. Az említett éghajlati sajátosságok általában jellemzőek minden lakott hawai'i szigetre.

V.

A láva sajátosságai

A földkéreg alatt felgyűlemlett hő rendszerint magma kűrtőkön, tüzhányók lávakűrtőin, gejzirekkel (szökőforrások), melegvizforrásokon keresztül, vagy forró füst formájában távozik el a megrepedt földkérgen keresztül. A felszinre tört magma (a Föld belsejében izzó, cseppfolyós anyag), illetve láva, a föld felszínén, vagy a tengerfenéken (tengeralatti tüzhányók esetében) folyik széjjel. Ha a kitörés többszörösen ismétlődik, ahogy láttuk, a láva idővel tüzhányóhegyet épit és csúcsán krátert formál.

A geológusok elképzelése szerint a Föld belsejéből kitört magma 8-10 km mélyen, medencékben gyűlik össze. Innen a felgyülemlett gáznyomás a forró magmát a kürtőkön keresztül, a kráterbe nyomja (A levegővel érintkező magmát folyós kőnek, vagy lávának nevezzük). A többszörös lávakitörés a kürtő tetején nagyjából köralakú krátert épít, ahol a forró láva színtje igen változó a kitörési tevékenység alatt. Ha bőséges a lávaömlés, akkor természetesen túlfolyik a kráter óldalán.

Ez a tevékenység és a kilövelt anyagok visszahullása növeli a kráter magasságát. Amikor visszahúzódik a láva, akkor egyenlőre megszünik a tüzhányós tevékenység. Idővel, ha nem ismétlődik meg a tűzhányó tevékenysége, akkor a kűrtő karimája, a tulajdonképpeni kráter lekopik és beomlik. A visszamaradt karima és mélyedés a kaldera.

A frissen kiömlő láva igen forró, 1000-2000 fok Celsius, gázokkal telített. Köveket és fémeket képes felóldani. Az útjában lévő vizet gőz formájában viszi magával. Természetesen a láva kémiai összetétele a levegővel érintkezése után igen gyorsan változik. A felszínre töréskor a lávában a gáznyomás csökken, mivel egy része a gázoknak elillan, vagyis kiszabadul.

Talán hasonlíthatjuk ezt a folyamatot arra, amikor kinyítunk egy üveg szódavizet, és a lecsökkent nyomás azonnal kiválasztja a gázokat, illetve a széndioxidot. Látjuk, ahogy a felszabadult gáz a felszínre bugyborékol és habosodást okoz. A kiürült gázbugyborékok a kihűlt lávakövekben pórusok formájában megszilárdulnak. Ez adja a kihült lávakö hólyagos, szivacsos jellegét.

Hawai'i-ban a kiömlés viszonylagosan csendes, illetve nagyobb robbanástól mentes. Ennek oka a láva alacsony gáztartalma, hígabb összetétele. A hawai'i láva színe sötét szűrke, főleg folyékony bazalt. Mivel a láva híg, ezért messze elfolyik mielőtt kihűl és megszilárdulása után jellegzetes formákat képez.

A hawai'i láva folyási sebessége is gyors. Kilauea tüzhányó kitörésekor 50 km-es óránkénti sebességet is mértek. Sok esetben a láva földalatti kűrtőkben folyik a völgyekbe, vagy a tengerbe. A megszilárdulás után lávabarlangokat, néha nagy kiterjedésű alagútakat hagy maga után. Tekintettel a láva híg természetére két jól elkülöníthető, alapvető szilárdulási formálódást észlelhetünk.

Ha a folyékony láva akadály nélkül megáll és kihül, vagy alig észlelhető lejtőn zavartalanul, lassan folyik akkor sima felülettel, a folyási rajzolatok, csavarodott kötélszerű formációk megőrzésével szilárdul meg. Ezt a tipusú lávát hivják –*pahoehoe*- lávának (4. kép). Ha a láva felszíne valami akadály miatt félig megszilárdul, amikor folyik, de a belseje még folyékony, akkor a rohanó láva összetöri a félig

Hawai'i

megszilárdult felületet és nagyon zuzott, össze-vissza törött, köfolyásra emlékeztető halmazt képez. Ez az –*aa*- láva (3. és 4. kép).

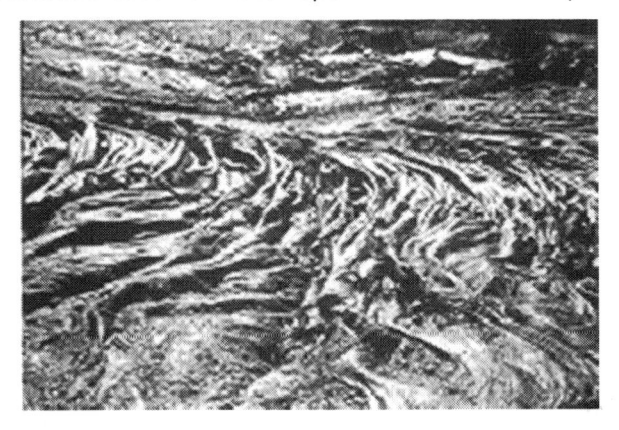

3. kép

4. kép

Föleg ezzel a két kihült láva formációval és természetesen ennek különbözö arányú keveredésével talákozunk a hawai'i lávakiömléseknél. *Pahoehoe* és *aa* hawai'i elnevezések, de használatuk nemzetközivé vált.

Amikor egy új lávacsúcs, illetve tűzhányó a tengerből kiemel-kedik, akkor természetesen teljesen élletelen csupasz lávakő. Attól függően, hogy milyen távolságra van a legközelebbi, már élőlényekkel fedett területtől a csúcs, vagyis a friss kihűlt, lávával elborított terület, betelepedési időszaka igen változó.

Meg kell emlékeznem érdekes élményeimről, belső idegen feszültségről. Furcsa érzés környékezett, amikor először egy hatalmas csóré, szűrke göröngyös lávamező közepén álltam. Ekkor döbbentem rá arra, hogy, hogy mit is jelent nekem, erdésznek az élet. A fű és a fa! Itt az élet kezdetén, annak szülőpadán leültem. Percekig furcsának, hihetetlennek, idegennek véltem ezt a környezetet.

VI.

A növényzet betelepűlése

A botanikusok szerint több, mint 2500 magasabbrendű növény van a hawai'i szigeteken. A számítások szerint ezek 275 fajból fejlődtek ki, vagyis csak minden 70,000 évben érkezett egy új bevándorló spóra, vagy mag, egy teljesen új sziget csóré partjára, ahol sikeresen megtelepedett és utódokat nevelt.

Az ős növényzet nagyrészben Indo-Pacifikus területekről, de 20% az amerikai kontinensről származik. A növény geográfusok megkülönböztetnek növényeket és állatokat azszerint, hogy milyen módon kerültek élőterületükre. Ez szerint őshonos (endemikus) és behozott (introduced) fajok csoportját különítik el. Az őshonos élőlény elődje természetes módon, emberi segítség nélkül került jelenlegi otthonába és ott emberi beavatkozás nélkül, vadon él. Ezzel szemben a behozott növény vagy állat emberi segítséggel került jelenlegi otthonába, függetlenül attól, hogy szántszándékos volt-e a betelepítés, vagy véletlen.

Ez a csoportosítás nyilvánvalóan erőszakolt, mert azokat a fajokat, melyeket az őshawai'iak hoztak csónakjaikkal a szigetekre, nem mindig sorolták a behozottak közé. Hawai'i szempontjából különös fontosságú az élőlény endemikus jellege, vagyis az olyan fajta, amelyik bennszülött, helyileg fejlődött ki és elterjedése csak a szigetekre korlátozott. Ezek különös védelemre méltók!

Ennek a csoportosításnak van gyakorlati haszna, mert egy szóval megjelöli részünkre azokat az élőlényeket, amelyek különösen értékesek. Ezek legtöbbször alacsony számuak, vagy a kihalás szélén állnak. Amikor az endemikus élőlényről beszélünk, akkor tudjuk, hogy ezek a fajták és otthonuk különös megőrzést kiván.

A jelenkori lávafolyások benépesedése egy-egy szigeten belül gyorsabb, hiszen a láva legtöbbször sávokba folyik. A sávok közötti terület a legtöbb esetben már, ha gyéren is, de növényekkel fedett. A régebbi lávafolyások növénytakarója és állatvilága néhány évtized alatt rendszerínt betelepíti az új, csupasz, kiégett területeket.Természetesen a betelepülés idötartama függ az alkalmas fajok távolságától, ahonnan szél, víz, rovarok, madarak, rágcsálók, vagy emlősállatok véletlenül elhozhatják a spórát, vagy a magot. Véletlenek kérdése megint, hogy hová esik a spóra, vagy hová szóródik el a mag.

A csupasz kihűlt láva felszíne bizonytalan és sanyarú termőhely. A nappali órákban a trópusí napsütés felmelegíti a fekete lávakövet. Eső esetén a mélyebben fekvő, még forró lava-kövekről sisteregve csapódik a felszínre a forró göz és kiéget minden csírát és rovarpetét. Idővel teljesen kihűl a láva (a friss láva mélysége igen változó, ezért teljes megszílárdulása is) és az éjszakai lehűlés és nappali felmelegedés hömérséklet külömbségeiből származó nedvesség lecsapódik a kövek alján. Ez lehetőséget teremt az algák, mohák, majd a magasabb rendű növények és később az állatvilág megtelepülésére.

Manapság követhetjük az új lávafolyások fokozatos benépesedését, hiszen a betelepűlés minden szakasza megtalálható és megfigyelhető. Az első spórák, vagy magok rendszerint a lávakövek alján telepszenek meg, hiszen ott csapódik le a pára. A kék-zöld algák *(Scytonema hofmannii)*, majd a zuzmók *(Stereocaulon vulcani)* és mohák *(Campylopus sp.)* az úttörők. Később ezeknek a társaságában, illetve vízgyűjtő sajátosságainak segitségével, rendszerint a körepedésekben csírázik ki a lávapáfrány *(Nephrolepis exaltata* 5. kép).

5. kép

Itt már egy kis talaj képződik a szélhordta ásványi anyagokból, vagy a lávafolyáskor kiégett, szél és vízhozta elporhadt növényekből. A repedésekben összegyűlt kis talaj vízgyüjtőképessége lehetővé teszi az új növény megtelepülését. Igen sajátosak ezek a növények, mert alkalmazkodnak a nappali felmelegedés okozta lávakőről visszaverődő forró levegőhöz, az éjszakai lehüléshez és a bizonytalan vízmennyiséghez. Hosszú próbálkozás után idővel kiválasztódnak azok a tulajdonságok, illetve fajok, amelyeknek otthonává válik ez a mostoha, fekete, csupasz lávakö. Iyen az -amau- páfrány *(Sadleria cyatheoides,* 6. kép), és a láva áfonya bokor *(Vaccinium sp.)* is.

A lávakiömlések gyakorisága kialakít olyan növényfajokat is, amelyek bizonyos fokig eltűrik a tüzhányók körüli magasabb hőmérsékletet, a forró gőzt és ha elönti a lávahamú, akkor a törzsén a hamú felett, az -ohia- *(Metrosideros polymorpha)* új léggyökereket növeszt, hogy életbe maradhasson

Mihály Márta

6. ábra

7. kép

Ez az életerős őshonos –ohia-fa (7. Kép) iskola példája a változatos körülményekhez való alkalmazkodásnak, amint a neve is elmondja, polymorpha, vagyis több formájú.

Az évmilliók során sok féle külső formát alakított ki, amivel minden

Hawai'i

légi és termőhelyi körülményeket kihasználhat. Ez az úttörő fája a friss lávafolyásoknak.

Éles hegyormokon apró rezgőlevelü, inkább bokor, közepes magasságú fa. A nedves erdőkben magas, szép egyedeket és kétszíntű, tipikusan hawai'i eső-erdő állományokat találunk. Ilyen a Volcano falú melletti, igen különleges -ohia- *(Metrosideros sp.)* és óriás páfrányfa -hapuu- *(Cibotium glaucum)* kétszíntű erdeje (8. kép).

8. kép

Az -ohia- (Metrosideros sp.) úttörő fa a magas vulkánikus hegyek csúcsain, ahol -8, sőt -12 fok C. fokon, erős fagyban is, megtartja örökzőld leveleit. Nem fagy le. A fa a levelek fotoszintéziséhez szükséges víztartalmát kocsonyás állapotban őrzi a sejtfalak között. Nagy mérvű sejttani vizsgálatokat végeztek a honolulu-i egyetemen e csodálatos jelenségen. Érdekes tanulmány írtak az eredményekről, a megjelent eredményekből kaptam ajándék példányt.

Hosszú heteket tőltöttünk ezekben a csodálatos erdőkben. Magas páratartalom, szinte templomi csend és páfrány illat varázsolta titokzatossá a 5-8 méteres páfrányok esőcseppektől csillogó, erősen szeldelt, szétterűlő karjait. Vörösszínű madarak cikáztak az állomány szélén ágaskodó, futó páfrány -uluha- (Dicranopteris linearis) 1-2 m vastag, gazdagon szeldelt szőnyegei között. Mindezek fölött millió esernyőre emlékeztető őshonos -ohia- fák (Metrosideros sp.) koronái terítettek árnyékot.

Ágaikról krimson-vörös pompon virágok -lehua- kínálgatták nektárdús virágjaikat a körülöttük keringő madaraknak. A virág illatos, mézédes nektárral telített. Fontos kirázni a bogarakat mielőtt nyalogatjuk e szép virágot.

Egy kis erdei házat béreltünk az erdő közepén (Volcano falú), ahol esténként a kandalóban égett a tűz, hűvös volt. Kabinunk tetején kövér eső cseppek zenéltek, dús páfrány illat keríngett. Ilyenkor doldoztuk fel a napi adatgyűjtések halmazát. Itt tőltöttük a karácsonyt és január hónapját 1998-ban. Örök emlék maradt. Néhány kilóméterre voltunk a neves Hawai'i Vulkánikus Park bejáratától és 5-10 km-re a működő vulkánoktól, kb. 1400 m. magasan.

Az -ohia-fa *(Metrosideros sp.)*, a fiatalabb lávafolyásokon, vagy az igen száraz -aa- láván, bokorrá terpeszkedik, erősen szőrös levelekkel. A lápokon csak 10-20 cm magasra nő. Az év bármelyik időszakában virágzik, de ugyanazon fa ágai külön-külön évszakban is virágba borúlhatnak. Ez a változó virágzási idő legjobban bíztosítja az útódokat. Valószinűleg ez a tulajdonság is az alkalmazkodási hajlam hasznos eredménye. Virágja -lehua- igen tetszetős, rendszerint skarlát piros, ritkán sárga, ponponra emlékeztető. Nektárdús, madarak, bogarak kedvence.

Természetesen a legtöbb kiterjedő faji elszármazás (evolució) vagyis az élőlények legnagyobb fokú alkalmazkodása az erdőkbe történt. Ez kedvezőbb termőhelyi körülményeket bíztosít, mint a csóré lávakö. A másik fontosabb ősfafajtája az idősebb lávaföldeknek a -koa- akác *(Acacia koa* 9. kép*).* Almamagszerű termése sok rovarnak és madárnak eledele. Nagyon értékes, kemény, tetszetős szövetű fa. Kedvence volt az őshawaiiaknak a kenuik és edényeik készítésére.

A Hawai'I szigeten (Nagy sziget) dolgoztunk, 1993 nyarán. Főleg a Mauna Kea (4,595 m) hegy alpesi, endemikus növényeivel ismerkedtem. Kegyetlen nehéz terep volt, meredek, öreg, köves

Hawai'i

lávafolyásokon, legtöbbször másztam felfelé a hegyóldalon. Igen ritka alpesi növények gyér társaságában voltam. Ritka nagy öröm volt. Különleges a –mamane– bokorerdő *(Sophora chrysophylla),* sürű, ezüstösen csillogó koronájával és apró sárga virágjaival, babszerű, magjaival hírdette szépségét.

9. kép

A lávahasadékokban bújkált a Tetramolopium humile, aprócska bokor, borzas fehér virágjaival. Alig hittem szememnek, mert egy Silene sp. is kapaszkodott a kövek között. Természetesen ott hírdette hihetetlen változatait a –naenae- (Dubautia sp.,) -ahinhina- (Geranium tridens) és mások. Borzasztó terepen, szakadékok mentén, a magasan fekvő mélyedések (2500 m felett), sok rovartól nyüzsgő, felejthetetlen alpesi hegyóldal volt.

A terepnaplóm mondja, hogy sütött a nap, reggel 11-kor, 18 C fok volt és 2705 m magasan voltam egy igen meredek szakadék szélén, ahol a áfonya bokrok kapaszkodtak a köfolyások között, de nem tudtam közel menni, olyan szörnyű volt a terep.

Január volt, 1993-ban. Hihetetlen tiszta, felhőtlen volt az ég és Manoa Kea-ról (Hawai'i Sziget), mint egy kilátótoronyból néztem a mélyben nyúltozkodó tengert és lengedező pálmáit. Felejthetetlen élmény volt a kirándulás. A magasság elárúlta fáradságomat. Hátizsákommal és jegyzeteimmel bizony lassú volt az út lefelé.

Mihály Márta

Ezen a nyáron (1993) Hilo-ban (Bayshore Towers) béreltünk lakást. Otthonunk a neves Hilo Öböl partján volt, a 4. Emeleten. Teraszunk alatt hömpölygött a tenger. Gyönyörű volt a kilátás, mozgalmas, csónakokkal telített az öböl.

Egy éjszaka arra ébredtem fel, hogy férjem, a földön húzott engem. Földrengés volt, a rázás kidobott az ágyból, mire felébredtem megszűnt a rázás. Azt hittem, hogy álmodtam. Hatalmas hullámokat hagyott a rázás, a közeli lávacső robbanásai okozták a földrengést. Naponta több ezer remegés, rázkodás észlelhető ezen a vidéken, de ez 4.7 fok (Reichter) erősségű földrengés volt.

VII.

Állatvilág

A rovar fajok számát a szigeteken több, mint 10,000-re becsűlik. Nagy százaléka ezeknek sehol máshol a világon nem található. A becslések szerint ezek 150 ősiformából fejlődtek ki. Ezek apró rovarok voltak és a feltételezések szerint a ciklonos szelek hozták a szigetekre.

Természetesen a rovarvilágnak is alkalmazkodnia kellett és ma is kell a fenti sanyarú körülményekhez. Nem régen az életnélkülinek hitt sötét lávabarlangokban számos ismeretlen rovart találtak. Ezek földalatti sötét, nedves, üregek, melynek felszíne a lávafolyáskor megszilárdúlt, miközben az igen híg láva gyorsan, utánpótlás nélkül keresztűl futott rajta. Igy üres maradt a cső. A későbbi kiömlések pedig ráfolytak és eltemették a barlangot. A kutatók szerint alig 100 ezer év alatt új fajták keletkeznek a sötétben. Ezt rendkivűl gyors evolúciós fejlődének vélik.

Sok kisebb-nagyobb ilyen lyuk (*puka*) van a felszínen is, amit valami okból kikerűlt a láva. Ezek igazi kíncsek, mert megőrízték, legtöbb

Mihály Márta

esetben a sok száz éves eredeti élővilágot. A lávafolyáskor ledöntött és elhalt farönkök elkorhadása is üregeket hagy a kihűlt lávában.

Az örökléstani kutatók körében híressé vált a muslicák *(Drosophila sp.)* nagyszámú fajosodása, illetve alkalmazkodása a változatos körülményeikhez. Hatalmas kromoszómáik, nagy számu hibridjeik és természetesen rövid életciklusuk igen alkalmasak genetikai megfigyelésekre. A szigetekre vetődött első néhány faj főleg apró muslica volt.

Legtöbbjük manapság sokkal nagyobb méretű a közönséges fajtáknál. Leírásuk a kromoszómai különbségeken alapul. A leírt fajok 97 %-a csak egyedi szigeteken, sok esetben csak egyedi völgyekben található és néha csak egyedi növényeken él.

Első látogatásunk alkalmával (1972) az egyetem mellett laktunk. Igen száraz vulkánikus talaj és sivatagi bokrok voltak körülöttünk a hegyóldalon. Kényelmes otthon volt. Este érkeztünk, kinyítottam a konyhatűzhely ajtaját, hogy tájékozódjam egy gyors vacsora készítése felől. Legalább 20-30 hatalmas (3-5 cm) barna bogár érdeklődő csápjai mozogtak a kezem felé. Igen gyorsan becsuktam az ajtót és lemondtam a főzésről. Undorodtam! Este az ágyba izgúltam, hogy ezek a csáposak éjjek hálótársaim lesznek. Ez volt az én első trópusi éjszakám!

Ahogy aggódva a falakat figyeltem, észrevettem, hogy apró, 6-8 cm kis gyíkok futkároznak falon és a mennyezeten, a fejem felett. Előző éjszaka repültünk, így a fáradság miatt, hosszú számlálgatás alatt elaludtam. Reggel a szekrény pólcain szemet néztek velem ezek a hatalmas bogarak és gondtalanul futkostak a gyíkok. Kiderűlt, hogy a bogarak kint élnek, a hawai'i-ak nem bánják, a kis gyíkok (gecko) pedig igen hasznosak, mert a szúnyogok és legyek tojásait eszik. Az ágyba ritkán másznak be. Reménykedtem!

Rövidesen egy kolléga kerti összejövetelre hívott bennünket, ahol saját gyűjtötte, vadászta, halászta termékeit szólgálta fel. *Ízletes falatok voltak!* Egy picike asztalnál űltem egy bennszülött kolléganővel. Hatalmas kagylóban finom hangyasaláta érkezett (íze sós tepertyűre emlékeztetett), alig tette le a gazda a tálat, megjelent a régi ba-

Hawai'i

rátom, a hatalmas svábbogár, bizonyosan legalább 5 cm. volt, csápjai elevenen keresgéltek.

Sűrgösséggel egyenesen a tálba ugrott. Kolléganőm szépen és gyengéden kezével kiemelte, mondván, hogy "no ezt nem osztjuk meg" és a bogarat szépen a fűre tette. Jó, hogy nem nekem kellett kitessékelnem bogarat. Különben itt ettem mozgó, élő tengeri osztrigát és más állatokat. Mindent megkóstoltam, néha mozgott, de kiváló ízű volt.

A madarak betelepűlése lassúbb és nehezebb volt. Talán erős viharok sodorták az ősi fajokat a szigetekre, vagy eltévedt és viharba keveredett, zátonyra futott hajók utasai voltak. Biztosan nem tudhatjuk, de a becsült eredeti 15 ősfajtából több, mint 70 madárféleség fejlődött ki a szigeteken.

Jelentős a madárvilág csőrének kiváló alkalmazkodása a nagyszámú őshonos ajakosnövények virágaihoz. Ilyenek a nektárevők *(Drepanididae)*, amelyek hosszú, hajlott csőröket fejlesztettek. Ezt a nagymérvű csőr átalakulást a szigeti növények sajátossága diktálta.

Gyakran látható a gyönyörü skarlát piros -apapane- (*Himatione sanguinea*), nektárevő madár a virágzó fákon. A legnagyobb őshonos madár a sűrű erdők lakója, a hawai'i sólyom *(Buteo solitarius)*.

Az erős fejlődéstani (evoluciós) átalakulásoknak egyik jellemző példája a hawai'i lúd -nene- (*Branta sandvicensis*), 10. Kép. Legtöbbször igen száraz helyeken, 2-3500 m magas vidékek lávagörgetegein fészkel. Úszóhártyái teljesen elsorvadtak, nem repül és nem vándorol. Főtápláléka a gyakran előforduló láva áfonya (*Vaccinium reticulatum*), és a –pukiawe- bokor *(Styphelia tameiameiae)*. Az utóbbinak is pirosáfonyára emlékeztető a bogyója. Megkóstoltam a magokat, de *ízetlennek találtam*. Tőllem pár méterre a Kilauea-Iki kráter ösvénye mellett legeltek, elegánsan csípkedték a lósóska *(Rumex giganteus)* bokor leveleit, közben susogó hanggal "beszélgettek". Nem féltek, nyugodtan csipekedtek. A világ legritkább lúdfajtájának tekintik. Két szigeten volt őshonos (Hawai'i és Maui szigetek). A kanadai lúdnak rokona. Számukat a 19. század elején 18 ezerre becsülik. Főleg a bálnavadászok pusztították húsukért. Csak a Hawai'i szigeten maradt meg kevesebb, mint 50 egyed. A manguszta is nagy púsztításokat végzett fészkeikben. Csak 1911-ben vált védetté. 1962 óta 2,000 mesterségesen kőltetett pipét engedtek el a Manoa Loa kráterének nedvesebb, növényekkel jobban fedett oldalán.

10. kép

A kisérlet sikere igen változó. Néha fészket építettek, de meddő volt a tojás, tehát ott nem pároztak. Máskor fészket sem építettek. De mégis van remény, mert napjainkban 600-ra becsülik számukat. Ebből kevesebb, mint 300 él a Vulkánikus Nemzeti Parkban (Hawai'i sziget). Több, mint 20 év után, a sok lelkiismeretes munka, no meg hatalmas kőltségek árán talán reménykedhetünk, hogy további őrtállással nem vesz ki ez a szép őshonos lúd. Sajnos a látogatók etetik.

Ritkán találkoznak emberekkel, így nem félnek. Lányom füvet kinált nekik az ösvény szélén. Nem fogadták el. Gyanakodó szemekkel nézegettek bennünket, de nem szaladtak el. Lányom és vejem az erdőszélén sátoroztak és kora reggel a -nene- lúdak látogatták öket. Manapság a fészkelőhelyeik közelében a sátorozóhelyek lezárásával próbálják megőrízni a kőltési időszak zavartalanságát.

Az idén hét tenyésztett újszülött csírkével szaporodott a kiveszőben lévő hawai'i varjú –alala- (*Corvus tropicus*). A századforduló

Hawai'i

környékén ennek az őshonos madárnak éles kiabálásától voltak hangosak a Nagysziget (Hawai'i sziget) alacsonyabb fekvésű területei és középmagasságban növekedő erdöállományai.

Ebben a században majdnem kipusztúlt. Összesen 20-25 madár maradt meg, ennek is csak a fele volt természetes előfordúlás. Számuk leccsökkenését valószinüleg ragadozók és behozott madárbetegségek okozhatták. Reméljük, megmenthetjük ezt az éles hangú, emberi közelséget kedvelő madarat.

A hawai'i szigetek különlegessége az albatrosz madár is. Lenyűgöző könnyedséggel, szinte lebeg az óceán felett. Fehérsége és kifeszített szárnyaljának fekete foltjai sajátos jelenség a hawai'i tenger felett. Nagy madár, testhossza 80-90 cm. A szárazföldön nehézkesen, szinte mókásan mozog. Nevetségesnek tűník, ahogy nekifút a felrepülésnek. A levegőben pillanatok alatt visszanyerí bíztonságát és elegáns légi fölényét. A szigeteken két féle van belőlük, a fekete lábu *(Diomedea nigrippes)*, amely főleg a nyugati lakatlan, lapos és csupasz szigeteken kőlt.

11. kép

Ritkán láthatók a nagyobb, lakott szigetek felett is, ahogyan a nagy tengerjárókat kísérik. A másik fajta a Laysan albatrosz *(Diomedea immutabilis* 11. kép*)*. Ez nagyobb, kifeszített szárny szélessége 2-2.5 m. Noha ritkán kőlt a lakott szigeteken, de egy új fészkelő pár kőltözött Oahu szigetére, Ka'ena Point Természetvédelmi területén láttam a fészküket. A parti sótűrő bokrokkal *(Scaveola sp.)* fedett homokbuckák és az endemikus, kiveszőfélben lévő növények *(Sesbania tomentosa)* természetes társaságában fészkelt. Ez a Természetvédelmi Park, Oahu sziget legnyugatíbb csücske. Igen nehéz terep, de fantasztikusak a hullámok, festői szép a tenger és zajong a sok madár. A csücske a legjobb hely a kidobott tengerikagylók tanulmányozására. Gyűjteni tilos!

A laysani albatross (Diomedea immutabilis) az utólsó évtizedben jelentős szaporodást és fészkelési területének rohamos kiterjedését mutatja. Főleg Laysan, Lisianski és Midway szigetek voltak a fészkelőhelyeik, évenként visszajártak pontosan ugyanarra a helyre. Ma is itt találjuk a nagyobb településeket. Nem tűrik az emberek közelségét, még kevésbé alkalmazkodnak a szigeti repülőtér kifutósávjaihoz, vagy a rádiótornyok vezetékeihez. Sok halálra zúzza magát és veszélyezteti a gépek bíztonságát.

Az emberi települések közelsége általában nincs kedvező hatással az őshonos növény-bogár és madárvilág életmódjára. Az utóbbi időben arra gyanakszanak az ornitológusok (madárszakértők), hogy több őshonos madárfajtát megzavar a települések éjszakai kivilágítása. Ilyenek a Maui sziget Haleakala kráterében (2500-3000 m magas) költő viharmadár –'ua'u- (*Pterodroma phaeopygia*) és a Kauai sziget vészmadara –ao- (*Puffinus puffinus newelli*).

A felnőtt viharmadarak a tengeren élnek, csak kőltéskor térnek vissza a szárazföldre. Mindkettőnek erős és hosszú szárnya van, ez kiváló a magasba szárnyalásra. Viszont lábuk gyenge, ezért a szárazföldön lassuak és nehézkesen szállnak fel. Igy könnyen a ragadozók (elvadúlt macska, kóbor kutya, manguszta) áldozatai lesznek. A parti települések kivilágítása megzavarhatja a térbeni tájékozódást.

Mindkettő fiókái éjszaka repűlnek ki fészkükből, október és novemberben. A kivilágított települések fényei sokszor megtévesztik ezeket is, korán leszállnak, éhenhalnak, vagy megölik a ragadozók.

A patkányokat *(Rattus sp.)* az őshawai'iak hozták magukkal. Nagy problémát okoznak a szigeteken. Hordozói és tárolói voltak a félelmetes bubópestis kórokozójának több, mint 50 éven keresztül, egészen 1957-ig. Nemcsak sok őshonos madár kiveszését okozták, hanem jelentős kárt okoztak a cukornád ültetvényekben is.

A kutyák *(Canis sp.)* a polinéziai, majd a hawai'i kúltura vallásos áldozati állatai voltak, amelyeket a lakomák alkalmával elfogyasztottak. 1800 körül 200-400 kutyát szólgáltak fel egy-egy lakoma (*lu'au*) alkalmával. Ezek a kutyák kis méretü, jámbor jószágok voltak. Zöldség maradékon, a házkörűl éltek. Később felfedezték a vadonba vadászást és ez természetüket megváltoztatta. Veszélyes kóborkutyákká váltak. Majd a fehér emberek fokozatos betelepűlése során behozott sok féle házikutyával keveredtek. Ezeknek a leszármazottjaiban kifejlődött a támadó ösztön még az emberek iránt is. Elvadúltak.

A lakatlan nyugati szigeteknek, Laysan, Lisianski, Necker és Nihoa szigetek partjain, a köztük elterülő korall és homokzátonyok homokjainak és lávakö pólcainak őslakója a remete fóka *(Monachus schauinslandi* 12. kép*)*. Hawai'i neve *Ilio'holo'i'ka'uaua-*. Ezek az állatok nem sokat változtak az elmúlt 15 milló évben, ezért élő fossziliáknak is nevezik őket. A fókák számát 800-1600-ra becsülik és némi szaporúlat látható.

12. kép

A trópusi fóka egyik rokonfaja, a caribi (földközitengeri) fóka volt. Valószínüleg kiveszett, 1952-ben látták utóljára. A másik rokonfaj a mediterráni fóka. Számuk 500 és 1000 körül mozog. A természetbarátok nagy örömére ebből a rokonfajtából több, mint 100 példányt találtak az északi Sporades görög nemzeti parkban. Vízí rendőrök gondoskodnak a fókák bíztonságáról. A fenti számokból jól láthatjuk, hogy mindkét fókafaj erős védelmi beleavatkozásra szorúl, különben, már unokáink csak hírüket hallják.

Az ivarérett, 10-12 éves hawai'i remete fóka súlya 200 kg körül mozog. Hossza 2.5 m. Minden második, vagy igen ritkán évente ellik. A borjak súlya átlagosan 20 kg. A tehén 6-8 hétig szoptat. A legkisebb zavarás esetén otthagyja borját. Ilyenkor az éhenhal, vagy a part közelében élösködő cápák áldozata lesz. Az emberen kivül a fókák legnagyobb ellensége a cápa.

A tengeri támadások ellen nem védhetjük őket. Sok felnőtt fóka testén hatalmas cápaharapások nyomai láthatók. A másik oka a hírtelen elhalálozásnak a mérgező halak ciguatokszinja lehet. A fókák halakkal, rákokkal és oktopuszokkal táplálkoznak. Rendszerint 15-20 percig maradnak víz alatt, 150 m mélyre is leúsznak. Nem tartózkodnak sokáig a vízben, mert valószinüleg a cápák támadásait így akarják elkerülni.

A hawai'i remete fóka nem él háremben, egyedenként sütkérezik a meleg partokon. Valószinüleg magas az energiaígénye a gyakori, 15-20 perces mélyvízí halászútaknak. Pihenéssel pótolják erejüket. A fóka nem fél az emberektől, igaz kevés jár arrafelé, így nem fejlődött ki a menekülési ösztönük. Ez sokszor még ma is balszerencséjüket okozza.

Számuk tragikus lecsökkenésének több oka van, de sajnos a legnagyobb pusztítói ennek a szép állatnak közvetve, vagy közvetlenül az emberek. A 19 és 20-ik században a hajótöröttek, toll és guanógyűjtők öldösték őket. Az 1900-as évektől számuk megnövekedett, de a háborús évek katonai tevékenységei megzavarták a párzás és az utódok felnevelését és újra csökkent a fókaállomány. 1976 óta védett állat. Zavarását igen szigorúan bűntetik.

A honolului Aquarium önkéntes ismeretterjesztő-vezetője voltam és ott ismerkedtem meg ezekkel az örökké alvó, igen szép állatokkal. Sajnos nem volt munkaengedélyem, pedig igen kedvező állást (a tengerparti növények ismertetője) ajánlottak fel.

 A hawai'i tengerpartok másik érdekessége a zöld teknős *(Chelonia mydus).* Valamikor a hawai'i királyi családok kedvenc eledele volt. A múlt század szinte sportszerű pústítása igen lecsökkentette számukat. A szigetre vetődöttek játékból a hátukra fordították őket és valami, részemre érthetetlen furcsa örömet okozhatott nekik, hogy az állatok nem tudtak hasra visszafordúlni, vagy, ha sikerült, akkor nagy mennyíségü vízet és enegiát vesztettek el. Legtöbbje gyorsan kiszáradt és megsűlt az erős napsütésben.

2009 telén a Kailua tengerpart neves öblén, reggeli sétám alkalmával egy hatalmas (kb. 1 m. átmérő) teknőst találtam a parton (13. Kép).

Hawai'i

Éppencsak eltakarta a víz, de oldalról a kagylója alól levegőbugyborékok tömege habos medencét gyűjtött az állat körül. Azonnal tudtam, hogy sérűlt. A bíztonsági őrök állomása 2 km-re volt, ott jelentettem a teknőst. Autóval felvették és állatmentővel a közeli korházba vitték. Sajnos belehalt a motorcsónak hajtókerekének a vágásába.

13. kép

Szigorúan védett állat. Ez megnövelte számukat és gyakran láthatók a honolului partok közelében is. Tengeri növényekkel és meduzákkal táplálkoznak. A leggyakoribb előfordulásaik az észak-nyugati szigetek zavartalan homokos partjai. Itt rakják le tojásaikat. Nagy kiterjedésű kutatómunkákat végeztek (1966-1982-ig) a French Frigate Shoals és Laysan szigeteken.

Ma már a legnépesebb strandokon is megtaláljuk a teknőst. Még Waikiki-n is számos látható a partok közelében.

Sokszor közel úsznak az emberhez, talán véletlenül, vagy kiváncsiságból. Én is majdnem összeütköztem egy széknagyságú, könnyedén lebegő, fekete teknőssel a városi strandon, Honolulu-ban (Ala Moana). Bevallom igen megijedtem. Ugyanis hírtelen, a teknős kb. egy méter átmérőjű páncélja a vízfelszínére emelkedett. A feketének tetsző és mozgó tömeget erős vízsodródás és sok vízbuborék kisért. Én cápára gondoltam. Pillanatok múlva a teknős fekete fejét, mint egy periszkópot nagy méltósággal a vízből kidúgta és mérgesnek tetsző szemeit rámmeresztette.

Én olimpiai sietséggel a part felé vettem az irányt. Az eseten jót mulattak a vizíbíztonság őrei, jó ismerősök voltak, távcsővel figyelték a találkát. A zőldteknős a vízben én a szárazföldön érzek bíztonságot. Késöbb, már szinte vártam a talákozást, felismertem a legelőhelyüket és tudtam, hogy békésen megférünk együtt.

A földi csigák (Achatinellidae) is híres hawai'i különlegességek. Ezek alkották a legtöbb új fajtát a szigeteken. Ennek oka valószinüleg a viszonylagos kis létterük. Ahogy mondják a csigák nem sietnek és nem mennek messze. Igy keveredési lehetőségük igen korlátozott. Becslések szerint 22-24 ősi fajta több, mint ezer új csigafajtát alkotott. Ma is egyre több és több ismeretlen fajtával találkoznak.

A fákon élő házascsigák *(Achatinella)* között alig van két egyforma egyed a több mint száz változat között. Ezeknek ősei az egyedi fákat választották lakóhelyüknek. A fákon élő penészgombákkal és algákkal táplálkoznak. Az alga és penész is fajspecifikusak, vagyis egyedi fákon élnek, védik a fa leveleit.

Ohau szigeten, a Waianae hegyláncolat egyik őshonos fán élő házascsigája *(Achatinella mustelina)* csak az *–olopua-* fán *(Osmanthus sp.)* él. 2.5-3 cm hosszú, igen lassan növekedik (1.5-2 mm évente) és csak 7-8 éves korában ivarérett. Egyszerre csak egy útódja van. Tehát nem szapora, így az egyed száma alacsony. Ha kipusztúl az *–olopua-* fa, akkor elhalnak az algák és a házascsiga is. Ez mutatja a természeti egyensúly érzékenységét.

A szigetek fokozatos épülése és lekopása folyamatos. A vázlatosan leírt események csak egy pillanat a geológiai és élettani történelmükből. Minden sziget és azon belül minden völgy, tűzhányó, kaldera, hegygerinc, hegytető és öböl kialkította a sajátos élővilágát az év milliók, vagy századok során. Fehér korallgallérok diszelegtek a szigetek partjain.

Hawai'i

A makenai partokon (Maui sz.) a part mellett, a gyönyörű kék vizben űldögélve, a lábaim mellett szabadon bujócskázott a sok színes, aranysárga pillangó hal (-*lauhau*-, *Chaetodon auriga*). Hosszú csőrszerű szájukkal játékosan csipkedték a legyező korallok tetejét.

A partok és a trópusi öblök festői szépségét, nyugalmát és csendjét csak a madarak láthatták, csodálhatták. Egyedűl voltam. Kiváltságosnak gondoltam, hogy élvezhettem és láthattam ezt a felejthetetlen, páratlan, szép világot. Évmilliókig nem látta e szép szigetsort senki. Azt hiszem, hogy szépségéből nem vesztett semmit, hiszen a látogatók most is Isten otthonának (God's country) nevezik Hawai'i-t.

Mihály Márta

VIII.

Hawai'i emberek

Nagy részletességgel írtam a Szigetek vulkánikus eredetéről és azok fizikai tulajdonságairól. Erre feltétlen szükség van, mert ezek a jellegek formálják a Hawai'i lakosság mindennapjait, növény-állat világát, úgy a szárazföldi, mint a tengeri élőlények életét. Fontos tudnunk, hogy ez nem egy állandó állapot. Jelenleg 3 aktív vulkánkitörés ömleszti a lávát a Nagysziget (Hawai'i) partvidékére és a tengerbe. Aktív építkezéssel és felmérhetetlen eróziós rombolással tőltött minden pillanat. Legtöbbje, a láva változó természete miatt csak becslésekkel mérhető, különösen a tengerbe ömlött láva mennyisége.

A tűzhányó működését kisebb-negyobb földrengések kísérik. Majd állandó gyenge remegés, rázkodás? (tremor) észlelhető (napjában 3-4 ezer). Ezeknek a fizikai (no és pszichológiai) hatásai is erős változásokat gerjesztenek. Tehát, dacára sokak gondolatának a Földünk teremtése nem befejezett, hanem egy csodálatos fejlődéstani (evoluciós) folyamat, különösen Hawai'i-ban, a változás leírhatatlanúl nagy. Ezekre később a tanulmány-omban vissza-vissza térek.

Nézzük meg, hogy kik a hawai'i-ak, honnan jöttek és hogyan varázsolták otthonukká ezt a gyönyörű, főleg lávakövekkel fedett, tengerrel ölelkező, páratlan szigetvilágot (14. Kép, Waikiki'i "beachboys" klub).

14. kép

Rendszerint, amikor a Pacifikus szigetek lakóiról hallunk akkor az elképzelhetetlenűl hatalmas, sokszor szeles, viharos Csendes Óceán sok száz kisebb-nagyobb szigetvilágára gondolunk. Vajjon hogyan merészkedtek ezek az írástudatlan, szinte "kö-korszak"-i, modern felszerelés nélkűli emberek ezen a hatalmas, másoknak veszedelmes tengeren közlekedni. Ismeretlen volt a kerék, a fémek minden formája, a számrendszer is. De a polinéziaiak felfedezték és megismerték és barátjukká fogadták ezt a hatalmas Csendes Óceánt.

Szent Augusztin írta az V. –ban, hogy a " föld második fele" kétséges létű. Laposnak hitték Földünket. Több, mint ezer esztendővel azelőtt a vikingi hajósok csak a kontinensek szélein hajóztak, mert attól féltek, hogy "lehajóznak a lapos földről", féltek a nyílt tengertől. Az

Mihály Márta

ős hawai'i-ak otthonosan behajózták a Csendes Óceánt.

Egy szép napon, Kr.u. 200 körűl váratlan látogatók érkeztek ezekre e csodálatos szigetekre. A pontos dátumot és szándékukat nem ismerhetjük, mert írásos feljegyzés nincs. Lehetséges, hogy új hazát, több halat, vagy éppen szabadságot kerestek. Állítólag a Nagysziget déli csücskére érkeztek. Senki nem látta, hallotta, vagy tudta.

Az ős hawai'i-ak, mint a küllemük is mutatja, a polinéziai, vagyis a Csendes Óceán nagyszámú szigeteiről vándorlott Lapita nép-csoport leszármazottjai. Nyelvük, behozott növényeik, szerszámaik és állataik délkelet ázsiai eredetről tanuskodik. Indonézián és Melanézián keresztűl a Lapita csoportok keletre, többen északra (Mikronéziába) terjeszkedtek. Melanézia már sok ezer évvel ezelőtt betelepült szigetcsoport. Mikronézia a Fülöpszigetekről népesedett be.

A Lepiták Pápúa Új Guinea-ből Fiji-be, Tonga-ba, majd Szamoa-ban vándoroltak. Itt már három ezer évvel ezelőtt megtalálhatók a polinéziai testalkat jellegei és ottlétük kúlturális hagyományai is. Szamoa, Tonga és Fiji a "polinéziai bőlcső" nevet viselte. Agyagedények marad-ványai tanuskodnak a Lepiták ottlétéről.

Az ásatási eredmények azt sugalják, hogy három ezer évvel ezelőtt ebből a mozgalmas bőlcsőből, vagyis a Markesas és Tahiti szigetekről vándoroltak a Lepiták északra, a Hawai'i szigetekre. Több csoport keletre vándorolt, benépesítették a Húsvét szigeteket. Majd egy másik vándorló társaság délnyugatra hajózott, Új Zealand-ban telepedett le. Útjukat itt is a Lapita agyagedények díszítő elemei és halászszerszámok maradványai mutatják. Tekintettel arra, hogy a Hawai'i szigeteken nem volt kaolin, ezek az elemek az igen népszerű tetováción megtalálhatók.

A Lepiták eredeti kiválasztódása nem lehetett egyszerű feladat, mert Új Guinea már 25-30 ezer évvel ezelőtt sötétbőrű emberek fejlett társadalma volt. Az elvándorlásuk okát nem ismerjük. Talán háborúskodás, éhség okozta ezt. Az ásatások is nehéz feladat elé állították a kutatás pontosságát. Ennek oka:Földünk jégkorszakában a tengervíz színtje jelentősen lecsökkent, ekkor több lakható partvidék keletkezett. A felmelegedéskor a felemelkedett tengervíz elöntötte a partokat, valószínűleg az akkori települések is. A lakosság sorsáról nincs beszámoló, a maradványok sorsa is bizonytalan.

Mihály Márta

IX.

Hawai'i navigátorok

Az északra vándorlás okát nem ismerjük. Talán túlnépesedés, víz-élelmiszer hiány, vagy törzsi háborúk késztették a hawai'i polinéziai népet erre a veszedelmes és hosszú útra. Majd négy ezer kilómétert hajóztak a Csendes Óceán közepén. Számukat, útvonalukat nem ismerjük (5. ábra). De bebizonyosodott az utólsó évtizedek során, hogy nem tévedésből, vagy elveszetten találtak a Hawai'i szigetekre.

A Csendes Óceán feletti, ellentétes irányú és veszedelmesen uralkodó szélirányok ma is rendkivűl megnehezítik az északra hajózást. A szélirányok erős keleti hatalma igen megnehezíti az északi irányt.

A hawai'i tengeri és szigeti ember. A legjobban a part közelében érzi magát. A kontinens idegen élmény, onnan hazavágynak. Ők a tengeri útazás világbajnokai, modern felszerelés nélkűl ma is szaladgálnak a tengeren. Fő vezérük a Zenit csillagok, vízmozgás, vízszín, hullámzás és a tengeri madarak. A vízmozgását nemcsak szemmel, de kézzel is érzékelik. De jól ismerik az Egek csillagjait is.

Hawai'i

5. abra. Hokulea

Természetesen a tengeri útazáshoz kiváló felszerelés, jól épített, erős és megbízható csónak kell. Kisebb távon, a szigetek között a legkedveltebb a kivetővel (ama) ellátott vitorláscsónak (wa'a keka'hi) volt. Manapság is ennek modern változatát használják. Ezek hosszú, keskeny csónakok. Sok esetben vitorla nélkűl, lapátokkal eveznek. Rendszerint halászni, vagy a kedvenc hullámlovagló helyeikre, esetenként a szomszéd szigetekre eveznek

A hosszabb utazásokra a hawai'i -catamaran- a legjobban bevált csónak a sok féle polinéziai tengerjáró eszközök között. Ilyenkor összekapcsolnak két vitorláshajót. Az összekapcsolás művészi. Görbített fahúsángokkal (pola) és növényrostokból fonott kötelékekkel összekötik és megnövelik a két csónak közötti területet. De talán ennél fontosabb, hogy a görbítés kissé a vízszíntje fölé emeli a teremtett hidat. Igy lehetőség van szárazabb területre a fedélzeten. Ez a görbítés hawai'i találmány. Régebben az erdőben görbítésre nevelték a szükséges élőfák ágait. Ezeknek a csónakoknak hossza 20-25 m is lehet.

Fontos megjegyeznem, hogy a kenu (wa'a) a hawai'i ember lényének és kúlturájának a legfontosabb eleme. Jól tudják, hogy annak köszönhetik, hogy a szigetekre jutottak és bizonyosak abban, hogy talán megmaradásuk is a kenun múlik.

Irott emlékek nincsenek. Senki nem látta, hogy hol, mikor és hányan szálltak partra. A fent leírott -catamaran- ba útaztak. Nem tudjuk, hogy meddig tartott az útjuk.

Az ásatások eredményei azt jelzik, hogy Ka Lae (Hawai'i sziget, legdélibb pontja) lehetett az egyik kikötőhely. Ez ma is növényekkel gyéren takart, megszilárdúlt, öreg láva görgeteg. Ka Lae csücskén találkozik két hatalmas tengeri áramlat, mely gazdag halállományt jelez, de ugyanakkor erős hullámzást is okoz. Itt vonulnak a púpos bálnák is.

Sok halászhorgot találtak a part közelében, legtöbbje Kr.u. 200-ből. Ma is jól láthatók a köbevájt kenuhorgonyzó lukak. A vízhez közel találjuk a hawai'i -heaiu-t, a lávakövekből épített szentély óltárát, ahol ma is áldozatokat (ho'okupu) hagynak Lono-nak, a mezőgazdaság védő szellemének. Én kagylót tettem a kóóltárra.

Leírhatatlanul szép a tenger mozgása, a víz színváltozása. Gyönyörű hely, mindig melegen sütött a nap. A szájam szélén gyorsan kiűlt a sós tengeri pára, gyengén lengedezett a szél és sikoltottak a madarak.

Sok kellemes napot tőltöttünk a sziget sarkán. A hatalmas kék hullámok fehér, fodros sugarai nyalták a partot, és itt-ott, a lávatörmelék és öreg korallok között érdekes, endemikus parti, rendszerint apró növények sütkéreztek. Sajátos botanizálás ez, a csattogó, fodros hullámok és a sok tengeri madár cikázásai mellett. Talán nincs is szebb ennél. Itt tőltöttünk heteket 1993 nyarán, 1998 telén és 2010 téli hónapjaiban.

Valamikor kis települések szegélyezték a lakható partvidéket. Manapság főleg halászni, vagy régi ünnepeik összejövetelén látogatják a régi -hieau-t, a körülötte lévő terület Rezervátum. Szertartásaikkal emlékeznek a régi időkre. Egy kis pihenő központ van a parttól nem messze, ahol friss gyümőlcsöt és vizet lehet vásárolni a helyiektől. Errefelé ritka a vendég. Sajnos a bennszülötteket kiszorították a parti területekről. A helyzetet a mellékelt szobor meséli el legjobban.

A navigátorok ismerték a tengeri útazás bizonytalanságát. Lelkükben

Hawai'i

mindig ős elődjeik ('aumakua) spirituális szellemével, papjaikkal és megfelelő ennivalóval hajóztak a tengeren. Az ős hawai'i emberek kenuikban hozták a legfontosabb háziállatjaikat, malacot, kutyát és csírkét. Szerszámaikat, színes társadalmi szokásaikat és természetesen az összes ősi spirituális védőikne, isteneiknek szellemét. Ezek -mana-val telített lelkisége bíztosíték volt a sikeres tengeri útazásra.

Mihály Márta

X.

Növényi örökség

A bennszülöttek kertészeti ismereteiről tanuskodik a sok növény, melyet sikerrel magukkal hoztak tengeri vergődéseik során. Csodálatos kollekcióval gazdagították a szigetek akkori, majd ehetetelen növényvilágát. Ezek a növények alkották a hawai'i társadalom zőldségeskertjét és étkezésük alapját:

Piper methysticum (kava). Gyökere fájdalom csillapító, leve hipnotikus hatású.

Zingiber zerumbet (gyömbér), virágja shampon, gyökere orvosság volt.

Hibiscus tiliaceus (hali), erős, de könnyű súlyú fa, csónaképítő.

Lagenaria sicenaria (ipu), tökféle, zeneszerszámok és tároló edényekre használták.

Colocasia esculenta (kalo), taro. A gyökérgumóját főleg étkezésre használják. Igen népszerű és kedvelt. Ebből készűl a neves –poi-, a hawai'i-ak kedvenc eledele. Több, mint 300 változatát termelik. Fontossága Hazánk krumpli használatára mutat.

Calophyllum inophyllum (kamani), hatalmas fa, fontos gyógyszer, magolaja jó torcsvilágító.

Saccharum officinatum (ko), cukor nád.

Cordia subcordata (kou), magja tápszer, fája kiváló faragott tároló edényeknek.

Aleurites moluccana (kukui), hatalmas fa, kitűnő kisebb kenu és edények faragására. Magja, diónagyságú, magas olajtartalmú. Gyógyszernek (hashajtó) és világításra használják.

Musa paradisiaca (maia), banán. Igen kedvelt gyümölcs az összes pacifikus szigeten. Könnyen szállíható, steril, így csecsemők is ehetik. Nagyjából 70 variációt termelnek. Maoli- hosszú, iholena- közepes nagyágú, popoulu, rövid, vaskos gyűmölcs, narancs színű hússal. Mindegyiket használták isteneik áldozataként. Levele fontos tányér és húsaik (malac, csírke) csomagolója a földalatti kemencékben.

Cocos nucifera (niu), kókusz. Ez a fa a pacifikus világ életadója. Két féle volt ismert az ős hawai'i-ak között:sárga és zöld. Az előbbit mindenki, az utóbbi fajtát csak a –hieau-ban és orvosságként használták.

Thespesia populnea (milo), közepes nagyságú fa, kiváló faragásokra.

Morinda citrifolia (noni), indián eperfa. Levei és citromszerű termése gyógyszerekre használt. Eleven zöld, igen közönséges bokor a tenger napos partja közelében. Úgy tapasztaltam, hogy amikor megérik a földre hull és iszonyatos büdös.

Schizostachyum glaucifolium (ohe), bambusz, Főleg zeneszerszámok gyártására használják: bambusz csörgő (pu ili), orrflut ('ohe hano ihu) és bambusz perkusson pipa ('ohe keeke).

Syzygium malaccense (ohia ai), hegyi alma. Kemény fa, gyümölcse ehető, almához hasonló, Kérge gyógyszer.

Curcuma longa (olena), turmeric. Jelentős gyógyszer és sárga festé.

Tacca leontopetaloides (pia), fontos gyógyszer.

Pandanus tectorius (puhala). Fontos rost növény. Kosarak, szőnyegek, kötelek alapanyaga.

Cordyline fruticosa (ti). Majd minden hawai'i ház előtt, vagy Mellette megtaláljuk ezt a megnyerő formájú, egy meter körüli bokrot. Elűzi a rossz szellemeket a háztól, illetve a családtól. Levelei a –hula-tánc szoknyák alapvetően szép és diszkrét alkotója. Az európaik érkezése után gyökeréből alkoholt desztilálnak. Amolyan szent bokor.

Ipomoea batatas (uala), édes krumpli. Ez a második legfontosabb hawai'i alapeledel. Ez az egyetlen amerikai eredetű polinéziai zőldség. 230 kultivárt növesztenek, ebből 24 már kihalt. Levelét, krumpliját majd mindennap eszik. Több részét gyógynövényként használják. Nagyon kellemes ízű, különösen frissen.

Dioscorea alata (uhi), yam, nem édes krumpli. Hasonló, de tovább eltartható, ezért a navigátorok kedvelték csánakjaikban.

Artocarpo communis (ulu), kenyérfa. Nagy, árnyékos fa, erősen szeldelt hatalmas levelekkel. Madarak kedvelik. Himvirágja jó spirgli volt. Fáját és mézgáját a csónakok faragására használták. A kailuai (Oahu sziget) lakásunk kertjében gyönyörködtünk mókásan lógó 10-15 cm. termésekben. Megkóstoltuk, íze krumplihoz hasonló, de szárazabb. Sok zsír nélkűl szinte íztelen, no, de az éhes ember nem válogat. Valószínűleg kenyere volt annak, aki elnevezte.

Broussonetia papyrifera (wauke), papírfa. Rotjaiból készűltek a legjobb és igen tetszetős –kapa- rostlepedők, takarók, köpönyegek és mindennemű ruházat. Rostjaiból fonták a navigációhoz szükséges köteleket is. A fém ismeretlen volt.

A fenti, ősi, főleg ázsiai eredetű növények táplálták a hawai'i lakosságot és nagyrészük ma is igen fontos alapja diétájuknak.

Az űltetés, növények gondozása és aratás szigorúan követte a vallásos tradiciókat. Élképzelhetetlen volt a jó termés a megfelelő imák, ajándékok nélkűl, a spirituális segítőkhöz, isteneikhez. Ilyenek Ku, Lono és Kane. Ku a mezőgazdasági munkások segítő szelleme, Lono az esőt kűldte és Kane a napsugarat bíztosította. A felsorolt

Hawai'i

növények közül a -taro- volt a legfontosabb és legkiterjedtebb. A növények mellett magukkal hozták kedvenc állataikat is:malac, csírke és kutya. Mindhármat, sűtve fogyasztották.

Kezdetben a tengeri állatok tartották életbe a bevándoroltakat, de később a felsorolt növények váltak táplálékuk alapanyagává.

Az őshawai'iak a szigetek felfedezésekor (kb. 2000 évvel ezelött) a mai éghajlathoz hasonlót találtak. A szigetek észak-nyugati oldala akkor is esős, a dél-keleti partvidéke pedig száraz volt. Főleg itt telepedtek le, közel a tengerparthoz, de frissvizű patakok mellett. Forrás a szigeteken nincs, az eső a frissvíz forrása. A friss víz sok helyen probléma.

Polinézia többszigetet jelent, ide tartoznak, Hawai'i, Ellice, Phoenix, Tokelan, Samoa, Tonga, Cook, Line, Francia Polinézia, Húsvéti Szigetek és Új Zéland.

Természetesen mindezeknek a szigeteknek szokásai, nyelvi töredékei, isteneik és mindennapi tengeri életük maradványai keveredtek a hawai'i emberek életmódjában.

Érdekesnek találtam a régi tengerparti gyors főzést, amit a mai napig is használnak. Az endemikus -koa-fából (Acacia koa) hatalmas gömbalakú edényeket faragtak és ezekkben főztek. A kifogott halat, kagylót, vagy rákokat a kibelezés után ezekben a fa edényekbe (calabash) rakják.

Jócskán tengervizet tőltenek az edénybe, és feltőltik a tűzhelyeken előre megforrósított kövekkel. Sistereg a víz, párperc alatt megfő a hal. Megkóstoltam és igen finom volt. Melléje a hamuban sűtnek banánt, vagy más zőldséget, melyet növények levelébe csavarnak és kókusztejjel locsolnak. Igen-igen ízletes. Ma is a legtöbb polinéziai szigeten használják.

XI.

Pele a tűzhányók istennője

A mondáik szerint Pele, a tűzhányók gerjesztője és istennője vezérelte útjukat, világította az egeket és a sötét tengert a tűzhányók láva szökőkútjaival. Ezekkel a csodálatos fénycsóvákkal, mint fáklyákkal, távolról csalogatta öket a szigetek felé. Peléről sok monda maradt fenn, többen napjainkban is félelemmel gondolnak rá.

A mondákban többféle megjelenési formája van Pele-nek. Néha gyönyörű fiatal leány, aki az illatos páfrány szőnyegek, vagy az – ohia- fa nektárdús virágja -lehua- között kacérkodik, hallgatja a társát kereső madarak beszédét. De legtöbbször öreg, boszorkányszerű, szerelmet kereső, féltékeny bosszúálló vénasszonyt látnak, aki hírtelen, sokszor láthatatlan, de hallható szavakkal előre jelzi a készűlődő vulkánikus kitörést. Közben előkészíti a lávaömlést, hiszen Pele a tűzhányók királynője is.

Én soha nem láttam Pele-t, viszont, amikor a működő tűzhányó közelében voltam, akkor igazán felmértem a mondák erejét és vártam, hogy kilép a lángok közül és megállítja ezt a hatalmas zajt, lángolást, recsegést és az egekbe rohanó tüzes szikrákat, gomolygó, büdös, ijesztő füstöt, melyek a világvégét jelezték! (15. kép).

15. kép

Úgy tűnt, hogy Pele volt! 1994 tavaszán, körbe hajóztam a szigeteket. Csodálatos élmény volt. Hajónk néhány km-re meg-közelítette a müködő tüzhányó lávanyelveit, ahogy a tengerbe ömlött. Ekkor a láva a Kilauea tüzhányó vállkráterének, Pu'u O'o nevü (kihalt madár név) kűrtőjéből ömlött. A kráter tetejéről, sugárszerüen folyt a láva, főleg a tenger felé. A sötét égen hatalmas csillagok milliárdja szikrázott a langyos trópusi éjszakában.

A háttérben kilóméterekre látszott a fellövelő vörös, izzó láva. Hatalmas gőz és füsttornyok, mint megcsavarodott sárkányok lebegtek a sötét, haragos fekete tenger felett. Erdőtüzek, hangos recsegéssel, akárcsak kanyargó égőkígyók kisérték a tenger felé siető vörösen izzó lávát.

Ahogy percenként közelebb kerültünk a tengerbe beömlő vörös lávatömeghez, úgy egyre kénesebbé vált a levegő (vog). A gőz, égő darabok, szikrák és a füst robbanásszerüen lövelt a magasba. Vörös nyelveket pumpált Pu'u O'o. Gomolygó, magasba lövelő, szikrázó, lángoló, ijesztő és recsegő zajos világ volt ez. A tengervíz szinte forrongott, hatalmas hullámok verdesték hajónk óldalát. A vörös lángok tükörképei, illetve szineik a hullámok tetejét festegették. A látvány szinte pokoli félelmet keltett bennem.

A hawai'i néphít úgy véli, hogy csak Pele és rokonsága teremthet ekkora tüzet, zajt, meleget, füstöt, ennyi fényt és forrongó tengert. Valakinek a lángok között kell laknia, aki gondozza és gerjeszti a tüzeket! Ez Pelének, a tüzhányó istenségnek az otthona.

Hawai'i kantáták, énekek, táncok és versek köszöntötték Pele-t. A hawai'i-ak áldozatként ételt, italt ajánlottak fel és virágokat dobtak a tengerbe. Kérték Pele-t a vulkánok lecsendesítésére, akárcsak az őseik tették 2 ezer évvel ezelőtt.

Megmerevedve, bizonyosan tátott szájjal és az izgalomtól kiszáradt torokkal szorítottam a hajófedélzet korlátját. Csodálatosan szép és rendkivül érdekes látvány, no és feletébb izgalmas élmény az éjjel kitörő vulkán. Az álmélkodó arcokat veresre, majd szűrkére festette a gomolygó lángokon táncoló füst.

A nagy, 90 ezer tonnás sétahajónak, útvonalát a legidűszerűbb műszerek és módszerek írányították. Azt is tudtam, hogy a partról megnézzük a tüzhányót. Vajjon, hogy viselkedtem volna, ha egy kis vitorláshajóban, vagy a polinéziaiak -catamaran-ján útaztam volna, két ezer évvel ezelőtt? Sötétben, nyűgös gyermekek és visongó malacok társaságában, a korom fekete, végtelennek tűnő 8-15000 m mély, állandóan mozgó tengeren?

No és nem számíthattam volna erre az "égi" tűneményre, ahol a vizből hírtelen tűznyelvek löveltek az egekbe. Vajjon mit is gondoltam, vagy mit csináltam volna? Bizonyosan a védő szellemek, az istenek vezérlő erejére és a tűz elleni védelemre gondoltam volna én is. Segítségül hívtam volna a tenger, a felhők, a csillagok és a hold védő istenségeit. Feltétlenül én is a félelemtől reszketve Pele-hez fordúlnék, a pokoli tüzijátékok megállításáért.

A monda szerint, amikor az ős hawai'i-ak a szigetekre találtak, Pele, a szép tüzhányó istennő a szigeteken vándorolt. Otthont, illetve a vulkánok tüzét kereste. Ahogy a tüzhányók között barangolt Kauai szigeten megismerkedett Lohiau-val, aki szépsége mellett a hagyományos hawai'i -hula- táncnak is nagy mestere volt. Pele és Lohiau egymásba szerettek. Pele a legnagyobb szigetre, Hawai'i-ra, az aktiv tűzhányóba kőltözött. Lohiau egyedül maradt és bánatában meghalt.

Testvére Hi'iaka, feltámasztotta és Pele könyörgésére Lohiau–val a Hawai'i szigetre mentek. Érkezésüket az istenek nem szívlelték, ugyanis szerelmet gyanítottak Hi'iaka és Lohiau között. Valóban a szerelmes testvérpár összeölelkezve érkezett a tűzhányó széléhez, Pele otthonába.

Pele féltékenységében a tűzhányók lángnyelveit csavarta testük köré. Mindkettőt elégette. Késöbb bánatában feltámasztotta öket, de meglepetéssel látta, hogy a kettő örökre egymásba szeretett. Féltékenysége és bosszúállása szerelmének örök elvesztését okozta. Pele istennő azóta is a tüzhányókban vándorol és ott bánatában tüzeket gerjeszt, így meséli a legenda.

Pele igen sok formában maradt fenn a hawai'i legendákban. Ha nem is látjuk Pelét, mondják, akkor is éreznünk kell a jelenlétét a tüzhányók között. Ha csendben hallgatózunk akkor még a szívdobbanását is hallhatjuk, suttogják a hawai'iak.

Pele tüzes temperamentumát, bosszús viselkedését valamennyire kiengesztelhetjük, ha valamiféle áldozattal, vagy szertartással áldozunk neki. Ha jól választjuk ki az engesztelési ajándékot és a szertartást, akkor talán legyengűl a tüzhányó, vagy el is alszik. A régi hawai'i szokások szerint a kráterek széléhez virágot, gyümölcsöt, néha egy-egy üveg italt (modern ajándék!) helyeznek el engeszteléskképpen. A lávafolyások úttörő növénye, a piros lávaáfonya, az -ohelo- bogyó (*Vaccinium sp.,*) Pele istennő kedvelt csemegéje, a legjobb növényi áldozat (16. Kép, Kailua Iki krátere).

Kölönben ez a tetszetős majd egy méter magas bokor igen szereti a csóré, öreg lávát, hamúval (cinder) fedett, száraz, napos hegyóldalakat. Szép, piros bogyókkal telítettek a hajtásai. Csalogatja a látogatót a kóstolgatásra. Finom, friss, űdítő levekre gondoltam én is, ahogy a nagy hőségbe megkóstoltam. Hírtelen az erdélyi piros áfonyára gondoltam, de ez ízetlen bogyó volt. Ez a -nene-lúdak főeledele.

16. kép

XII.

Újjabb tengerjárók

A 11-ik században új tengerjárók érkeztek Tahitiból és a Maori Szigetekről. Igéretesnek találták a szigetvilágot. Letelepedtek. Volt elég hely. Új hazájukat régi otthonukról (Hawai) Hawai'i-ak nevezték el. Nekik is –*catamaran*- csónakjuk volt.

Ez a mai napig kedvelt, hosszú tengeri útakon megbízható közlekedési eszköz. Fából faragták, a kókuszdió rostjaival kötözték össze, a kenyérfa mézgájával ragasztották. Vitorláikat pandanus (*Pandanus tectorius*) levelekből fonták. Ők is magukkal hozták családjukat, kedvelt növényeiket és házi állataikat. De mindenek felett velük hajózott sajátos nyelvük, szokásaik, szertartásaik, védő isteneik, törvényeik és művészetük.

Gondolataikban istenségeik, mint védelmezőik és lelki támogatóik sokasága kisérte őket. Köztük utazott a 4 leg-nagyobb istenség, a 40 nagy istenség, a 400 mindennapi istenség. Ezenkivül érezték, hogy még számos alacsonyrendű istenség is követte őket. Tengeri vándorlásuk során buzgón áldoztak nekik. Különösen kérték a szelek istenségének, Laamaomao-nak segítségét. Ezeket az ősi, énekes verseikből (*chant*), kantálásaikból hallhatjuk. Iránytűjük az északi csillagok voltak.

A szigetek szépségének megpillantása csodálkozással, de ugyanakkor félemmel tőlthette be a kenu fáradt utasait. Pele tüzhányó istennő nekik is világította az útat a sötét tengeren. Egekbe szökő lávák tüzíjátéka üdvözölhette a fáradt, de hitében és hagyományaiban gazdag polinéziai tengeri vándorlókat. Öket is Manoa Loa és Kilauea tüzhányói vezérelhették Hawai'iba. Lehetséges, hogy egy-két emberőltő emlékei még vissza-vissza vitte öket régi hazájukba, de idővel otthonukká vált Hawai'i. Rövidesen házasságokon keresztül az újonnanjöttek keveredtek a már itt élő régebben bevándorolt Marqueza-I és Szamoa-iakkal. Ez a keverék népcsoport a magja a mai bennszülött hawai'i lakosságnak.

A 10-12-ik század kis számú, merész európai navigátorai féltek attól, hogy " lehajóznak a tenger széléről " (laposnak hitték a Földet). A tengert, de főleg az ismeretlen messzességet igen veszedelmesnek tartották. Ezzel ellentétben a polinéziaiak, akiknek elődei több évezreden át a tengeren csatangoltak, fenntartás nélkül bíztak a tengerben, navigációs képességeikben és vizíjárműveikben. Merészen jöttek-mentek, a Csendes Óceán végtelennek tetsző vizein, mint a játszótéren.

Viszonylagosan könnyen és rövid idő alatt kolonizálták az úgy nevezett polinéziai háromszöget. Vagyis elfoglalták az északi Hawai'i szigetektől le a dél-keleti Húsvét szigetig és onnan a dél-nyugati Új Zéland szárazföldi területeivel bezárt óriási tengert. Ez a háromszög alakú terűlet, illetve tenger hatalmas, nagyobb, mint Észak és Dél-amerika együttesen.

Merészségüket, bizonyos fokig talán mély vallásosságuk okozta, hiszen őseik istensége Tangaroa kebelbarátja volt a tengernek. No és, ha a Nap, Hold és Föld nem "rendetlenkedtek ", hanem betartották pályájukat az Egekben, akkor mitől is félhettek volna, kérdezi a legenda. Éppen ezért, ha hajótörés érte öket a zátonyokon, vagy elvesztek a viharokban, akkor nem a tengert, hanem sajátmagukat hibáztatták. Úgy vélték, hogy iránytvesztésüket hálátlan, vagy arcátlan viselkedésük okozta az istenekkel szemben és azok elégedetlenségük jeléül kűldték a bajt. A tenger és összes lakója mindig megbízható, ártatlan, igen tisztelt, szinte imádott, életadó testvér maradt.

A polinéziaiak, illetve az őshawai'iak csónakjai fából épültek. Mivel az élőfák Tane istenség gyermekei voltak, ezért a fa kidöntése előtt Tane engedélyét kérték. Az épités a vallásos szabályok szigorú betartásával történt. Imádságok és szertartások kisértek minden mozzanatot. Az építés telihold idejében kezdődött. Előző éjszaka a fafaragók köbárdjaikat "szent" helyre tették "aludni". Imádkoztak Tane istenséghez, hogy erősítse meg azokat. Reggel énekekkel "felébresztették " és a tengerbe mártogatták a szerszámokat, hogy a tengervíztől még erősebbé váljanak. Ezután kezdődhetett csak a faragás, Tane istenség segítségével. Mindezeknek gazdag, énekes és -chant- hagyomá-nyai vannak.

A kenuknak alapvető szerkezete lényegesen a mai napig sem változott. Csak méreteik, kis családitól, nagy tengerjáró és háborús célokat szólgálóig terjedtek. Díszítőelemeik nagy változatosságot mutatnak. Az istenek irányításával épült -catamaran- erejét természetesen emberfelettinek tartották és megbizhatónak hitték. Néha évekig épült egy-egy nagyobb darab. Ünnepélyek, sok tánc és hatalmas lakoma előzte meg a tengerre bocsájtását. A szertartásokon a törzsfönök, papjaik és az egész falú lakossága jelen volt. Amint láttuk a polinéziai navigátor hitt ősi isteneiben " Vezéreld az evezőlapátom nyelét, oh Nagy Randi" (maori tengeri kantáta), imátkoztak a hullámokhoz, a szélhez és a felhőkhöz. Természetesen az istenekhez küldött fohászkodások mellett hasznosították a megfigyelésekre és tapasztalataikra alapozott ismereteik páratlan gazdagságát is.

Jó barátjuk és ismerősük volt az Égbolt. A Nap pályája volt az égitájak nappali jelzője. Éjszaka a Hold és a csillagok vezérelték öket. Szinte imádták az ég csillagmilliárdjait. Jól ismerték és használták úgy, mint iránytűt, több mint 150 égitest pályáját. Borús napokon a víz sodrása és a szél vezérelte öket. Jól érzékelték, szabadszemmel és kézzel is a víz mozgását és a sodrási irányokat.

Mihály Márta

XIII.

Hokulea, Örömcsillag

Irott nyelve, vagy térképe az ősi hawai'i-aknak nem volt. A hajózási irányokat verses, éneklő, történetet mesélő, néha táncos (*chant*), szájhagyományok őrizték. A tengeri útazásaik alatt ezeket a verseket ismételgették, kantáták, illetve éneklő versek -*chant*-ok formájában. A legtöbb része ezeknek a kantátáknak elveszett, mert kihaltak a versek ismerői. Szerencsére akad még néhány idős polinéziai, aki emlékszik az élő "iránytűre ".

Manapság komoly kutatómunka folyik ezeknek a -*chant*-oknak gyakorlására és írásos megőrzésére. Az utólsó évtizedben igen sok elfelejtettnek gondolt monda, ének és -chant- került felszínre. Nagyban segítette és manapság is ápolja ezt a kuatómunkát a hawai'i függetlenségi harcok megélénkűlése és természetesen a nyelvük hivatalos elismerése.

1976 és 1980-ban a régi csónaképítés hagyományaival és a kantáták, illetve –chant-k vezérletével egy tucatnyi hawai'i navigátor elhatározta, hogy megépítik az ős polinéziai *–catamaran-* másolatát és Tahiti-be hajóznak. Igy felújíthatják a régi építési módokat,

Hawai'i

kipróbálhatják a bíztonságosságát és az éneklő versek térképészeti hitelességét.

A vállalkozás önkéntes munka volt és a régi hagyományok szerint több százan vettek részt faragásában. H. Kawainui Kane a Szigetek régi eseményeinek neves festője, írója és kenujaik építésének szakértője volt az első kapitány a Hokule'a útjain. Vízrebocsájtását, keresztelését nagy lakomával ünnepelték. Hokulea- nak (Örömcsillag) nevezték az utazó –catamaran-t.

Hokulea a hawai'i neve Arcturus csillagnak, amely valamikor visszavezette az ősi navigátorokat Hawai'i- ba. Hokulea Hawai'i-ból Tahiti-be, a Cook szigetekre és Új Zealand-ba hajózott. Végül is útasaival visszatért Hawai'i-ba. Több polinéziai sziget meglátogatása után összesen több, mint 28 ezer km-t útaztak, a jelenkori müszerek használata nélkül, a régi módszerekkel.

Amint a mellékelt ábrák (6. és 7. ábra. Hokulea tervrajza és útirány.) mutatja, hogy a kántálás iránytűje kiváló volt, hiszen az eltérés a tervezett és a tényleges útvonal között elenyésző. Természetesen a versek elméleti irányadását a tengert jól ismerő és nagy gyakorlati tapasztalokkal rendelkező, idősebb hawai'i navigátorok tengeri tapasztalatai egészítették ki. Hokulea manapság a Kamehameha királyról elnevezett bennszülött iskola tengeri tagozatának kenuja. Az út sikere megerősítette a hawai'i nemzetiségi önérzetet.

6. ábra

Mihály Márta

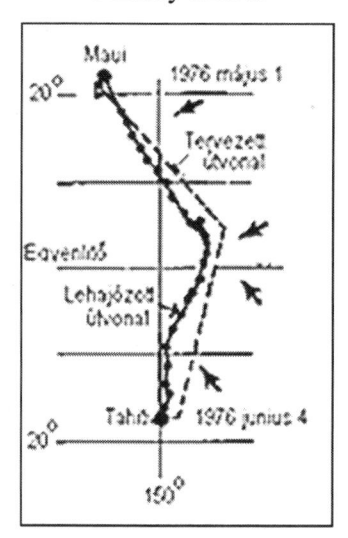

7. ábra

XIV.

Hawai'iloa

1993 julius 24-én avatták fel a második vitorlás utazó -catamaran-t, Hawai' loa-t. Építésének célja a régi hajózási, avatási kantáták és szertartások, valamint az építés módszereinek gyakorlása és tökéletesítése volt. 1995-ben a Marquesas-i szigetre készűltek. E sziget lakosságának nyelve leghason-lóbb a hawai'i-ra és halászfelszerelésük is nagyjából megegyező. Nagy volt az érdeklődés.

Az új hosszú kenu, illetve -catamaran- neve Hawai'i loa. Igy hívták azt a halászt, aki hitük szerint felfedezte a szigeteket egy hosszú halászútja alkalmából. Hazatérte után, elhozta feleségét és 8 navigátort. Mivel csak Hawai'i loa-nak volt felesége, ezért az őslakók származásukat neki tulajdonítják. A Hawai'i szigeteket erről a halászról, Maui, Oahu, Kauai szigeteket pedig a gyermekeikről nevezték el. Ezek gyermekei népesítették be Hawai'i-tól délre fekvő Marquesas és Society szigeteket. Igy meséli el a verses kantáta.

1991-ben kezdték építeni a Hawai'i loa-t, több százan részt vettek a munkálatokban, akárcsak sok száz évvel ezelőtt. Néhány hónapos keresgélés után kiderült, hogy a hawai'i szigeteken nem találtak elég hosszú (25 m), hibátlan őshonos –koa- akác rönköt (Acacia coa,) a – catamaran- kifaragásához. Ez volt régebben az építés fafajtája. Segítségért az alaszkai Tlingites és Haida indián törzsekhez fordúltak.

Ők azonnal meghívták a hawai'i-ak képviseletét és a kettőjük ősí hagyományai szerint az alaszkai erdőben együtt kiválasztották a két, hatalmas -szitka- fenyő (Picea sitchensis) rönköt. Meg-áldották a két hatalmas farönköt és a Csendes Óceánon keresztül útjára bocsájtották a nemes ajándékot, Hawai'i szigetek felé.

Ennél szebbet nem is adhattak, hiszen úgy az indiánok, mint a hawai'i-ak életében különösen fontos szerepet tőltött be a fa. Ennivalójuk, ruhaneműjük, kenu és más építőanyagaik fából, vagy azok melléktermékeiből készűltek.

A hawai'i-ak istenségeik fizikai mását, az indiánok történelmüket és mondáikat őrző -totem- szobraikat mindig fából faragták. Szimbólikusan ugyan, de a két farönk hídat épített a két törzs közé, akiknek multja igen hasonló és jelenkori kűzdelmeik is többé-kevésbé azonosak. A közreműködést a honolulu-i botanikus kerti -totem- oszlopa örökíti meg.

Hónapok elmúltával két hatalmas lucfenyő rönk érkezett Alaszkából Hawai'i-ba. Ezekből faragták a csónak testét. -koa- akácot (Acacia coa) használtak a kenu eleje és farrészének kifaragásához, a kenu korlátjait pedig őshonos hibiszkusz –kokia kekeo- (Hibiscus arnottlanus) fájából készítették. A keresztfákat az úttörö –ohia- (Metrosideros sp., 5. kép) szép vöröses fája díszítette. Büszkén, útra készen várakozott Hawai'i loa a felavatásra 1993 julius 24-én.

Ebben az évben a nyár egy részét Hilo-ban, majd a nyár közepétől 1994 április végéig Honolulu-ban tőltöttük. Férjem meghívott professzor volt az egyetemen, matematikai ökológiát tanított. Nekem nem volt munka engedélyem, de tárgyakat hallgattam és helyi neves aquarium-ba, mint önkéntes dolgoztam.

Waikiki szélén laktunk egy hatalmas épűlet 34-ik emeletén. Szép volt a kilátás, de én inkább a földhöz közelebb érzem jól magam. Egy éjszaka nagy zajjal visítani kezdett a

Hawai'i

Azonnal magamköré csavartam a lepedőmet és a táskámmal a vészkijárat lépcsőházába futottam. Elindultam a lepcsőn lefelé, de már a 30-ik emeleten elakadtam. Az emberek nagyrésze, főleg idősebbek egymás hegyén-hátán próbáltak lemenni. Legtöbbje a lépcsőn űlve "álmélkodott". Sokak fején, hátán, de lejutottam a fölszíntre és egyenesen a hatalmas kerti uszodába mentem. A vízből néztem a lángokat és a ruhátlan sok embert, akiket a mentősszólgálat hozott le. A legjobb a földön!

Nagy szerencsémre a Hawai'iloa óceánjáró -catamaran-felavatási ünnepségekre meghívót kaptam és nagy várandósággal készültem erre a számomra ismeretlen és a hawai'i-ak számára emlékezetes, nagy jelentőségű ünnepnapra. Természetesen a szertartásokat hawai'i nyelven tartották. Gyönyörüek voltak a kantáták és áldozati könyörgések. Banánt, piroshalat és kókuszdiót ajánlottak fel Ku istenségnek. Kérték segítségét és remélték, hogy az istenség szelleme különleges erejével megerősíti az új kenut. Védi és őrzi hosszú, tengeri útjain. Őshazájukba készűltek.

A kenút felszentelés után a vízre eresztették. A családok és a jelenlevők virágkoszorúval diszítették a szép alkotást. Én is lila-orchidea fűzért akasztottam a keresztfára és szívemből kivántam útasainak szerencsés jó útazást.

Ezután a régi szokások szerint a vigadalom következett. A szomszédos szigetekről is jöttek rokonok, vendégek. Tánc, ének és a híres hawai'i lakoma (*lua'u*) tette emlezetessé a keresztelőt. Természetesen kantátákkal köszöntötték az alaszkai indián törzsek ajándékát és köszönetük jeléül virágokkal halmozták el a képviselőket.

Párás, meleg idő volt. Hírtelen bőséges trópusi zápor áztatott el bennünket. Hatalmas és igen széles szivárvány ölelte át a kékszínű öblöt. Az elkésett esőcseppek békét szórtak az ünneplőkre.

A hawai'i-ak hite szerint az esőt az istenek kűldték, tetszetősnek vélték a kenút, az áldozatokat és az összejövetelt. Számomra szép emlék marad e meghitt alkalom. Szerencsés tanúja lehettem e különleges eseménynek. A -*catamaran*-t utóljára, majd egy évvel késöbb láttam a híres hawai'i hula tánc versenyen és népművészetí kiállításon. Útrakészen állt, most Marquesa-ba, büszkén lengette zászlóját a hilo-i kikötőben (Hawai'i sziget). Hawai'i Loa az ősi müvészetek egyik legszebb alkotása.

A polinéziaiak, vagyis a hawai'i-ak természetesen a saját kenujuk-t tartották a legnagyobb értéküknek (8. ábra. A kivetős kenu). Néha csak unalomból, máskor törzsek közötti ellentétek, vagy kifogyott ennivaló miatt szálltak a tengerre. Menekűlő feleségek is könnyen elszöktek csónakjaikkal egy boldogabb élet, illetve jobb szerető, férj vagy sziget felé.

8. ábra

Legendáik beszélnek szervezett felfedező utakról is. Ilyenkor ajándékokat vittek magukkal és tetoválással (polinéziai szó, -*tatu*-) tüntették ki egymást egy-egy sziget felfedezésének jutalmául. Az ősí tengeri barangolási ösztön még ma is él. Számos szigeten a fiatalemberek a férfiváérés jelképeként könnyedén több száz kilométert kenúznak. Manapság is évente megismélődik a híres szigetek közötti kenu verseny. Nyílt tengeren 40-50 km-es, vagy ennél is hosszabb távolságokon lapátokkal eveznek, versenyeznek. Ritkán láttam ennyire erős karizmokat és szép hawai'i formákat. A meleg parton együtt ünnepeltük győzedelmüket.

A tengeri bolyongások és az állandó, huzamos kenuhasználat az évezredek során kialakított egy sajátos fizikai külsőt is. Általánosságban a polinéziai szigetek lakói erős felsőtestű, vaskos lábú emberek. Kitünően alkalmazkodott testalkatuk az evezésre és a vízi sportokra. Igen kifejező a hawai'i benszülött testmozdulata, amikor a vízbe ugrik. Eltér a megszokottól. Az egész teste felveszi a hullámok vonalát, szinte, igen elegánsan hullámá válik, belegörbül a hullám mozgásába.

A tenger és a tengerpart nem csak halászhely, hanem játszótér és családok találkozó helye is, olyan, mint régi falvaink piactere. Ismerik és imádják a vizet.

A látogató okosan teszi, ha megszívleli a helyiek viselkedését. Ha a hawai'i nem megy a vízbe a strandokon, vagy a parton, akkor tanácsos kint maradni, mert valami veszély fenyeget. Ilyenkor legtöbbször mérges medúzák, vagy esetleg cápák vannak a környéken.

Ajánlatos csak a kijelölt srandokon fűrdeni, mert a csalogató, gyönyörü kék víz sok veszélyt rejteget. A hullámok ereje sokkal nagyobb, mint gondolnánk. A kimenekülés szinte lehetetlen, a parti éles lávaköveken a partraszállás halálosan veszélyes.

Sokan megpróbálják, de, ha szerencsésen életbemaradnak, akkor bőrük, mint a laska-tészta felszeletelődik, aztán jön a korallsebek fertőzése. Jó barátunk, magyar származású bőrsebész sok "felszeletelt" túristával találkozik.

Tanácsos úszás közben a tenger felszínét figyelni. Nem voltam elégge figyelmes Kailua strand partján 2011-ben. Beleúsztam egy éhes medúzába. Tele volt a nyakam, a két karom, kezeim, még az újjaim is mákszemnagyságú sok mllió csípéssel. Bizony igen fáj!. A vizi őrökhöz mentem segítségért. Ecetes vízes borogatást ajánlottak, de a valóságban a legjobb elsősegély a saját vizelet. Ez letompitja az égést. Hónapok múltával gyógyúlt meg! Egy néhány csípés nyomai egy évig látszottak és néha viszketett.

XV.

Aloha'aina, Föld, Istenségek

Nem beszélhetünk a hawai'i-ak életmódjáról, addig amig nem nézzük meg közelebbről a hawai'i ember természetét. Az őshawai'i ember elválaszthatatlan a Földtől (*Aloha'Aina*), azok élőlényeitől és az istenektől. A legnagyobb érték a hawai'i ember számára a Föld, illetve a hawai'i szigetek élő és élettelen lényei voltak és vannak.

A hawai'i ember a Földet örökké élőnek, az embert halandónak gondolja. Részükre elképzelhetetlen a földtulajdonság! (és ma is helytelennek tartják). Csak gondnoka lehetsz a Földnek, hiszen nem lehet a tied, mert te a Földhöz tartozol, valja a hawai'i ember. Ez a felfogás sok bánatot, hontalanságot, szegénységet és megalázást hozott az életükbe. Az elcsalt Földjükért folyatatott kűzdelmek folytonosak.

A Földet, a teljes kozmosz jelentette és jelenti ma is. A szél, eső, a tűzhányók, felhők, füvek, bogarak, madarak, a csillagok, a tenger, a lávakö, növények és állatok szeretete és becsülése, sok esetben imádáshoz hasonló.

Hawai'i

Imádták isteneiket a halakért, amit ettek, a gyermekeikért, akiket az istenek a szeretetük jeléül kűldtek. *–Aina–* a hawai'i nyelvben nem csak földet jelent, hanem állapotot is, amikor az ember és a természet azonosúl, vagyis egyesűl.

Nem választhatjuk el öket a természettől, mert ezek alkotják öket és ők elválaszthatatlan részei ezeknek. A legnagyobb feladatuknak az - *Aloha-* szellemének gyakorlását, vagyis embertársaik, a Föld és tenger egyensúlyát, annak szeretetét tekíntették. Minden tudatos és mindennek gondolkodó szelleme van!

A hawai'i-ak gondolkodásmódja szerint a természet élő és élettelen lényeinek énje, lelkisége van, minden él, és minden tudatos, gondolkodásra és tervezésre képes. Vagyis, a Természet gondolkodik akárcsak az ember. Legyen az kéknefelejcs, vagy béka. Ezért természetes a hawai'i embernek, hogy mielőtt leszedi a gyümölcsöt, vagy virágot, engedélyt kér a növénytől, mert a fa és a növény ismerte szándékát. Kérelem nélkül megsértette volna méltóságukat és az illetékes növény istenségét. Manapság is láthatjuk, igaz ritkán, amikor az idősebb bennszülött gondolatokba merűlve a virág, vagy gyümőlcsfa előtt álldogál, a növénnyel beszélget!

Ugyanis a hawai'i azt is hiszí, hogy az őseinek a szelleme egyedi növényekben, állatokban, felhőkben, vizekben, kövekben, egyszóval az egész kozmosz minden lényébe lakik. Hiszen rokonok. Vagyis ezek a természeti megtestesítői isteneiknek. Ilyen például Pele, a tüzhányók istennője. Ezt a gondolatot még ma is megtaláljuk az idősebbek között. Ébredezik a hawai'i öntudat és ezzel párhuzamosan sok régi, néha elveszettnek vélt gondolat, vagy szokás előkerül.

Törzsfönökeiket (*ali'i*) isteneik földi képviselőinek gondolták és, mint olyanoknak a fő feladatuk az volt, hogy gondozzák és őrizzék a Földet, annak lakóit, hiszen annak szolgálói és képviselői voltak. A károsnak hitt természeti tüneményeket (villámcsapás, földrengés) az istenek haragjának tekíntették. A törzsfönökök kötelessége volt az istenek kiengesztelése, ajándékokkal sőt néha emberi áldozattal. A béke helyreállítása volt a legfontosabb teendő. A sikertelen törzsfönököt sok esetben elűldözték, vagy megölték.

Otthonaikban, a férfiak házában oltárjaik (*hale mua*) voltak, ahol isteneiket, (védő szellemeket) fából faragott szobrok képviselték. Ezek előtt állt egy faedény, amelyben napi eledelüket ajánlották fel isteneiknek, mielőtt elfogyasztották. Tekintettel arra, hogy minden lény és tárgy otthona volt az isteneknek, ezért sokszor a család egy nagyobb lávakövet választott oltárnak (*pohaku o Kane*). Különösen a halászok gyakran magasabb, összetört koráll halmazt használták áldozatuk óltárának.

Tömegesebb szertartásokra használták a lávaköveken létesített szabadtéri köszentélyeiket, illetve templomaikat (*heiau*). Ezeknek maradványait ma is megtaláljuk a lakotabb részeken. Nem tömegesen, de ezek ma is látogatott helyek, az ott hagyott ajándékok gyakorisága ezt igazolja. Az ajándék leggyakrabban egy levélbe (*-ti-*, *Cordyline fruticosa*) csomagolt lávakö darab, narancs, vagy banán. Ritkábban sűlt hús. A -ti- növény, különösen nagy tiszteletet kap a pacifikus szigetek lakói között, mert állítólag elűldözi a rossz szellemeket. Ebbe csomagolják sűlt malacaikat, csírkét és halat is. Ezt a növényt látjuk igen gyakran manapság is a hawai'iak házai előtt. Adományaikkal rendszerint Lono istenséghez könyörögtek esőért, jó termésért, vagy a háborúskodások idején, Ku-hoz győzelemért.

XVI.

Heiau, Kőszentély

Oahu sziget délnyugati részén lévö *szentély -Kaneaki heiau-* (17. Kép) háborús kőszentély. A 15-16 században épűlt. Eredetileg a mezőgazdasági istenségeknek volt a lakóhelye, de később nagyították és átalakították Kamehameha első királyuk egyesítő háborúi alatt, Ku háborús istenség tiszteletére. Itt tartották a győzelmi szertartásaikat (*hieau luakini*). Ebben emberi életeket is ajánlottak Ku-nak.

Ma is látogatott szentély. Természetesen egy sebes, állandó vízhozamú hegyipatak partján, közel a tengerhez és népes falú mellett építették. Környéke otthona volt a törzsfőnököknek a királyságnak is. A szentélyt az idén (2012) is meglátogattam, szép idő volt. Jól esett a hatalmas -kukui- fák hővös árnyéka. Csend, árnyék és nyugalom aludt az istenek és szobrok között. Néhány -kukui- mogyorót hagytam a köóltáron (18. Kép).

A hawai'i-ak nem voltak emberevők. A legnagyobb áldozat, amivel isteneiket engesztelték az emberi élet áldozata volt. Azt nem tudjuk, hogy kik voltak az áldozatok és miért választották öket. Fizikailag nyomorúlt ember nem lehetett áldozat. Sem a nők, vagy gyermekek nem volt elegendő ajándék. Az áldozatokat csendben, kűlső jelek, vagy véres nyomok nélkűl, halottan vitték be a szentély főóltárára. Itt a meghaltakat rétegesen arccal leborítva fektették az óltárra, rendszerint megölt malacok (szintén áldozat) sorával takarták le az emberi áldozatokat.

17. kép

18. kép.

A tettemeket tovább nem háborgatták, lebomlásukat a természetre bízták. Ismeretlen volt a kínzás, véres verekedés a szentélyben.

Hawai'i

Nem messze a fenti -hieau-tól az egyik nagy lávabarlang a hawai'i vallás űldözésének idején, 1820 körűl, hosszú ideig a helyi hawai'i-ak titkos szer-tartásainak temploma volt. Innen származik ez a fából faragott istenség (19. kép), állitólag a háboruskodásnak jelképe. Kagyló szemei és kutyafogai vannak.

A régi hawai'i társadalmat az úgy nevezett - *kapu*- törvények szabályozták (talán innen származik a magyar nyelv-ben is használt tabu szó. Ez a törvény bizonyos babonás, szinte vallási tilalmat rendel el kijelölt személyek és tárgyak iránt. Ezeknek megszegése régente halállal járt. A törvények csak a köznépre vonatkoztak. A törzsfönökök, papjaik és természetesen a király és udvara kivétel volt.

19. kép

A köznép például nem mehetett közel a törzsfőnökhöz, vagy nem léphetett nyomukba, állhatott árnyékukba. Ugyanis attól tartottak, ahogy a nem kivánatos személyek megrontják a kiválasztott személyek felhalmozott, rendkivűli spirituális erejét ("mana"). Törzsfőnökeik személye és spirituális ereje (mana) az istenekkel volt egyenrangú, ezért minden nem kivánatos személy (alattvaló) életével fizetett azoknak megsértéséért.

Mindennapi életüket is szabályozta a -*kapu*-. Az asszonyok nem ehettek az isteneknek felajánlott ennivalóból, nem főzhettek, vagy ehettek a férfiakkal. Az ősi vallás és társadalmi szokások feltétlenül a férfiaknak kedveztek. Ugyan a nők nem végeztek nehéz fizikai munkát, főleg a gyermekek és a ház körűl tevékenykedtek.

Vadászatot, halászatot, kertészkedést, gyűjtést, favágást, vagyis életük minden mozzanatát is a –*kapu*- törvények szabályozták. Ezek megsértésének következménye azért volt halálbüntetés, mert a néphit szerint a szent törvények megszegésével az isteneket sértették meg. Ez pedig súlyos következményekkel járt, mert a megsértett istenségek bosszúból szerencsétlenséget, betegséget, földrengést és vulkánikus kitöréseket okozhattak.

Hogy megmentsék magukat ezektől a tragédiáktól addig űldözték a bünözőt, amig el nem fogták. Ezzel megakadályozták a további katasztrófát, a –mana- elvesztését és bünözést. Az elfogottat megölték. Testét, illetve életét engesztelésűl isteneiknek ajánlották. A -kapu- törvények, melyeknek alapja az isteni hatalom hite volt, de társadalmi törvényeket és természetvédelmező szabályokat is szólgáltak. Ha valaki megszegte a törvényeket, akkor a halálbűntetés elől, ha volt ideje és lehetősége a menedékhelyekre futhatott. Ezek erre a célra épített, köfallal körülvett szentélyek voltak, ahol képzett papok gondozták a bűnözőket és a háborúban legyőzötteket. Ez szent hely volt, ahol minden törvényellenes cselekedetet megbocsájtottak. Háboruk esetén a nők és gyermekek menhelye volt. Minden szigetnek volt menedékhelye. Ezt szentnek tartották.

Ilyen, a ma is igen jó állapotba lévő, eredeti menedékhely (Place of Refuge, *Pu'uhonua o Honaunanu*) Kona mellett, Hawai'i szigeten (20. és 21. kép). A fából faragott szobrok istenségek képviselői, figyelmeztetik a menekűlőket ottlétükről. A képen látható házacskában van a főszentély. Régebben ott tartották az elhalt királyok csontmaradványait.

20. kép

Hawai'i

21. kép

Itt ma is megtalálhatók a házak, szentélyek, halászmedencék, zöldségeskertek, kenufaragó fészerek nyomai. 1819-ben Kamehameha II király eltörölte a -*kapu*- törvényeket. A menedékhely manapság kiváló és értékes múzeum. A félszigetre menekülés nem volt egyszerű feladat, mert itt a tengeri áramlat veszélyesen sodró és több mély korallmedence van a szép öbölben. Ezek a cápák pihenőhelyei. Érdekes öböl.

Érdekes élmény volt részemre az ős, többszáz éves vastag korallpadok közötti a felderítő út. Az öbölben veszedelmesen forgott a víz, látszottak a hatalmas korallmedencék, gondolom ezek a cápák nyughelyei. Nem kivántkoztam a vízbe.

A környék korall zátonya és annak kristály tiszta vizű medencéi tele voltak meduza, csigák tömegével és apró halakkal. Védett bőlcsőde volt. Ezeken űldögéltem, a kezem árnyékának mozgása a kis medencék felett roppant mozgolódást keltett e kis állatok között.

A kormány, angol eredetű fogalom, nem egészen fedi a hawai'i társadalmi szerepet. Itt inkább a király volt, aki iránt népe tiszteletet és teljes engedelmességet tanusított. A szájha-gyományok története természetesen nem beszélhet határozott időről, illetve évszámokról. Az események történtént mindig a királyok uralmának idejéhez kötötték.

Három nagy társadalmi osztályt különböztettek meg. A legnépesebb réteg volt, a földet müvelők (*makainana*) és a mesteremberek. Alacsony számú volt a kiközösítettek (*kauwa*) rétege. Nem tudjuk, hogy miért kerülte mindenki ezeket az embereket. Valószinüleg megszegték a –kapu- törvényeket. Erről a társadalomról keveset tudunk. A harmadik réteg (*alii*) az úgy nevezett kis királyok, törzsfőnökök, vagy nemesek voltak. Társadalmi helyzetüket örökölték.

A mindennapi munka elosztása szigorúan elválasztotta a férfiakat a nőktől. Halászat, vadászat, háborúskodás, csónak-ház-szerszámok készitése, papi teendők ellátása férfi munka volt. A férfiak főztek, maguknak és külön az asszonyoknak. A gyermeknevelés, kosárszőnyeg fonás, fílc (*tapa*) készítés és a nyersanyagok begyűjtése az asszonyok teendője volt. A sablonos és rendszeres napi munkát nem ismerték és ehhez manapság is nehezen alkalmazkodnak.

Az őslakók mélyen vallásos emberek voltak. Hitüket, illetve nagyszámú isteneikbe rejtett bizalmukat a közép polinéziai szigetekről hozták. Isteneikhez fordúltak a mindennapi életük örömei és megpróbáltatásai során. Segítségűkért áldozatokat ajánlottak fel, különösen a természeti csapások idején. A nagy vihart, földrengést, erdötüzet, vulkánikus robbanásokat az istenek haragjának gondolták. Úgy hitték, hogy ezek azért történtek, mert nem tisztelték eléggé a földet, vizet, erdőt és Pele-t, a vulkánikus tüzek istennőjét.

Az isteneket láthatatlan erőknek gondolták, de gyakran szimbolizálták őket, érdekes formájú kő, vagy fa, máskor faragott lávakövek, tengeri kagylók, vagy fából faragott istenségek szobrainak formájában. Természetfeletti segítséget csak akkor kaphattak, ha ismerték a megfelelő imát (*chant*) és ajándékot ajánlottak fel az oltáron elhelyezett istenség szobrai előtt.

A vallásos szertartások és az istenségek formái és természete igen nagy változatosságot mutatnak. A törzsfönököknek, katonáknak, mesterembereknek és a köznépnek sajátos isteneik, imáik és imádkozó helyeik voltak. Az egyszerü emberek legtöbbször nem használtak semmiféle oltárt ajándékaik felajánlására.

A mesteremberek egyszerű szentélyeikben ajándékozták isteneiket.

Hawai'i

A nemesség és a törzsfönökök nagy szabadtéri köszentélyeket építettek (*heiau*). Itt képzett papjaik segítségével és bonyolult szertartások keretében helyezték el ajándékaikat a jelenlévő isteneik szobrai elött. Itt az egész közösség megsegítéséért tartották a szertartásokat és a közösség nevében adták ajándékaikat. Ezek több istenséghez szóltak és néha napokig könyörögtek a békességes egyensúlyért ('*aha*). Minél nagyobb volt a kérelem, kiengesztelése annál több ajándékot követelt.

A négy föistenséget Ku, Kane, Lono és Kanaloa-t minden társadalmi réteg imádta. Ezeknek külön szentélyeik voltak. A mesteremberek egy különös formájú Ku-t imádtak. A favágók Ku-nak több, mint nyolc változatát dícsérték. A madárfogók és tollal dolgozók Kuhuluhulumanu istenségnek áldoztak. Istensége volt a napfénynek és az édesvíznek (Kane), a békének (Lono), a fafaragóknak (Ku), a törzsi háboruknak (Kuka'ili'moku), táncosoknak (Laka), tolvajoknak (Kuialua), cápáknak és majd minden élölénynek, vagy tárgynak. Az emberhez hasonló faragott istenség szobrainak haja gyakran emberi haj volt, mint például az ősanya istenségnek (22. Kép. Ősanya).

Isteneik megjelenési formája sokféle, hatalmuk változó és számuk rendkívül magas volt. Tekintettel arra, hogy ugyanazon istenségnek több szerepe volt és ezért több külsö formában hordozta hatalmát, kegyeinek elérése is különféle kántálást és engesztelö felajánlást igényelt. Ismeretük a hawai'i papok feladata volt. Bármelyik istenségnek áldoztak életük végső célja mindig az istenekkel való békesség fenntartása volt, vagyis a környezetük élő és élettelen világának, illetve az azokban megtestesült istenségek és saját személyiségük között.

Minden eseményt isteneik segitségül hívása előzött meg. A legjelentősebb a természet, béke és termés föistensége Lono (23. Kép. Lono). Ennek az istenségnek is sokféle ábrázolása volt. A Hawai'i szigeten maradt fenn egy majdnem 2 m. magas fából faragott szobor, melyet szentélyeikben, mint Lono istenséget imádtak.

Hittek egy legfelsőbb istenségben, de nem ismerjük ennek a hitnek a természetét, mert a papjaik örök titokzatosságot fogadtak. Ennek megszegése halállal járt. A papok kihalásával elveszett e hit és a szertartás is.

22. 23.

Akárcsak a kenu építésénél, egy-egy istenség szobrának a faragásánál a fa kiválasztása igen óvatos körültekintést igényelt. Áldozatként a favágók élő embert, malacot, gyümölcsöt és piros halat vittek az erdőbe. Ott az emberi áldozat választotta ki a megfelelő szoborfát. A pap a szertartás közepette a fa köré felhalmozta a gyümölcsöt, baltájával a fába vágott és az első forgács lepattanása után azonnal megölte legnagyobb áldozatát, az embert. A favágók gyorsan kidöntötték a fát.

A szobor felállitása után nagy lakomával ünnepelték az új isten mását és hatalmas spirituális erejét. Az emberi holttestet ajándékként az ételmaradékkal együtt beásták a fatuskó köré, így erősítették isteni erejét.

XVII.

Királyi tollpalástok

Különös esetekben vékony növényrostból (hawai'i csalán, *Touchardia latifolia*) finom hálót fontak és ezzel vonták be a fából kifaragott istenségek szobrait. A hálóba szines madarak pehelytollait himezték, vagyis erre a hálóra varrták rá a külön-bözö szinű madártollakat, akárcsak zsindelyezők a zsindelyt. Ilyen például a háború istenségnek (Kuka' ili'moku) tollal betakart szobra. Ezt a szobrot Kamehameha királynak készítették (24. kép).

Sajnálatos módon, a kereszténység megjelenése idején elpusztították a szobrok nagy részét. Értékes és ritka vallásmüvészeti különlegességek ezek, a régi hawai'i valláskultúra egyedi képviselői. Több, ritka, megmaradt darabok szétszóródtak, a világ hiresebb múzeujaiban láthatjuk. Néhányat a honolului Bishop Múzeum őríz.

Hasonló módszerrel kézimunkázták az ünnepi királyi tollpalástokat (25. kép) is. Minden darab egyéni, feletébb előkelő, sajátosan hawai'i müvészi alkotás. A legszebb kifejezője volt a mesteremberek hálájának az istenek és királyuk iránt. Ezeket a palástokat a királyok visel-

Mihály Márta

ték, harci eseményekhez rövid palástot hordtak. Ez tekintélyes, szinte emberfeletti szerepet, erőt, "mana"-t kőlcsönzött a királynak, de a madárfogó, a tollgyűjtő és tollvarró mesterembereknek is. A madárfogók a madarakat tollaik kitépése után legtöbbször elengedték, sok madár életét vesztette.

24. kép

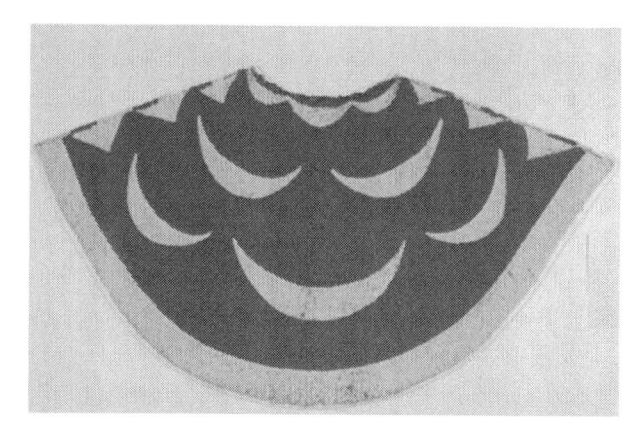

25. kép

Hawai'i

Az említett szobrok eredetijét és számos királyi és kegytárgyat a hires Bishop Múzeum őríz, Honolulu-ban. A szigetek felfedezése után nagyszámu vallásos és közhasználati tárgy szórodott szét a világ minden részében.

XVIII.

Mindennapi élet

A szülők az ujszülött gyermeket szertartások keretében védőistenségnek ajánlották fel. Nagy méretű és megható családi lakoma, ünnepély és vallásos szertartás vette körül a gyermek elválasztását. Ilyen alkalommal legtöbbször Lono-hoz, a békesség istenségéhez fordultak segitségért.

A gyermek apja templomi szertartás keretében, malac fejet áldozott Lono-nak. Tökhéjba dugott malac fűllel, banánnal és gyökerekkel a kezében énekelt. Kérte Lono-t, hogy védje gyermekét. Az összes rosszat, betegséget, hazugságot, féltékenységet, melyek gyermekét érnék a jövőben, képletesen a tökhéjba zárta be. A szertartást nagy lakoma követte. Malac sűltet, déligyümölcsöt osztott meg a család. Nagy a lelki hasonlatosság a keresztény keresztelő és ez az ünnepség között.

A növekedő gyermek szüleitől, az otthonában tanulta meg a hawai'i életmódot. Iskola rendszerük nem volt, de szigorú szabályok egyengették életüket. Fiatalon mesteremberek tanitványaivá váltak. Bi-

Hawai'i

zonyos foglalkozási ágaknak igazi iskolája volt. Például a híres hula táncosok a Halau házban (amolyan zárdaszerü tánciskola) tanulták a mesterséget. A hely és a tánc is szent és titkos volt. A tanfolyam befejeztével oltárt állítottak. Itt új táncaikkal és több malacsűlttel szentesítették képesítésüket. Nagyszabású lakoma és vidám ünnepség követte az emlékezetes, szent eseményt.

A tudást is szentnek és titkosnak nyílvánították. Volt magasabbrendű iskolájuk is, de ezekről nem sokat tudunk, mert a tananyag titkos volt és elveszett a papok halálával. A tanítás rendszerint napfelkeltétől délig tartott, mert hitük szerint a tanulás csak a nap felfeléhaladása idején volt észszerű. Irott nyelvük nem volt, így a tanítás és történelmük is szájhagyo-mány.

A hawai'iak a köveket is szentnek tartották, és hittek védőerejében. A mai napig is sokszor beűltetik féltett kincsüket a kertjükbe, vagy szerencsés kabalaként (talán innen eredt a kabala hit) a követ még halászni is magukkal viszik. A maori egyetemi hallgatók körében a szerencsés kö eltulajdonítása manapság is szertartásos, szent esemény.

A hawai'i-iak, amikor a szigetekre jöttek a természetes barlangokat használták otthonuknak. Ahogy megismerkedtek a helyi éghajlattal és növényzettel, házakat építettek. A szög és fém vágószerszám ismeretlen volt. Fából, köből és növényrostokból építkeztek. Szerszámaik kőből, vágóeszközeik kagylókból, halcsontokból készűltek. Ezekkel az eszközökkel igen szép és tartós munkát végeztek, ahogy a múzeális tárgyakból, különösen hátramaradt kenujaikból, faszobraikból és faedényeikből kitűnik.

Házaikat mesteremberek építették. Sok babona élt az építők és lakók hitében. Iyen volt például a ház helyének kiválasztása: az út mentén nem volt tanácsos építkezni, mert az út örökös betegséget hoz. A ház vázának cserélgetése, vagy a pap bekukucskálása a befejezetlen házba a gazda halálát okozhatta.

A ház padlója rendszerint apró kavics volt, amit növényi rostokból fonott szőnyegekkel takartak. Ezeken aludtak. Párnáikat a páfrány hajtásának finom szőreivel tömték. Világitáshoz a –*kukui*- (*Aleurites moluccana*) dió olajában áztatott fáklyákat használtak.

Egy hawai'i családnak általában 6 különálló háza volt: A kápolnában (*heiau*), a családi istenségek szobrai voltak, étkező (*mua*) a férfiaknak, ahová a nőknek tilos volt a bemenet, a feleség háza (*noa*), ahová csak a férj járhatott, az asszonyok ebédlője (*hale aina*) és a házimunkák háza (*kua*), ahol a -*tapa*-t (rost filc) potyolták, szönyeget fontak, faragtak.

Külön házat építettek a havivérzés napjaira (*pea*) is. Emellett a halászgazdának a parton fészere, a földmüvelőnek pedig oszlopokra rakott magtára volt.

A férfiak főldbe ásott kemencékben főztek. Ezt -*imu*-nak hivják és ma is használatos nagyobb összejöveteleken. Reszelt kókuszdióval szórják le a csírke, vagy malachúst és növénylevelekbe csavarva rakjták a kemencébe. Meglocsolják kókuszdió levével. Tetejére izzó köveket, tüzes fadarabokat raknak. Leföldelik és néhány óra mulva elkészűl az izletes, puha sűlt. A halfőzési módszer az –imu- az összes polinéziai törzsek között népszerü volt és ma is használatos.

A polinéziai szigetek összes lakói, így a hawai'iak életében is a halászat mindennapi esemény. Vándorlásaik során a hal volt főeledelük. Amikor az őslakók a szigetekre érkeztek, akkor eleinte főleg halat ettek, amig a magukkal hozott zöldség (édes krumpli, tarógyökér, kókuszpálma, cukornád, kenyérfa, banán) és gyümölcs nem hoztak elegendő termést. Később ezekkel és a felszaporodott malac és csírkehússal egészítették ki táplálékukat. De a hal mindig jelentős része maradt tápanyagaiknak. Természetesen ez kialakított egy sajátos halászkúlturát. Több haltenyésztő medencéjük ma is használatos.

A halászok isteneinek külön oltára volt, ahol Kuula-t, a halak istenségeinek szobrát tartották. Minden halásznak meg volt a saját Kuula-ja is, vagy faragott szobor formájában, vagy csak egy lávakö képében, amit a tengerfenékről felhozott nagy vihar, vagy szerencsés halászat idején. Rendszerint ezt magával hordozta a halászatain. Fohászkodott segítségért a halászat előtt, áldozatot ajánlott fel az első hal után Kuula-nak és megköszönte a jó fogást a halászat végén.

Magyarországon, ha egy parasztemberrel találkozunk, aki szerszámaival, vagy traktorával a mezőre iparkodik, akkor redszerint a "jó napot adjon Istennel " köszöntjük és megerősítjük szándékát afféle megjegyzéssel, hogy, "no kapálni mennek.! " Ezt rendszerint egy néhány kedves szó, diskurálás követ.

Ha a hawai'i halásszal találkozunk, aki hálóját a derekára csavarva a partok felé közeledik és köszöntve megkérdezzük, hogy halászni megy-e, a halász azonnal megfordul és az nap nem megy a tenger közelében. Ugyanis még a mai napig is sok halász babonás és azt gondolja, hogy a halnak füle van. Azt mondja, hogy csak szétnézni megy. Véletlenül sem árúlja el igazi szándékát. Hite szerint ez megsértené Kuula-t, a halak istenségét és a halakat.

A halászatot szigorú törvények szabályozták. Évszakonként csak meghatározott fajtát és csak a kijelölt helyeken halászhattak. A tíltott területeket (*kapu*) banán levelekkel jelölték meg. Forgó halgazdálkodási módszerekkel halásztak és a parti medencékben haltenyészeteket létesítettek. A halászati módok nagy része és öreg tenyészmedencéik ma is használatosak.

Módszereik helytől, halfajtától és időszaktól függően változtak. Természetesen a hawai'i halászok kitűnően ismerték a halak viselikedését. Tapasztalt tengerjárók voltak, kezükkel és szemükkel érezték, vagy látták a tengeri szelek és vízáramlás irányát. Közvetve, főleg ezektől függ a halak vonulási iránya is.

A taronövény és gyökere a Hawaii-ak legfontosabb tápláléka és a legtiszteltebb növénye is. Szerény, igénytelen, de igen szívós. Ezek a tulajdonságok az évszázadok és különösen az utólsó néhány évtized során (a függetlenségi törekvéseik feléledések miatt) a hawaiiak létének a szimbolummá vált. Ez a gondolat ősi. A taro-t a polinéziaiak magukkal hozták a szigetekre, ezt ették vándorútjaikon, ezt növesztették, ahogy letelepedtek. Sokszor ez a gumó védte meg őket az éhenhalástól.

A növény erős jelkép, hasonlatokban gazdag keretet ad a Hawaii-ak életvilágának megértéséhez. Az elképzelésük szerint az emberi társadalom létezése a taró gyökérnek tulajdonítható. Az ember a fiatalabb gyermeke Haloa-nak, az első tarógyökérnek. Mivel a hitük szerint az elődök közösek, ezért a taró termelését az ősi társadalmi törvények vezérlik.

Az ősök településeiket rendszerint a tenger mellett, a beömlő patakok ártereihez közel választották. A tenger halat, a patak ivóvizet az ártér pedig tarógyökér (*Colocasia sp.*) termeléséhez megfelelő mocsaras és növekedéséhez szükséges folyóvízet adott. Ennek a trópusi növénynek krumpli szerü gyökerét megreszelve, sütve és levelét erjesztve ették.

Ma már több, mint 300 félét termelnek. A taro-gyökér sűrű, erjesztett lilásszinű pépje a -*poi*- a hawai'i-ak alapeledele. Régen faedényekben (*umeke poi*) tárolták és ujukkal ették.

Ma is kedvelt ennivaló, a fűszerüzletekben, gusztusos csomagolásban árúlják. A -*poi*- jellemző tulajdonsága, hogy rendkivűl gazdag a kalcium, vitamin és hamuelem tartalma. Enyhén lugos, így újszülött gyermekek, vagy gyengélkedők táplálására is igen alkalmas. Talán a tej szerepét tőltötte be az őslakók táplál-kozásában. Egész évben árúlják, a piacokon és az útszélin is. A -*poi*- íze kellemes, de külleme (akárcsak a másnapos spenót főzelék) részemre nem éppen étvágygerjesztő.

A legközönségesebb mezőgazdasági szerszámuk egy teljesen megmunkálatlan, görbe fadarab, az -*oo*- volt. Őrizték, tisztelték és védték ezt a görbe fát, különösen akkor, ha már több nemzedék használta. Az -*oo*-t papjaikkal választották ki (magokkal, vagy virágokkal teli hajtás begyűjtése tíltott volt). Szertartásaikban kérték Ku –t, a keményfák istenségét, hogy hibátlan, erős és tartós legyen ez a görbe fadarab. Engesztelték a fát a csonkításért. Ezzel a szerszámmal kapálták a kertjeiket.

Az egész mezőgazdasági kúltúrájukat, úgy, mint életük minden mozzanatát az élőlények tisztelete és vallásos hitük szabályozta. Tevékenységük időpontját a hold ciklusa szabályozta. Úgy hitték, hogy a hold befolyásolja a növény tápanyagának mozgását és a víz elosztását is. Minden szigetnek, és körzeteknek meg volt a saját hold kalendáriuma.

Az űltetések idején különösen sokat áldoztak isteneik segítségéért.

Hawai'i

Ilyenkor a két föistenség Kane és Lono, a nap és az eső (vagy béke) istenségek közbenjárásáért könyörögtek. A taró féléket csak az új hold ciklusában űltették, december 20-tól január 20-ig, vagy augusztus 20-tól szeptember 20-ig, mert ezek voltak a Kane-puaa taró és édeskrumpli istennőjének a hónapjai. Hitték, hogy az ekkor ültetett taró édes egyedeket és bőséges termést hoz.

A banánt csak holdfényben, éjfélkor űltették, mert a hajtások elültetéséhez ásott lyukakat a holdfénynek kellett megvilág-ítania. Aratás után nagy hálaadó szertartásokkal és lakomákkal több hónapon keresztül ünnepelték Lono istenséget.

Mihály Márta

XIX.

Fahasználat

A hawai'i-ak életét el nem képzelhetjük fa nélkül. Istenségük szobrait, csónakjaikat, edényeiket és házaikat fából készítették. A fahasználat sokkal szélesebbkörű volt mindennapi életükben, mint manapság. Jól ismerték a szigetek fafajtáit és azok fizikai és esztétikai tulajdonságait. A céljaiknak megfelelő fafajtákat, szín, keménység, illat és tartósság alapján választották ki.

A fát nagy körültekintéssel és szertartással vágták ki, különösen, ha a rönkből templomi szobrokat, csónakot, vagy házat épitet-tek. A gallyától letisztított rönköt és fahasábokat előbb láva, majd koráll, később cápa bőrrel finomra csíszolták. Útóljára a -kukui- dió olajával dörzsölték be, ez tartósította, szinezte és fényezte a fát.

Jellegzetesek a fából faragott edényeik. A tipikus ősi hawai'i -poi- tartó (*umeke poi*) keresztmetszetben majdnem tökéletes gömb, a feneke egyenlőtlen. Méretük változó, 30 cm-től 2.5 m széleseket is láthatunk. Ezeket a faedényeket ma is használják.

A kókuszdió héjja volt a legtermészetesebb víztartó, vagy általános

Hawai'i

edény. A teje pedig a leggyakrabban fogyasztott, üdítő, könnyen hordozható, ma is kedvelt, finom itóka. Meg kell jegyeznem, hogy könnyen szállítható a csónakok fenekén, csak lékelni kell, mindig frissen iható, még a csecsemőknek is biztonságos.

Manapság is megtaláljuk minden csónakban, a strandokon is árúlják. Igen finom trópusi ital, különösen, ha ananász levével keverik (pina colada).

A hawai'iak nem ismerték a szövést, a köteleiket, szőnyegeiket és kosaraikat fonták. Szövés helyett rostkelmét (*tapa*) készitettek. Tenyésztették a rostkelméhez szükséges növényeket. Ilyen volt a papír eperfa (*Broussonetia papyrifera*), amelyeknek fiatal hajtásait használták és kérték Lono-t, hogy jó időt adjon a munkálatokhoz és hosszúra növessze a hajtásokat, illetve a rostokat.

A -tapa- készítése ősi módszer. Peruban már 4000 évvel ezelőtt ismerték. A hawai'i asszonyok Lauhuki istennőhöz fordultak segítségért. Ezután a fiatal élőfák áztatott hajtásából kagylókkal kikaparták a félig elrohadt kocsonyás sejtmaradványokat.

A kender szárakat mi is áztattuk, majd szárítottuk, gyermekkoromba, Erdélyben. Nyűttem kendert 1944-45-ben, erős és szép kendervásznakat szőttek nagynénémék Lövétén. Ebből készített Margit nagynéném húsvétra (1946) egy kabátkát nekem. Vöröhagyma héjjából festéket főzött és félbehasított pityókára csillagmintát faragott. A hagymalébe mártogatva a mintát a krumplival a kosztüm vásznára nyomkodta. Igen szép és különleges ruhában mentem a nagymisére. Ekkor a lebombázott gyárak nem müködtek, így kevés embernek volt új ruhája.

Hawai'i-ban, és több polinéziai szigeten a visszamaradt rostokat nedvesen kiterítették és fakalapácsokkal laposra potyolták. A különböző rétegeket egymásra hajtogatták és így váltakozó vastagságú és erősségű rostlepedőt készítettek.

A lövétei módszerhez hasonlóan növényi festékekkel ízléses mintákat is rajzoltak ezekre az anyagokra, vagy megfestették az egész darabot. Kérték Laahana istennő ihletését. Ezek a lepedők mutatósak, szellősek és könnyűek voltak. Szeméremkötényeik készítéséhez és válltakarónak, ágynemünek ezt használták.

Szőnyegjeiket ezekből készítették. Sok-sok réteget halmoztak fel a ház aprókavics padlóján (5-8cm vastag), majd legvégül finom, vékony (5-6 mm), gazdagon díszitett, sásból (*Cyperus laevigatus*) potyolt szőnyeggel takaróztak be. Párnáikat rostokból fonták és az óriáspáfrány finom, selymes hajtásának rostjával tömték.

Szép szönyegjeik alapanyaga füfélék és sás volt A legnagyobb szönyeget a honolulu-i Bishop Múzeumban láthatjuk. Mérete 6.5 x 9 m, Kalanianole királyleánynak készűlt.

Többszösen említettem a sokféle szertartást isteneikhez esőért. Hawai'i-ban nincs forrás. A csapadék csak esőből eredhet. A szigetek eső-erdeiből eredő patakok, vagy a száraz óldalra elszállított víz az egyetlen édesvíz. A viszonylag fiatal vulkánikus, porózus talaj nem a legjobb vízgazdálkodó. A szigetek lakosságának növekedése és életmódja egyre több friss vizet kiván, ez igen nagy gond! Több helyen nincs elegendő víz, ezért a gyakran locsolt golf-pályákat a köznép nem igen kedveli.

A trópusi időjárás kedvezett a majd mezítelen éltemódnak is. Ez volt természetes, hiszen nem volt sok ruházatra szükségük. A férfiak szeméremövet viseltek. A nők nyitott szoknyaszerűséget és a durva lávakövek között néha -ti-levelekből fonott szandált hordtak. Mindkét nem deréktől felfelé mezitelenűl élte napjait.

Nagy szél, vagy különleges alkalmakkor rostlepedővel csavarták be testüket. A legfinomabb rostokat a hawai'i csalán féléből *(Touchardia latifolia)* gyűjtötték. Régen gyakori volt ez a növény, ma ritka. Ez volt a finomabb kötelek alapanyaga is. Hosszú, vékony, de ugyanakkor erős és puha rostjait halászhálók és fonott, vagy faragott edények fülének készitésére használták. Ez a rost jól bírja a sós vizet.

A jellegzetes hawai'i szokás a toll, kagylók, kutyafogak, vaddisznóagyarak, cápafogak, emberi haj, toll, levél és virágokból készült koszorú, nyakdísz és a *-lei-* viselése. Ezeket fejükön, csuklójukon, bokájukon és nyakukban hordták.

Nehéz megítélni, hogy az őshawai'i-ak milyen mértékben viselték ezeket a dísztárgyakat. A felfedezők rajzain sokfélét látunk és majdnem mindenkinek valami dísz van a nyakán, vagy a fején. De figyelembe kell vennünk, hogy a felfedezők rendszerint a törzsfőnökkel, vagyis a felső osztály tagjaival találkoztak. De az is lehetséges, hogy a köznép is feldíszítette magát a találkozásokra.

Az ősi hit szerint minden magántulajdon hordozta a tulajdonos szellemét és lelkierejét, ezért ezeket csak olyanoknak ajándékozták, akikben megbíztak és nagyra becsültek, mert azok elajándékozásával saját erejükből adtak, magukat csonkították meg. A virágkoszorú ajándékozása különösen nagy meggondolást igényelt. Ez volt a legnemesebb ajándék.

E szép szokás fennmaradt. A virágkoszorú ajándékozása rendkivül tetszetős és felettéb barátságot gerjesztő szokás. A virágkoszorúnak nagy jelentösége van a hawai'i és a többi polinéziaiak körében. Ajándékozása még diplomáciai körökben is szokás. A szép virágkoszorúk viselése pedig határozottan kihangsulyozza és még vonzóbbá teszi a polinéziai nők és férfiak természetes bájait. A trópusi virágok finom illata csak szebbé és emlékezetesebbé teszi a találkozást.

Gyakran férfiak is viselnek koszorúkat, néha a fejükön, máskor a nyakuk körül. A múltból visszamaradt férfias ékszerek is igen tetszetősek. Viselőivel ma is gyakran találkozunk a szigeteken. Sok esetben szerencse kabalákat is hordanak. Dacára az európai közhitnek, akár a levélkoszorú, virágfüzér, (kagyló, cápafog, disznóagyar stb) viselése megerősíti a férfias jellegeket és bájt kőlcsönöz a hawai'i és más polinéziai szigetek férfi lakóinak. Talán formájuk, szép olajbarna bőrük, lezser, színes ruházatuk és nem utolsó sorban a trópusi környezet miatt.

Útólsó látogatásom alkalmával (2012) határozottan tetszetős volt az új pénteki viselet Honolulu-ban. A fővárosban dolgozó nők és férfiak hawai'i ingeket és ruhákat viseltek. A sok szín élénkké, színessé, polinéziaivá varázsolta a környéket. Életre kelti a fővárost.

Ilyen színes, élénk polinéziai volt az általános viselet 1972-ben a Szigeteken, amikor először egy évig Honolulu-ban éltünk. A fiatalok színes ruházata megfestette a buja-zőld környezetet. Hawai'i lányok hosszú színes és végtelen szellős köntöst (mu'u) viseltek, derékig érő dús feketehaj övezte bájukat. Igazán Gauguin's festő pálmákkal teli, buja kertjére emlékeztettek. Vidám és tetszetős volt a szemnek. Engem megbabonázott a színek elegye, a sok gazdagon szeldelt buja zőld levél, a kolbászfa és az ágyúgolyófa termések is. Szép, határozottan romantikus volt az én első, festői, trópusi világom.

Az ős hawai'iak betegségeik gyógyitására is használták a körülölelő növényvilágot és tengervízet. Több, mint 300 növényfajta virágját, termését, leveleit, vagy gyökerét alkalmazták sérüléseik, vagy betegségeik gyógyítására.

Jó egészségért főleg Ku és Hina istenekhez imádkoztak. Ezekről a fennmaradt versek tanuskodnak. A régi hawai-ak általános egészségi állapota kiváló lehetett a szigetek felfedezése előtt. Elszigeteltségük megvédte őket a járványos betegségektől. Levegőjük, ivóvízük és ennivalójuk szennyezőtlen volt. Életmódjuk bíztosította megfelelő fizikai tevékenységet is. Nem ismerték a 8 vagy 16 órás munkaidőt és az ezzel járó felelöséget, vagy az idegfeszűltségeket.

A betegségeket durván két nagy csoportra osztották. Külső és belső megbetegedést különböztettek meg. A külsőt csak szellemek okozhatták, bosszúból és féltékenységből. A gyógymód ebben az esetben imádkozás és áldozatok szolgáltatása volt.

A belső megbetegedések viszont komoly kezelést igényeltek. A diagnózisért a tulajdonképpeni doktorhoz (*Kahuna haha*), a kezelésért pedig az orvoshoz (*Kahuna lapa'au*) és a fűves gyógyászhoz (*Kahuna la'au lapa'au*) fordultak. Sajnos manapság ezek a foglalkozások nem elkülöníthetők.

A fűves gyógyász munkássága rendkívül megbecsűlt, szinte isteneknek látszó foglalkozás volt. A mai szemmel itélkezve az akkori ténykedése 3 foglalkozást ölelt fel. Botanikus, gyógyszerész és orvos volt egyszemélyben. Kiválóan ismerte, begyűjtötte és előkészítette a kezeléshez szükséges növényfajokat és ezekkel kezelte a beteget. Az újonc jelölt 10-15 évig tanult egy öregebb, gyakorlott füves mellett, amig a mesterséget tökéletesen megtanulta.

Sok növény használata napjainkig fennmaradt. Ezekből a noni

Hawai'i

(*Morinda citrifolia*) Magyarországon is ismertté vált. Ez egy tengerpari bokor. Nagy, fényes, örökzöld levelei vannak és termése, mint a neve is mutatja, citromra hasonlít. Az érett gyümölcs levét (a lehullottak meglehetősen büdösek) használják, mint a gyógyszert. Leveleit és szárát éhinség idején ették.

Ismerték a só gyógyhatását is. Súlyos sérülés után nagy mennyiségü vizet és sót itattak a beteggel. (Ma ugyanezt használja az orvostudomány). Kelésekre és felszíni sérülésekre felmelegített sós pakolást tettek. Nyitott sebekre erős sós óldatot és kókuszdiólé keverékét kenték. Nem kötözték, hanem napoztatták a sebet, így a sérülés gyorsabban gyógyult.

Használták a sót, mint ételízesitőt is. A többi polinéziai törzs nem ízesített sóval. A szamoaiak még manapság sem, a tahitiek csak igen ritkán használnak sót ételeikben. A maoriak egyáltalán nem ismerték a sót, mint ételízesítőt, az angolok megjelenéséig.

Feltétlen meg kell emlékeznünk az ős hawai'iak fizikó-terápiájáról. A legyengűlt beteget növényi gyógyszerekkel kezelték. Sok pihenés, jó táplálkozás, finom fürdők és masszirozások mellett imádságokat és verseket ismételgettek a beteg és jó barátainak társaságában. Természetesen fontos szerepe volt a fájdalom csökkentésének is. Ezt a fentiek együttes alkalmazásával és szuggeszcióval érték el. Ez az ősi fizikó és psziko-terápia igen sikeres volt, mert hittek a gyógyhatásában, illetve a fűves ember gyógyitóerejében.

Hosszú óldalakon keresztűl írtam a Szigetek keletkezéséről, a tengerről, növény és állatvilágáról, talán még többet az őslakókról. Remélem, hogy ezek bemutatása kifejezte azt a tényt, hogy ezeknek a szoros szövetsége alkotja a Hawai'i szigetek társadalmát, környezetük sajátos szépségét, érdekességét és hírnevét.

Talán ez az egyetlen szigetcsoport Földünkön, ahol az eredeti növény-állatvilág 90 %-a őshonos, vagyis csak a szigetek valamelyikén él, sehol máshol. Csodálatos élővilág ez! Hatalmas érték nekünk, utódainknak és életmódunk feltétlen ezek védelmére kötelez.

Mihály Márta

XX.

Hawai'i nyelv

A szövegben itt-ott elöforduló szavakból láthatjuk, hogy a hawai'i nyelv igen különleges, a polinéziai nyelvcsaládokba tartozik. Hasonló nyelveket beszélnek:Tahiti, Maori, Tumotuan és Rarotongai szigetek lakói. Az -'oleo Hawai'i- a hivatalos és beszélt nyelv.

Az öshawai'iaknak nem volt írott nyelvük. Mindennapi nyelv-használatukban megőrizték a történelmüket, szokásikat és társadalmi életük fontos megmozdulásait. Ezt a célt szólgálták a -chant-ok (ütemes, éneklő hanghordozással történő kántálás. A -chant- éneklője (*haku mele*), vagyis a kántáló a nyelvnek igazi mestere, a hagyományoknak és nemzedékrendeknek jó ismerője volt. Foglalkozását nagyrabecsűlték. Tisztségét örökölte.

Az ősi hula táncot is a -chant- és az ütemes dobverés kisérte. Sok ősi ének fennmaradt, ezek mint történelem könyvek őrízték a vallásos szertartásokat, törzsi leszármazást, vándorútjaikat és fontosabb eseményeiket. Néhány zeneszerszám, amivel ezeket az énekes verseket kisérték a mai napig használt. Ilyen a tök-dob, kókuszdió

Hawai'i

csörgető és a faragott faköcsög-dob. Ma már ritkán hallható az - *ukeke-*, ősi vonós zeneszerszám.

A nyelvet a hittérítők irták le, a Biblia leforditása céljából, az 1840-es években. Az írott hawai'i nyelvben 12 betü van, 5 magánhangzó a, e, i, o, u, és 7 mássalhangzó h, k, l, m, n, p, w. Az utóbbiak csak egyenként fordulnak eő, mindig egy, vagy több magánhangzóval közöttük. Ez a nyelvnek igen puha, szinte muzikális jelleget kőlcsönöz. Nincs többesszám, az igék és főnevek ragozása ismeretlen. A birtokos esetet a, vagy o jelzi. Minden betű kiejtett hang, a kihangsúlyozást szótag megismétlésével jelzik.

A szavak között gyakran hiányjelet (aposztrófa) látunk, amely érdekes, pillanatnyi hangszünetet jelent. Néha egyenes vonal fut keresztül a betü felett (-), amely hang meghosszabítást jelez. Sajnálattal kell megjegyeznem, hogy a tanulmányomban a betűjelek egy része hiányzik, mert a reprodukálásuk igen nehézkes.

A hawai'iak négyesével számoltak. Négy (*kauna*), negyven (*kaau*), négyszáz (*lau*), négyezer (*mano*), negyven ezer (*kini*) és négyszáz ezer (*lehu*).

A hittéritők igen nagy szorgalommal lefordították Bibliát és szerkesztették az első hawai'i szótárt is. A modern szótár 25 ezer szót tartalmaz, de ennél sokkal több van a közhasználatban. Természetesen nagyobb a szókincs, ha számitásba vesszük a különböző elszigetelt tájszólásokat is.

A szűk szókincs különösen ellentmondó a hawai'iak esetében, mert igen nagy szókincsről és hallatlanul nagy kifejezökészségről tanuskodik a nyelv, amikor kézzelfogható, vagyis valós tárgyakat, környezetüket, szokásaikat és természeti tűneményeket írja le.

Több, mint 25 féle kifejezésük van a tenger viharos állapotára, legalább annyi a tenger csendes szépségére. 33 féle módon írják le a különböző felhőket. Hallatlanul élethűen mesélik el verseikben a hullámok minden fajtáját, az esők és szelek összes formációit. 179 kifejezésük van az taró tulajdonságaira és 225 képpen jellemzik a - *poi*-t, kedvenc eledelüket. Viszont igen nagy szegénységet mutat nyelvük az elvont fogalmak jellemzésénél. A természettel éltek

Mihály Márta

együtt, nem a részükre ismeretlen keresztény vallásos tevékenységek teendőivel. Ez a szegényes írott nyelv lett a képviselője Hawai'i-nak, 1898-ig.

Nagy mesterei voltak a kőltészetnek is. Verseiket is kántálták. Kőltészetük gazdag kincsestára a sok természeti allegóriáknak, akárcsak a Magyar népkőltészet. Ennek kifejlődésére a megkapóan szép környezetük és elszigeteltségük adott jó táptalajt.

A vallásos énekeikkel dicsőítették az istenségeket. Kérelmeiket, tiszteletüket és az istenségek hatalmasságát gyönyörű versekben énekelték meg.

Használatosak voltak a névnapi énekek is (*inoa*). Ez alkalomból isteneik, szerelmeik, tűzhányóik, kedvenc halaik, vagy más, részükre emlékezetes, vagy félelmetes személyt, vagy tüneményt verseltek, illetve énekeltek meg.

A halottakat temető, sírató-énekek alkották a kőltészetük másik jelentös csoportját. Hallottaikat nagy gonddal rejtették el, a ma is ismeretlen láva barlangok mélyén. Mély tisztelet övezi hallottaik csontmaradványait.

Talán a legszebbek a szerelmi énekeik. Fizikai óhajukat és érzelmeiket igen változatos természeti allegóriák segítségével öntötték versekbe. Szerelmükhöz, mint a virágok és fák szépségéhez, (akárcsak a magyar szerelmes versek) felhők könnyedségéhez, tengerek mélységéhez, madarak énekéhez, vízfodrok fehérségéhez szólnak.

XXI.

Felfedezők, jöttek az angolok

A fent leírott társadalmi körülmények között élhettek az őslakók, ezeken a leírhatatlanul gyönyörű szigeteken, a Pacifikus Óceán közepén. Teljesen izoláltak voltak, lávamezőkkel, működő vulkánókkal és növényekkel beborított szigeteken. Létezésükről nem tudott senki. Majd kétezer évig idegen látogatók sem zavarták partjaikat.

James Cook 1778-ban hajójáról megpillantotta Oahu szigetét. A felfedező Szandwich Szigeteknek nevezte el a sziget csoportot, hálából Sandwich admirálisnak, aki anyagilag támogatta.

Az útnak kettős célja volt. Elsősorban hajózási útvonalat kerestek .... "az Észak-Kelet, vagy az Észak-Nyugat, vagyis a Csendes Óceán és az Atlanti Óceán között"...., másodsorban .... "a talajok természetének és termelékenységének, az ott élő állatok és szárnyasok gyakoriságának megfigyelése és, ha van, akkor fémek, ásványok, drága kövek, felszíni kövületek mintadarabjai, jellemző fák, bokrok, növények, gyümölcsök és magok példányainak begyűjtése ".... ahogy olvashatjuk a Titkos Útasítások-ból (Micsoda szerénység!).

Ezeknek az elérésére Cook szakembereket alkalmazott: W. Anderson orvos és természettudóst, J. Webber müvészt, aki a helyi táj és madárvilágot tanúlmányozta és rajzolta, D. Nelson botanikust, W. Bayley csillagászt és W. Bligh-t, a tengerpartok akkori híres térképészét. Ezek szaktudásukkal próbálták minden szempontból jövedelmezővé tenni Cook felfedező útjait.

Cook és társai körülhajózták Kauai, Niihau és Maui szigeteket. 1779 január 17-én néhány hónapi megfigyelő hajózgatás után két hajójukkal (Discovery és Resolution) a Hawai'i sziget nyugati partján (Kealakekua) kötöttek ki.

A két nagy hajó jelentős számú legénységet alkalmazott. Később kiderűlt, hogy velük útazott a Szigetekre az első tuberkulózusos megbetegés és a vérbaj is. Az első halálos volt, a második nagyméretű meddőséget okozott a bennszülöttek között.

A sziget lakossága éppen Cook érkezésekor ünnepelte Lono-t, az aratás istenségét. Amolyan, hálaadó búcsú féle volt ez, hónapokig tartó nagy fesztivál. Cook és társai a mai elképzelés szerint, mint Lono istenség csodálatos kűldöncei, igen meleg fogadtatásban és ünneplésben részesűltek. A hawai'i pap érkezésük napján, a templomi szertartáson istenségként ünnepelte Cook kapitányt és személyzetét.

A hawai'iak ekkor láttak először ruhába öltözött, göndör parókás, szakállas fehérembert. Ha az akkori kalapokra, magas, fodros gallérokra, színes sújtásokra és csokros cipőkre gondolunk, akkor megérthetjük a bennszülöttek különös csodálatát és isteni látomásait. A hatalmas hajók megpillantása csak megerősíthette bennük a látogatók istenségnek tetsző, misztikus és hatalmas tüneményességét.

A partvidék bennszülöttjei több, mint két hétig királyi módon ünnepelték a felfedezőket, talán messziről jöt, különös istenségeknek is vélték őket. Nem tudjuk. A nagy lakomák és dárídók után a két hajó újra útrakelt. Sietve, február 4-én elhajóztak az öbölből.

Váratlanul, február 11-én visszatértek, egy közeli viharban erősen megrongálódott hajójuk megjavítására. Közben a bennszülöttek há-

Hawai'i

laadó ünneplései is befejeződtek. Talán a felfedezők istenisége, illetve igazi mivolta is gyanussá vált, hiszen az isteninek tűnő nagy hajójuk összetört, ami feltétlenül rossz jel volt a hawai'i-ak hitvilágában. Az is lehetséges, hogy a hawai'iak megsokalták a hivatlan vendégeket.

Nem ismerjük a gyászos kimenetelű tragédiának igazi inditó okait, de az alig egy héttel előtti nagy hódolat és ünneplés gyilkossággal végződött. Február 13-án éjjel, ahogy a korabeli történészek írják (csak a fehérek voltak írástudók), néhány hawai'i ellopta az egyik hajó csónakját.

Valószínüleg valami félreértés történt, mert a hawai'i-ak nem ismerték a magántulajdont. Reggel Cook és egy tucat tengerész állig felfegyverkezve bement a faluba, hogy a törzsfőnököt tuszként elrabolja.

Ez a módszer jól bevált a többi felfedező útjaikon, de itt végzetes volt. Teljesen váratlanul, meglepetésszerüen nagy csetepaté tört ki a tengerparti falucskában. Cook-t és néhány társát megölték a bennszülöttek. (A tragédia helyét emlékmü jelzi). A gyilkosság híre világszerte elterjedt.

E sajnálatos esemény után rendkivül kegyetlen, barbár népnek hitte a világ a hawai'i-akat. Ugyanakkor, dacára a rövid tartókodásuknak, értékes megfigyeléseik és gyüjteményeik a felfedezők körében felébresztették az érdeklődést a Hawai'i Szigetek iránt.

A rossz híreket betetőzte az a hamis gyanúsítás is, hogy a hawai'i-ak emberevők, mert Cook admirális földimaradványainak hazaszállításakor az angolok csak a kapitány csontjait találták. Senki nem foglalkozott azzal a ténnyel, hogy a hawai'i-ak az elhúnyt személynek csak a csontjait tartják a legnagyobb tisztelete. A hawai'i-ak nem emberevők és rendkivűl nagy tisztelettel és titoktartással viszonyúlnak az elhúnytak csontjai iránt.

1792 és 1850 között Anglia, Oroszország, Dánia, Franciország és Amerika is elküldte felfedező hajóit és korabeli természettudósait Hawai'i-ba. Mindezek hozzájárultak a szigetvilág természeti kincseinek leírásához és felfedezéséhez.

Mihály Márta

A szigetek jó földrajzi helyzete fontos szerepet igért az ázsiai és amerikai kereskedelmi kapcsolatok kialakulásában, ugyanis a Hawai'i szigetek nagyjából féluton vannak a két földrész között.

Hirtelen igen keresetté vált az illatosfa (*Santalum album*) Kínában. Ebben az időben minden szigetnek kiskirálya volt. Ezek állandó harcban álltak egymással, hatalmuk megerősítésért. Hirtelen fegyverekért illatosfát cseréltek. Szinte ördögierőt tulajdonítottak a fegyvereknek. Kína ömlesztette fegyvereket az illatosfáért. Emiatt nevezték a kínaiak (a bevándorlottak és rokonaik) hosszú ideig Hawai'i-t az Illatos Fa Országának (Scented Tree Counry).

Ebben az időben ez a finom illatú fa (Santalum album) igen elterjedt faj volt a szigeteken. A cserekereskedelem nagyon meggyérítette az állományokat, manapság ritkán látjuk, ezt a szép fát. A legtöbb szigetről kiveszett. A megmaradt egyedek megközelítetlen gerinceken, vagy igen eldugott völgyekben fordulnak elő. Napjainkban újratelepítík ezt az értékes és tetszetős keményfát.

A fegyverek használata és eredményessége megélénkitette a civakodást. Lassacskán minden sziget törzsfőnöke nagyobb és nagyobb hatalmat követelt. Ha volt elegendő felfegyverzett katonája, akkor a többi szigeteket is könnyen leígázhatta. Elkezdődtek a szigetek közötti háborúskodások.

XXII.

Kamehameha királyok kora

Sok civakodás után végre sikerűlt Kamahameha I. királynak (1758-1810) egyesíteni a Szigeteket (26. kép). Ő volt az első Hawai'i király. Viszonylagos béke volt uralmának kezdetén, de hatalmas változások verdesték a Szigetek lakóit és tengereit.

Az idegen látogatók kapcsolatokat kerestek, szokásosan a királynak ajándékokat hoztak. Vancouver George, aki Cook kapitány alatt szolgált és az admirális halála után megbízták az új felfedező útak vezetésével, 1793-ban szarvasmarhákat hozott a szigetekre. A texasi hosszúszarvú (Texas Longhorns) fajállatokat Kamehameha hawai'i királynak ajándékozta. A király törvényt adott ki ajándékának védelmezésére. Az állatok gyorsan szaporodtak és 50 év alatt hatalmas vad csordák legeltek a Hawai'i és Maui szigeteken.

A legelő marhák túlnépesedtek (ellenségük nem volt) és kifutottak legelőkből. Tönkretették az elérhető hegyoldalak erdőit is, aminek a következménye a sok őshonos növény és állat kihalása volt. Bekövetkezett a nagy méretű talajerózió. Az elvadult és éhező marhákat szervezett vadászatokkal írtották ki.

26. kép

A 19. század elején az amerikai és európai ipari fejlődés miatt hírtelen megnövekedett a kereslet a bálnazsír iránt. Az élelmes halászhajó tulajdonosok gyorsan felfedezték a meggazdagodás lehetőségét és szigetek körül telelő bálnák olajkészletét.

A századfordúló körűl Kealakekua öbölben (Hawai'i sziget) főleg két bálnavadászhajó, Balaena és Equator vadászott. New Bedford-ból és Nantucket-ből (Egyesült Államok) jöttek. Ezek és az északon vadászó bálnahajó flották alig 20 esztendő alatt majdnem kiírtották a Csendes Óceán bálna állományát

Hawai'i lett a gigantikus jövedelmű bálnavadászat útvonalának fontos állomása, hajóiknak kikötője és legénységének pihenője. Ugyan Kamehameha betíltotta a Szigetek közelében a bálnavadászatot, mert ellentkezett a bennszülöttek hitvilágával.

A forgalmas kikötők főleg pihenő helyekké változtak A nagyszámú és főleg írástudatlan, keményen dolgozó legénység sok változást okozott a bennszülött társadalomba.

A becslések szerint a 18. században több, mint 10,000 bálna élt a hawai'i vizekben, de 1976-ban a megmaradt állomány számát kevesebb, mint 1,000-re becsűlték. A bálna 1966-tól védett és számuk

Hawai'i

jelenleg 2,500-3,000 között mozog. Vagyis körülbelül ennyi jön le a hawai'i vizekre a táplálóanyagokban gazdag alaszkai vizekből.

A bálnák főleg Lanai, Maui és Molokai szigetek sekélyebb (általában 200 m-nél nem mélyebb) vizeit keresik. Itt nem halásznak, ez a mélység kedvelt ellésre és párzásra, talán, mert itt melegebb a víz és a cápák elkerülik ezeket a sekély vizeket.

A hawai'i egyetem óceáni kutató állomás megfigyelései szerint a bálnák viselkedése évenkint változik. Durván decembertől áprilisig tartózkodnak a szigetek körül, főleg Maui sziget Maalaea Bay környékén. Ez a meleg és sekély öböl a kedvelt ellőhelyük. Itt nyugalma van az ellő állatnak és a borjának.

Hawai'i-ban a bálnák "énekelnek", illetve különféle hangsorozatokat hallatnak, de, a szöveg ismeretlen. Az "éneklést" bárki hallhatja, ha a víz alá merül és van bálna a környéken. Ezek a sekély partok valóban csendesek, kiváló fűrdőhelyekkel, finom homokkal és melegebb vízzel. Sajnos hiába bujkáltam a víz alatt, nekem, nem "énekeltek".

Hatalmas tengeri állatok, 10-15 m hosszú és 35-40 tonna súlyúak. A borjú 1.5 tonna körül mozog. Egy év alatt megduplázza súlyát és hosszát. Élet hosszuk 40 év körül van. Jó étvágyuk van, egy tonna a napi ennivaló szükségletük. Az évi vándorlási körútjuk, több, mint 15 ezer km.

Meglepő jelenet, amikor ez a hatalmas állat egyszerüen, könnyedén, majdnem függőlegesen kidobja magát a tengerből és megcsavarja testét, ahogy gigantikus sulyával visszazuhan a vízbe. Felejthetetlen élmény.

Pihenni és szerelemért jött a sok ezer keményen dolgozó bálnavadász legénység is a Szigetekre. No, meg a trópuson könnyebb volt eltűnni. Partraszállásuk gyökeresen megváltoztatta a hawai'iak életét és közben kifejlesztette a hawai'i szigetek kikötőit is.

A népszámlálás szerint 1853-ban 2119 idegen élt a szigeteken. Ennek fele Honolulu-ban, (a mai főváros, de fontos kikötő is) a többi, kivéve egy kis csoport hittéritőt, felfedezőket és helyi idegen lakóst. Ekkor, viszont több, mint kétezer hajós legény élt a kikötőben.

Ezek a tengerészek főleg legényemberek voltak, akik hónapokon keresztül a tengeren dolgoztak, sokszor igen sanyarú körülmények között. Bármilyen rossz volt az élet a hajón, onnan elszökni, inni és szeretkezni csak a kikötőben lehetett.

A megviselt hajóslegények és kalandorok kihasználták a tapasztalatlan bennszülöttek vendégszeretetét, habár a leírások szerint (csak a hittérítők és fehérek írtak!) a hawai'i lányok rajongtak a fehér férfiakért. Fehérek írták, mondták. Közmondás szerint: könnyű Katát táncbavinni, ha Kati akar! Az igazságot nem ismerjük.

A hajóslegénység igen kedvelte a bennszülött leányok új és ártatlan polinéziai báját. Polinéziai, egzotikus szépségük ismert volt a tengeri utazók körében. Elképzelhetően felettébb megnyerő és kívánatos látvány lehetett a kikötőbe érkező hajók legénységének, amikor a hawai'i leányok virággal tele kenuikkal, a hullámok tetején a bálnavadász hajók csónakjai köré síklottak. Micsoda szép és meleg vendégfogadás.

Ezek a szép lányok a vendégvárók zajos örömével, öleléssel és virágkoszorúkkal, vagyis a hawai'i -*Aloha*- köszöntéssel, mosollyal fogadták a kissé elvadult, hetekig tengeren küzködő, fehér hajóslegényeket.

A lányok csillogó barna, vízes, kívánatos bőrét és formás szépségét csak hosszú, fekete, lebegő hajuk takarta. Kíváncsian vették körül az érkezetteket. Szívesen követték ezeket a részükre különleges, misztikusan betakart, sápadt bőrű, igen vonzó fehér férfiakat. Közkedveltté váltak a tengerészek. Valószín-űleg mindkét nem megtalálta a Paradicsomot, talán a tengerészek nevezték el Isten földjének a Szigeteket.

A kikötő kocsmái, hangos dáridói, a mulatók éles bicskái, gyors fegyverei és a parti orgiák sok bonyodalmat okoztak a régi, apró, békés, hawai'i halász falucskák (a régebbi Honolulu, Lahaina és Hilo) lakóinak. A hawai'i-ak érzelmeiről nem sokat tudunk, mert írott nyelvük nem volt, hogy megörökíthették volna a történteket. Valószínüleg érthetetlenül, fájdalommal és tehetetlenül nézték régi társadalmi szokásaik felfordulását és leányaik meggyalázását.

Hawai'i

E korszak híradóiból és naplóiból csak a hittérítők jogos felháborodásáról olvashatunk. Egyedül csak ők irták le az eseményeket. A bálnavadász legtöbbje irástudatlan volt. Különben is, szerintük, ők nem írkálni jöttek Hawai'i-ba, hanem pihenést, szerelmet és gyors meggazdagodást kerestek. Mindhármat könnyen megtalálták. Ahogy mondották az isteneket Fok-földnél hagyták!

Ebben az időben Honolulu egy mocsár volt, Waikiki nem létezett. Füves kunyhók, kis falucskák és taro űltetvények szegélyezték a partokat.

A látogatók több féle fertőző betegséget is hoztak magukkal. A hawai'i-aknak nem volt semmi ellenállóképessége az idegen vírusok és baktériumok okozta megbetegségek ellen.

Cook felfedezésekor 800 ezer körüli bennszülött élt a Szigeteken és rövid 30 év alatt számuk 180 ezerre csökkent. Szomorú olvasni a korabeli leírásokat. Az bennszülöttek nem ismerték a járványok okait, tűneteit és a magas lázt. Enyhűlésért a tengerbe futottak, erőtlenűl feküdtek a partokon. A hullámok ölén megkönnyebűlés volt a halál. Ezreket mosott be a dagály. 1804-ben az *-okuu-* (talán kolera), 1820-ban influenza és mumpsz, 1839-ben himlő, szamárköhögés, 1848 és 1849-ben fekete himlő tizedelte az embereket.

Közben elterjedt a gonorrea is. Ennek következményeként elhatalmasodott a terméketlenség. Nagy volt a szifiliszes megbetegedések száma is. Ez pedig több ezer halott gyermek születését okozta.

1876-ban már csak 54 ezerre becsülték a Hawai'i Királyság bennszülött lakosságát. Természetesen a behozott betegségek, az új vallás, majd a későbbi bálnavadászok, üzletemberek és kalandorok megjelenése megzavarta és felforgatta ennek az ősi népnek a társadalmi törvényeit és szokásait.

Mihály Márta

XXIII.

Hittérítők

1820 április 4-én, Thaddeus vitorláshajóval, New England-ból (U.S.) megérkeztek a protestáns hittérítők. Több hónapos, igen viharos tengeri útazás után Kailua-ban (Hawai'i sziget) kötöttek ki. Ekkor hét fiatal református pap és feleségeik, mint hittérítők, felfedezők és természettudósok jöttek a szigetekre. Feladatuk föleg a "hitetlenek" megkeresztelése volt. Alapos teológiai fel-készűltséggel érkeztek és ismerték az ebben az időben ébredező természettudományok fontosságát is.

A hittérítés mellett a szigeteken természettudományos leírásokat, megfigyeléseket és gyűjtéseket végeztek. Tapasztalataikat a korabeli tudományos újságokban tették közzé. Nagy gonddal és pontossággal írták le környezetüket, a lávafolyásokat, azok növény és állatvilágát.

Úttörő munkájukkal jelentős mértékben hozzájárultak a szigetek tudományos ismertetéséhez. Gyűjteményeiket hazakűldték. Természetesen tájékoztatták a világot a hawai'i nép szokásairól és problémáikról.

Hawai'i

A hawai'i nyelvet nem beszélték, ezért sok problémának vetették el a magját. A keresztény tanítások kalauza, a Biblia, hasznavehetetlen volt, mert a hawai'i-ak nem írtak, olvastak. A hittérítőknek igen nehéz probléma volt ez. Hozzáláttak a hawai'i nyelv, illetve abc leírásához. Évek kemény munkájájával lefordí-tották a Bibliát is. Iskolákat, nyomdát létesítettek.

A keresztény Isten bemutatásának legnagyobb problémája a hawai'i nyelv ismeretlensége volt. A hittérítők csak angolul beszéltek, ami gyökere volt a legtöbb félreértésnek. Szinte elképzelhetetlen a láthatatlan keresztény Istenről beszélgetni a nyelv ismerete nélkűl. Sok probléma volt.

Nem fogadták el a benszülöttek mezitelenségét, táncaikat, erótikus megnyílvánulásaikat. Nyakig ruhába őltöztették a nőket és férfiakat egyaránt. Megjelentek a bőrbetegségi problémák. Néha még nyakkendőt is csavartak a legények nyaka köré (a trópusi melegben). A ruhatár az otthoni, new england-i templomok adakozóinak használt holmija volt.

Érdekes anekdóták maradtak fenn az első buzgó, hawai'i keresztény atyafiak vasárnapi ünneplő őltözékéről. Az akkori "divattudósító" (valószinüleg alig írástudó fehér ember megfigyelése) szerint néhány új hawai'i keresztény csak nyakkendőt viselt a szabadtéri misén. Csórén űldögéltek a magas fűben. Nem érthették nyakkendő jelentőségét, hiszen ruhájuk sohasem volt. Talán már elfogyott a használt ruha. Érdekes és megbízható felvilágosítást olvashatunk a misszionáriusok életéről Michener: Hawai'i c. művéből.

Néhány évvel később a francia katolikus hittéritők, majd mormonok és az anglikánusok is elhozták a hitet. A missziós központokat rendszerint a hawai'i faluk és az ős hawai'i szentélyek, (hieau) közelében alapították. Ruházatukat, házaikat és butoraikat otthonról hozaták. Külön éltek, központjaik körül iskolákat, elsősegély központokat, nyomdát, kerteket és kávéűltetvényeket telepítettek. Behozták ismert magvaikat. A bennszülöttekkel nem keveredtek.

Hittérítő munkájukhoz szigorú utasítást kaptak a new england-I, vagy francia központjuktól. Életkörülményeik, a leírásaik szerint nehezek voltak, mert a korabeli hawai'i életformák igen különböztek az amerikaitól, vagy az európaitól. A súlyos nyelvi problémáik mellett nemigen keveredtek a bennszülötekkel. Táplálkozásuk, ruházatuk, házaik és erkölcsi normáik teljesen különböztek a bennszülöttekétől és nem változtatták azokat.

A hittéritők nem alkalmazkodtak a helyi diétához, öltözködés-hez. Elitélték azokat. Fizikailag gyengék voltak és rövid ideig éltek. (a látogatott régi síremlékek erről tanuskodnak). Megvetették a bennszülöttek szokásait, életmódját. Izoláltan éltek, gyermekeiket Amerikába küldték iskolába. Például nagy gondot okozott a kenyérsütés, az élesztő, illetve a kovász, vagy más élelmiszer eltartása. Nehezen viselték a hőséget a nyakig begombolt, hosszú gyapjúruházatukba, amely alatt még hosszú alsóneműt is viseltek.

Egy orvos volt az első hittérítők között, aki csak igen sűrgös esetekben útazhatott egyik szigetről a másikra. Abban az időben nem volt út a szigeteken, még egy jó hátasló is ritkaságnak számított. Nehéz volt a közlekedés a lávagörgeteges szigeteken, vagy az azokat elválasztó nyílt tengeren. A súlyos beteg már csak utolsó- kenetet kaphatott. A hawai'i-ak segítségében nem bíztak meg.

A legnagyobb problémát szerintük a nagy valláskülönbség és az ezzel járó szokások megértése és kezdeti áthidalása volt. Gyakori volt a hawai'i királyi családban a testvérek közötti házasság. Ez nagy felháborodást váltott ki a hittérítőkből, halálos bűnnek vélték. De a bűn fogalma teljesen ismeretlen fogalom volt. Nagy-jából érthetetlen is maradt, hiszen szerették társukat és isteneiknek kedvezően éltek. Csak igen türelmes, lassú meggyőző ajánlatokkal próbálhatták megakadályozni ezt a részünkre elfogadhatatlan kapcsolatot. A bennszülötteket nem uszíthatták magukra. A nézeteltérésnek a kimenetelele könnyen halálos tragédia lett vola.

Az öket irányító szervek New England-ból nem ismerhették a helyi nehézségeket. Sok ezer kilométerekről, az otthoni kényelmek ismerős világából leginkább megvalósítatlan, máskor naív elképzelésekkel irányították, illetve utasították ezeket a keményen dolgozó, hivatásukat hűen követő, keresztény embereket.

Sok félreértést, haragot és kárt okozott a gyakori civakodás a különböző keresztény felekezetek között. Talán a megtérűlő lelkekért, vagy inkább a hatalomért folytatott harcok közepette a hittérítők nem vették észre, hogy ezek a felekezeti nézeteltérések milyen sarkalatos nyomott hagytak a bennszülöttek vallásos hitében.

A kor missziós tevékenységeinek szellemében, több esetben királyi jóváhagyással elégették az évszázadokon keresztűl tisztelt és imádott hawai'i istenségek szobrait és szertartási kellékeiket. Helyettük minden felekezet Bibliát (az írástudatlan népnek!), új szobrokat, gyertyákat és más hasonló kegyeletitárgyakat hozott a Szigetekre.

Teljes volt a zűr-zavar. A hawai'iak nem láthatták, vagy érthették különbséget a behozott sokféle istenség és a saját istenségeik között. Dacára a missziósok jó indulatának, megbomlott a hawai'iak vallásos bizalma.

Mihály Márta

XXIV.

Sok istenség, sok a kalandor

A nyílvános ellentét a különböző felekezetű hittéritők, majd a köztük növekedő bosszúságok és a bálnavadász hajók legénységének örökös űldözése teljesen megzavarták a hawai'i társadalmat. Felborult a rend. A bennszülöttek nem érthették a hittérítők viselkedését. A társadalmi zavargások okaként arra gondoltak, hogy isteneik rajtuk torolják meg a sérelmeiket. Ezeket új áldozatok felajánlásával, titkos barlangi szertartásokkal próbálták kiengesztelni.

A hittérítők teljesen elítélték ezeket a szertartásokat. Nem értették a már majdnem "megtértnek" hitt hawai'i-ak viselkedését. Számtalanszor megzavarták szertartásaikat és ez még több elégedetlenséget jósolt a hawai'i-istenségektől. A hawai'i-ak a hittérítők szertartását nem tartották elegendőnek az isteneik kiengesztelésére.

Kétségbe esetten újra az isteneikhez fordultak, több szertartással és sokszor emberi áldozatokkal. A köznép egyrésze keresztény lett, de

Hawai'i

valójában a hawai'í megmaradt hawai'i-nak, nemcsak a génjeiben, hanem szokásaiban is. Ezt igazolja a sok fenmaradt polinéziai jelleg, nyelv, szokás és viselkedés.

A szigetek felfedezése megnyította a kaput a sok ismeretlen probléma felé. Ezeket a társadalmi problémákat súlyosbította a királyság válságos helyzete is. Kamehameha I. meghalt fia Kamahamea II. Liholiho (1796-1824) örökölte a királyságot. A valóságban azonban a legkedveltebb felesége Ka'ahumanu királynő vezette a Szigeteket. Irányításával megszűnt a neves -kapu- törvény. Nők-férfiak együtt ehettek, elrendelte a -heiau-, hawai'i köszentélyek lerombolását és a faragott istenszobraikösszetörését is. A királynői törvény megerősítette a misszionáriusok tevékenységeit.

Lihoilu halála után Kamahamea III. (1813-1854) az alig 9 esztendős Kauikeaouli fiú lett az új király. Ők voltak az első királyi házaspár, akik hivatalosan kűlföldre útaztak. Sajnos Angliában himlőt kaptak és ott meghaltak.

1839-ben Kameahamea III. megteremtette az első Hawai'i Alkotmányt (Declaration of Rights, Hawai'i Aranybulla). Ezzel feladta az örökölt királyi jogait. Alig 8 évvel később létrehozta a neves Diviziót (Great Mahele), amely megszűntette a régi közös földtuladont Hawai'i-ba.

Elosztotta a földet a nemesek (ali'i) és a köznép (maka'aina) között. Ez gigantikus változást okozott. Földtulajdonjogot adott az írástudatlan bennszülötteknek, de főleg az éhesen vásárló gazdag, fehér befektetőknek, akik azonnal "vásárolni" kezdtek. Felfordúlt a Szigetek életformája.

Kamehameha IV. (1834-1863) rövid uralma alatt tovább sínylődtek a bennszölöttek szokásai. A kereszténység hatalma és fehér beözönlő üzlet emberek, gyors gazdagodási politikája dominált.

Kamahameha V. király (1863-1872) 1864-ben megteremtett egy új Alkotmányt, ebben több hatalmat adott a királynak, a választott kabinet erejét csökkentve. Nem volt népszerű cselekedet. Útód nélkűl halt meg, ezután választották a királyt Hawai'i-ban.

Mihály Márta

Sajnálatos, de a gyors változás viharai alatt és a hawai'i érdekeket képviselő írástudó vezetők nélkül a királyságnak nem volt alkalma egy józan és igazságos átmeneti állapot fokozatos kialakítására. Ezzel talán áthídalhatta volna a rájuk kényszerített változásokat. Sajnos nem így történt.

Legtöbb esetben a régi szokások töredéke keveredett a részükre teljesen érthetetlen újakkal. Elvesztek a régi erkőlcsi normák és szokások. A kialakult hézagot betegség, félreértés, civakodás, vagy gyűlőlködés tőltötte be. Lassan, de biztosan fogyatkozott a bennszülött lakosság. A megmaradottak jövője bizonytalanná, társadalmi és politikai helyzete megalázóvá változott.

1874-ben a Szigetek első választott királya, David Kalakaua került a trónra. Rövid uralma nevezetessé tette a hawai'i királyságot. Kalakaua elindúlt világkörűli útra. Megjárta Európát és ő volt az első hawai'i király, aki meglátogatta Amerikát. Mindenhol lelkesen terjesztette otthona kúlturális érdekességeit, a szigetek természeti szépségeit és ezek fontosságát. Művelt és nagy zenekedvelő ember volt, Ő írta Hawai'i Ponoi cimmel a himnuszt. Igen muzikális, érzékeny mestermű. Minden állami, de különösen hawai'i megmozdulásokon énekeltük.

Uralma alatt visszajöttek a -hula- táncok. A misszionáriusok ellenségei voltak ennek a szép, elegáns és igen nehéz, tradiciókkal és történelemmel telített művészetnek. Nemi örömök gerjesztőinek gondolták, "bűnös" tevékenységnek hívták. A bűn fogalmát a bennszülöttek nem ismerték.

Az igazi –hula- művészi, gyönyöködtető és teljesen összhangban áll a trópusi buja növényzet formációival és a tenger hullámainak suttogásával. Természetes, hogy érzelmeket ébreszt, de hiszen ez a természetes hawai'i élet szépsége. Különben meg kell jegyeznem, hogy a modern tangó, különösen az argentiniai, művészetnek nevezett formái is hasonló érzelmeket gerjeszthetnek, ez teljesen a nézők öröme, illetve választása.

Sajnos Kalakaua uralma alatt megnövekedett az amerikai gazdag emberek hatalma és ismertté vált a korrupció. 1875-ben a hawai'i

Hawai'i

cukor bemehetett Amerikába adó nélkűl, cserébe az amerikai áruk is szabadon jöhettek a Szigetekre (Reciprocity Treaty). A cukornádak, illetve a cukor amerikai befektetés volt, tehát ki volt a nyertes?

Sokan, sok pénzzel, saját törvényeikkel (ügyvédjeikkel) alig száz év alatt, 1940-ig megvásárolták Hawai'I termékenyebb földjeinek javát. Nem kellett már a bálnazsír, a Szigetek mezőgazdasága felé fordúltak a befektetők. Amerikában kellett a cukor.

1887-ben a király elfogadta azt a törvényt, hogy a jövőben választással kell feltőlteni a kormányzói képviseleteket. Választási jogot kapott mindenki, aki legalább egy évet élt a Szigeteken és fizetett adót. Ekkorában csak anyagilag tehetős, főleg amerikai emberek és a hittérítők meggazdagodott utódjai szavaztak. A bennszülöttek nem ismerték sem a nyelvet, sem az ügyvédek világát. Megnyíltak a gazdagodás kapui a Szigetek felé.

Az első cukornád űltetvény (Koloa, Kauaui sziget) 1835-ben létesűlt. Nem volt elegendő munkás, ekkor kezdtek behozni kínai, japán, fülöpszigeti és portugál legényember munkásokat a Szigetekre. Erről később részletesen beszámolok.

1901-ben James Dole űltette az első ananász palántákat, Wahaiwaba (Oahu). Manapság forgalmas turista központ. Hawaií Ananász Társaságnak nevezte. Vállalkozása igen sikeres volt. 1922-ben megvásárolta Lanai szigetet (micsoda kincs!), ahol 1940-ig ez volt a második legnagyobb vállalkozás.

A gyengélkedő hawai'i királyságot Kalakaua király lánytestvére, Liliuokalani örökölte 1892-ben. A fenti bemutatott tények elárúlják, hogy a királyság hatalma erősen legyengűlt.

A kormány aparátust ekkor három párt képviselte: a National Reform Párt, a királynő támogatója, a Reform Párt, a királyság ellensége, és a Liberalis Párt.

A királynő hatalma kezdetén a pártjából választotta képviselőit, de ezeket kiszavazta a Reform Párt. Liliuokalani új kabinettet alkotott, megint kiszavazták. Harmadszorra a királynő Reform Párt tagjaiból építette fel kabinettjét, remélve, hogy megalakúlhat a kormány. Ez a

125

mególdás kritikussá tette a királyság helyzetét. A Liberalis Párt képviselői szövetséget kötöttek a National Reform Párt választottjaival, hogy megbuktathassák a Reform Pártot.

Nehezen, éppen csak ballagott az utólsó kormány, miközben megalakúlt a hawai'i amerikához csatolását támogató clúb (Annexionist Club). Céljuk a hawaií királyság bebuktatása volt. Amerikához csatolásban látták a Szigetek, illetve saját hatalmuk és gazdagodásuk bíztosítását.

Lehetetlen helyzetében 1893-ban Liliuokalani királynő lemondott. Abban reménykedett, hogy Amerika nem fogadja el az annexionista ajánlatot. Reményekkel telten Washington-ba utazott, hogy feltárja a népének óhaját és megvédje a hawai'i királyság bukását. A királynő és képviselete nem érkezett meg időben Washington-ba, mert az annexionisták nem engedték a királynőt a hajójukon útazni. Végűl is a hawai'i királyság megbukott!

XXV.

Hawai'i gyarmatosítása

1900-ban a Szigetek amerikai területté (US Territory) váltak és természetesen Dole lett a kormányzó. 1959-ben Hawai'i az Egyesűlt Államok 50. állama lett (Aloha State). Remélem a Dole név ismerős a család ananász űltetvényeiről. Dole és űltetvényes társaik új tulajdonjogokat írtak a bennszülöttek szentnek hitt földjeire, megrontották ősi kúlturájukat, és elrabolták otthonukat.

De talán a legnagyobb gyarmatosítási hiba az amerikai katonai bázisok létesítése volt. Ez kinyította az összes kaput a Szigetek felé. A méreteket jellemzi, hogy a katonai személyzet családja és fenntartó szervezete 45-50 ezer volt, csak Oahu szigetén a 2005-ös években. A besoroltak száma nem ismert. Viszont azt tudjuk, hogy a szigetek folytonosan aktiv katonai bázisok voltak és most is azok.

Lötér lett a sok szép, művelésre alkalmas völgy, tengerparti öböl és amikor a katonaság feladta a tönkretett területet, akkor a feltisztítás elmaradozott! Ilyen például a Kaho'olawe sziget, melyet az 1940-es években a katonaság éles lövészeti gyakorlótérként használt. Még mindig életveszélyes, lakhatatlan hely.

Mihály Márta

A királynő lebuktatása rendkivűl elkeserítette a hawai'iakat. Elveszett a királyság, meggyalázták nagyrabecsűlt királynőjüket. Gyászolt a nemzet, mert sem akkor, sem most nem akartak vagy nem akarnak amerikához tartozni.

Az amerikai vezetőség első lépéseként házibőrtönre itélte Hawai'iak nagyrabecsűlt és szeretett királynőjét a királyi palota egyik szárnyába. Ez Iolani Királyi Palota, az egyetlen királyi palota Amerikában. Honolulu tetszetős belvárosában, most is büszkén diszeleg gyönyörű kertjével, ez a ritka szép, korall-ból és fából faragott épűlet. Mint egy hawai'i szentély az igazi, régi, örökké élő szokások, jeles eseményeinek színhelye. A királynő emléke és szelleme még ma is erősen él a Hawai'i nép tudatában.

Sokat hallottunk a Pearl Harbour-i (Hawai'i) eseményekről, ahol 1941 dec. 7-én a japán haditengerészet szétbombázta az amerikaiak csendes óceáni flottáját. Hawai'i katonai készűltségi zona lett.

Ezt statáriúm (martial law) követte 1944-ig. A statárium felfüggesztette a "habeas corpus"-t, ami azt jelentette, hogy bárkit birósági itélet nélkűl letartótathattak. Ez főleg a lakosság Japán származású családjai ellen irányult. Ezzel a törvénnyel a japán-amerikaikat otthonukból kidobták és egy bőrönddel az ország lakatlanabb területére internálták. Ezt az állapotot sem ők, sem a legtöbb hawai'i nem értette. A japánok ártatlan meghúrcolását ismerjük.

Érdemes tudnunk, hogy ugyan igen-igen későn, de az amerikai kormány elismerte, hogy rosszúl, jogtalanúl cselekedett, mert 1993-ban hivatalosan bocsánatot (Apology Resolution) kért a Bennszülött Hawai'i-aktól a királyság megbuktatásáért és hawai'i nép függetlenségi jogainak megsértéséért. Igencsak elkéstek!

Ennek erős, és hasznos politikai következményei voltak. Feléledt a szundikáló, de örökké élő függetlenség gondolata, felszínre kerűltek a hawai'i eszmék, szokások és a nyelv használata. Hatalmas függetlenségi megmozdulásoktól zengtek a Szigetek. Ott voltunk mi is, lelkesen követeltük a helyiekkel együtt Hawai'i függetlenségét.

Ez évben, julius és augusztusban Hilo-ban laktunk (Bayshore Towers). A legrégibb kikötője a Nagyszigetnek e csendes, trópikus virágpiacáról világhírű, régi város. Most megmozdúlt a város, minden halász, kertész és hawaií az utcán tűntetett, függetlenséget akart. A tömeg lelkesen kiabálta: Nem vagyok amerikai! Hawai'i vagyok!

A legutóbbi 15-20 évben vilagszerte ébredezik a nemzetiségek öntudata. A nemzetiségek önállósága úgy jogilag, mint erkőlcsileg világszerte elfogadottá és kivánatossá vált. Az emberi szabadságjogok ébredésének időszakát éljük. A hawai'iak is keresik hawai'iságukat, régi szokásaikat, nyelvüket és legfőképpen elvett, vagy elcsalt földjeiket követelik. Manapság ök is, akárcsak minden más kisebb nemzet, büszkék hawai'i-ságukra. Önkormányzatot akarnak. Reménykedem.

Jelenleg csupán 9 ezerre tehető a tisztavérü hawai'iak száma, de a szigeteken élő, csak részben-hawai'i-ak (számuk jelenleg 250 ezer körül van) is azonosítják magukat hawai'i-val, és az önállósági követelésekkel. Függetlenséget akarnak az Amerikai Egyesült Államoktól. Az ilyen irányú politikai törekvések gyökere a nyelv és a földtulajdon. Ha megtartják nyelvüket és szokásaikat akkor megmaradnak. Az önállóság, úgy érzem, hogy egyenlőre csak álom marad, mint a Székelyeké!

A hawai'i-ak alig rendelkeznek ingatlannal. Társadalmukban a föld - aina- közös tulajdon volt, mindenkié volt. A nép gondozói szerepet tőltött be. 1843-ban királyuk Kamehameha III szépen meghatározta ennek fontosságát. Szerinte "Ua mau ke ea o ka aina i ka pono" (a föld életét erkőlcsi törvények rögzítik).

A hittérítők utódai és az új ingatlanok tulajdonosai, a gazdag fehér emberek, a világ minden részéről, talán legtöbben Japánból, meggazdagodtak az ingatlan nyereskedésből (hatalmas szállodák, golfpályák, űltetvények), a hawai'i-ak közűl pedig sokan nincstelenekké váltak. Kiszorúltak a tengerpartokra, mert nem tudják az otthonuk kőltségét fizetni. Sátrakban laknak Oahu sziget keleti, száraz, igen meleg tengerpartján (Waianae). A mellékelt képen láthatók. Onnan járnak dolgozni, mert nem tudnak házat venni, vagy lakbért fizetni. Szomorú tragédia, ez bizony nem Aloha!

Mihály Márta

Hawai'i tradicióik keresése során újra elterjedt a hawai'i nyelv használata és visszatérnek a régi szokások is. Ébresztgetik nemzetiségüket. A nyelv és régi kúltura ápolását nagyban elősegíti és ápolja a fövárosi Kamehameha iskola, mely a bennszülöttnek ingyenes nevelésére és taníttatására hivatott.

Sok évi szigeti tartózkodásunk során mindig részt vettünk az énekestáncos programjaikon. Részünkre egyedülálló és rendkivül kellemes élmény volt minden alkalom. Gazdagította és szépítette élményeinket. Emellett közelebb hozta, vagy egy kissé megismertette a hawai'i életmódot, zenét, táncot és életük mindennapi ritmusát. Nekem második otthonom lettek a Szigetek.

Felújították Honolulu-ban (föváros) az elhanyagolt színházukat. Gazdag, eredeti és magas színvonalú zenés-táncos esték várják az érdeklődöket. Mindig telt ház van. Az idén (2012) Honolulu kínai városnegyedében rendezték az ős hulla táncok bemutatóját. Nívós, érdekes és gyönyöködtető volt.

XXVI.

Behozott munkások

1862-ben az ültetvényesek Kínához fordultak munkásokért. Becslések szerint ekkor alig volt több, mint 5-6 ezer munkaképes bennszülött a Szigeteken. Fehér ember kevés volt és ezek nem is vállalkoztak erre a nehéz munkára.

Az elkövetkező 15 éven át több ezer, 5 évre leszerződött kínai munkás érkezett a szigetekre. Az űltetvényesek munkavezetői nem voltak megelégedve a velük. A kínai ember, ahogy az anyagi helyzete lehetővé tette otthagyta az űltetvényt. Nagyobb települések közelében kertészkedett, vagy üzletet nyitott.

1887-től Japánból hoztak több ezer munkást. A behozottak eredetileg úgy tervezték, hogy néhány év alatt kifizetik a szállításuk kőltségét, majd összespórolnak egy kis tőkét és hazamennek. Legtöbbször a szerződés végén vagy nem volt elég pénzük, hogy visszatérhessenek hazájukba, vagy pedig a szigetek jobb jövőt igértek nekik és ott maradtak.

Földet ritkán vásároltak, inkább béreltek. Kertészkedtek, kávét neveltek, vagy üzlettel foglalkoztak. Macao-ból 1850 fiatal japán munkást hoztak Oahu szigetére, 1902-ben. Cukornád űltetvényen dolgoztak. Kosztot és szállást (hatalmas fa termek, ágyakkal) kaptak. Keresetük 67 cent volt naponta, reggel 6-tól, este 6-ig. Hat napból állt a munkahét.

Kemény munka volt ez a hőségben. Természetesen aratáskor hosszabb munkanapok voltak, túlfizetés nélkűl. Legtöbbjüket a hazavándorlás reménye vezérelte.

A japánok nem keveredtek másokkal, elítélték a vegyes házasságot, viszont igen hiányzott nekik a női társaság. Legtöbbje az örömházakat látogatta. Az űltetvény tulajdonos gyakran lányokat szállított a hétvégére munkásainak.

Fegyelmezett, megbízható munkások voltak. Az ügyesebbek menyasszonyt vásároltak Japánból. Igen drága házasság volt. Később sokan a fejlődő városokban, főleg Honolulu-ban, Lahaina-ban vállaltak állást.

Legtöbb kínai és japán egyedűl élte le az életét, mert a sok nőtlen embernek nem volt elég menyasszony. A kínaiak jobban alkalmazkodtak a nőhiányossághoz. Tapasztaluk volt a legényélet sívárságaiban, ezért, ha volt alkalmuk, örömmel házasodtak össze a hawai'i lányokkal.

Itt kell elmondanom egy megfigyelésre alapozott társadalmi eseményt. Bizonyosan többen észrevettük, hogy a nagyobb városaink ázsiai részlegében sok idős férfi a padon űldögél és igen nagy érdeklődéssel figyeli a járó-kelőket, különösen a fiatalokat. Többen félremagyarázták ezt a tűnetet.

Nem régen halottam ezeknek az idős embereknek a lelkivilágáról. Legtöbbjük nőtlen ember és igen későn ébredt rá arra, hogy nem volt feleség és nincs család. Kimaradt mindenből, ami megarannyozza az öregkort. Most már csak a képzelődés öröme maradt. Azt gondolom, hogy ez a sóvárgás nem kimondottan ázsiai. Aki egyedűl van annak a gondolatai is egyedűl vannak!

Hawai'i

A kinai és hawai'i házasságokból közismerten a legformásabb és legszebb leány gyermekek születtek. Híres polinéziai szépségek-nek és kiváló szeretőnek gondolták a hajóslegények. Az egyre növekedő nőhiány természetessé tette, különösen a kikötőkben, a bordélyházak népesedését és a betegségek elszaporodását is.

A nagyüzemi ananász termelés is egyre több munkaerőt igényelt. Több ezren jöttek Korea-ból, Puerto Rico-ból, Németországból. 1907 és 1946 között több, mint 120 ezer munkás jött főleg a Fülöp Szigetekről, Portugáliából és a Skandináv Államokból.

Az Euópából bevándorlott mezőgazdasági munkások legnagyobb számban a Madeira Szigetekről, Portugáliából jöttek. Beilleszkedésük a hawai'i termelési módszerekbe nem volt könnyű. Nem volt ismerős a kínai, japán, vagy a hawai-i munkatárs sem. Egyenlőre a rájuk igen jellemző jókedélyű bőbeszédűség is megszünt, mert a közös nyelvet (állitólag az angolt) kevesen beszélték. A portugálok sorsa és beilleszkedése a szigetek életében igen hasonlít a többi bevándorlóéhoz.

Az 1850-es években több kisebb tengerész csoport felejtette magát a szigeteken, miután halászhajójuk kikötött. Letelepedtek a nyugalmat igérő, szép szigeteken. A munkaerő igény fokozatosan növekedett, különösen az aratások idején.

Jacinto Pereira portugál állampolgár, hawai'i lakós és üzletember 1876-ban ajánlotta az ültetvényeseknek a madeirai munkásokat. Ebben az időben nagy volt a munkanélküliség és a szegénység a parasztság körében. A filoxéra kiírtotta a szőlöket és megbénította a boripart. Örömmel jöttek a hawai-i szigetekre. Az elkövetkező őtesztendőben több, mint ezer portugál érkezett.

1882-ben Kalakaua király meglátogatta Dom Luis spanyol királyt. Barátsági szerződést kötöttek. Népszerü lett Hawai'i. Több ezer fiatal jött a Szigetekre. Sokan a jobb életet keresték, mások a kegyetlen katonai kötelezettségtől menekültek. Az utólsó nagyobb bevándorlás 1913 volt. Az út hónapokig tartott, a hajón sokan meghaltak, de többen születtek.

Itt a legtöbb a hegyek oldalát választotta otthonául, hasonlóan az otthoni meredek tengerpartokhoz. Ezek a portugál nyelvű falucskák a mai napig fennmaradtak a szigeteken. Eredetüket a katolikus templomok portugál neve jelzi.

Jelenlétük a szigeten mindenhol érezhető. A helyi lakoság szerves részeivé váltak. A boltokba és útszéli bódékba árulják a friss fánkjaikat, portugál néven, *malasadas*. A legjobb éttermek étlapján szerepel a portugál bableves, portugál kolbásszal (igen ízletes, hasonlít a magyarra). Jelenlétüket ünnepli a róluk elnevezett sok utca és iskola (Lusitana, Lisbon, Madeira és mások). Ezeket a szorgalmas európaiakat dicséri a helyileg is igen kedvelt és elterjedt gitár, a –ukelele-.

Az otthonról hozott kellemes latin dallamok jól keverednek a sok más nemzet zenéjével és a hawai-i ütemmel. Kiváló marhatenyésztők és paniolo-k (cowboy-ok).

A szigeti életmód kedvező a portugálok fizikumára is. Az első generáció többnyire vékony, sovány és alacsonytermetű volt. A következö két generáció magasabb és erősebb felépítésű.

Bőbeszédüek, jó hangulatú, jó étvágyú és meleg lelkű emberek. Feltétlenül ma is gazdagitják a szigetek ipari és kulturális életét. Becenevük pokiki. Kínai, késöbb a japán, portugál és fülöp szigeti napszámosok és a hawai'i lányok házasságai képezték az alapjait a mai igen színes hawai'i társadalomnak. A következö generációk vegyes házasságai egyre több keveredéssel gazdagították a már meglévö színes összetételü hawai'i társadalmat.

Minden nemzetiség magával hozta nyelvét, vallását és szokásait. Ezekkel az adottságokkal tette változatossá és gazdagította a jelen és jövő társadalmát. Ennek a sok színes emberi mozaiknak az ötvözete alakította ki alig száz év alatt a jellegzetes, igen barátságos, mai modern hawai'i társadalmat. Igen kevés tért haza a sok ezer bevándorló emberből.

Természetesen ez a keveredés folyamatos, hiszen egyre több és több ember jön manapság is a szigetekre. Ma már nem, mint bevándorló munkás, hanem, mint kiránduló, katona, vagy üzletember. A szigetek természeti szépsége, jó éghajlata mellett, ennek az igazán színesbőrű

Hawai'i

és változatos kúlturájú hawai'i népnek melegsége, vendégszeretete varázsolta a szigeteket otthoná, vagy a Csendes Óceán legkedveltebb telelő-nyaraló helyévé.

Mihály Márta

XXVII.

Különleges demográfia

Hawai'i demográfiai jellegzetessége, hogy a szigeteken nincs sem nemzetiségi, sem szín alkotta többség. Bizonyosan ez a demográfiai tulajdonság tőlti fel a mai hawai'i lakosságot az -Aloha-szellemmel. Mindenki barátsággal, megértéssel, nagylelküséggel elfogad mindenkit. Bárhonnan jött, bármilyen nyelven beszél, bármiben hisz, vagy nem hisz és bármilyen színű.

A Szigetek összlakossága 1.2 millió (2000), ebből 24 % fehér (haoli), 19 % hawai'i, 17 % japán, 14 % fülöpszigeti, 5 % kínai, 2 koreai, 2 % fekete és 20 % a keveréke sok más nemzetiségnek.

A hivatalos nyelv angol és hawai'i, de sokan megtartották saját anyanyelvüket, így nem feltétlen beszélnek angolul. Itt válik valóra, hogy a megértéshez nem feltétlen szükséges a közös nyelv. Lehet rajzolni, mutogatni, ha van jó indulat és készség akkor rendszerint megértés is van! Egyszerű esetekről beszélek.

A barátnőm anyja Magyarországból Boston Bar-ba (B.C.), fiához útazott. A néni csak magyarúl beszélt. Tejet akart ínni a repülőn, mert csak azt ismerte. Egy hatalmas tőgyet rajzolt, alatta poharat tejcsepekkel. Azonnal hozták a finom tejet. Étrendjét megtartotta, kellemesen útazott.

Az őslakók megjelenésekor sok növény és állatcsoport hiányos volt a szigeteken. Például fenyőfélék, hangyák, édesvízi halak és emlösállatok hiányoztak az ősi életformák közül. Ezek egyszerüen soha nem keveredtek a szigetekre. Helyüket a szigeteken élő ősi fajták tőltötték be. A bevándorolt (és ma is beutazó) sok ezer ember kultúrája mellett magával hozta a saját háztáji növénymagvait, sokszor kedvenc apró háziállatait is.

Ez mind sok, szabadszemmel nem látható spórát, parazítát, baktériumot és vírust hordozott. Bőrén, hajában, talpán, ruháján, légző és emésztőszerveiben jöttek, mint hivatlan, jó, vagy rossz útitársak.

Manapság minden 5 percben érkezik egy repülőgép. Ilyen módon egy új összetételű, igen változó flóra és fauna keletkezik a szigetek lakott, különösen alacsonyfekvésű partvidékein.

Ez a változás egyre gyorsabb, mivel a beútazók is egyre szélesebb körből jönnek. A bevándorlás folytonos, minden útassal sok társútas is jön.

A növekvő lakosság a laposabb, tengerhez közelebb eső, patakmenti (friss víz miatt) területeket foglalta el. Emiatt a szigetek alacsonyabb fekvésű területein kihalt az őshonos növényzet és ennek közvetlen következményeként elpusztult az őshonos élővilág.

A magasabb hegyek és megközelithetetlen völgyekben még megtaláljuk az őshonos fajokat. Nagy kiterjedésű nemzeti rezervátumokat létesítettek az ősi fajták és a természeti egyensúly megvédésére. Ma már a törvény tíltja bármilyen növény, vagy állat behozatalát az erre hívatott szervek gondos felülvizsgálása nélkül.

Ne feledkezzünk el arról, hogy az élővilág állandóan változik. Fajok halnak el, de ugyanakkor új fajták keletkeznek. Ez a termé-szetes folyamat sokkal kihangsúlyozotabb a szigeteken, mert a forró láva az elárasztott területeken mindent kiéget. Ezeken a helyeken teljesen újra kezdődik az élet, tehát nagyobb lehetőség van új fajták kialakulására. A tenger és a passzátszelek változatlanul új spórákat, magokat, madarakat hoznak a szigetekre. Ezekből egyik-másik új faj lehet.

XXVIII.

Megnyilnak a kapuk

1959-ben a szokásos sok politikai huza-vona után a Hawai'i Szigetek az Amerikai Egyesült Államok 50-ik tagállama lett (Aloha State). Ezután a lakosság rohamosan szaporodott. Korszerűsödtek a cukornád ültetvények és kifejlődött az ananász nagyüzemű termelése és feldolgozása. A gazdasági élet rohamos fejlődésével párhuzamosan megnövekedtek a katonai bázisok is. Ezek jó útak és korszerű repülőterek, rádió és televíziós állomások kiépítését tették szükségessé.

Rövidesen kialakult a kitünő hadi és polgári légjárati forgalom és ezzel lehetővé vált a nagyszabású idegenforgalom is. Ezek a létesítmények több ezer munkalehetőséggel és állandó lakossal szaporították a szigetek összlakosságát, ami jelenleg 1.3 millió körül mozog.

Jelentösen növeli a lakosság számát a szigeteken állomásozó katonai bázisok személyzete. Átlagban 50 ezer katona és 60 ezer hozzátartozó él a szigeteken. Több, mint 2 billió dollárt kőltenek el évente a szigeten. A turizmus után ez a szigeteknek a második jövedelmi bázisa.

Évente több, mint 8 millió nyaraló-telelő látogatja a szigeteket. Némelyek csak átútaznak, vagy űzleti lehetőségek után kutat-nak. Sok kiránduló nászúton van, Waikiki (Oahu sziget) különösen kedvelt hely a japán nászútasok körében. Az amerikaiak és kanadaiak ezrei tőltik itt évi szabadságukat (2-4 hét).

Sok nyugdijjas a téli hónapokban a szigetekre kőltözik. Az útóbbi néhány évben egyre több az európai telelő is. A látogatók száma elárulja a vállalkozás hatalmas méreteit. Több ezer szállodaszobát foglal el ennyi ember és természetesen étkezik, szórakozik és vásárol. Az idegenforgalom a szigetek fő jövedelme.

XXIX.

Lakatlan szigetek

Az észak-nyugati szigetek a Hawai'i Szigetek Madár Rezervátuma, melyet eredetileg Roosevelt elnök alapított 1909-ben. Ezzel a törvénnyel örökre védett területekké váltak ezek a szigetek (kivéve a Midway). Itt csak engedéllyel lehet kikötni. A mai hivatalos neve a lakatlan szigetek összességének a Hawai'i Szigetek Élőlényeinek Nemzeti Menedékhelye (Hawai'ian Islands National Wildlife Refuge). A legtöbb sziget annyira elkopott, hogy már alig áll ki a vízből, erősebb szél esetén betakarják a hullámok.

A szigetsor Nihoa szigettől Kure Atoll-ig húzódik a Csendes Óceán mély (4-15,000 m) vizein észak-nyugat felé. Hossza 1756 km, összes szárazföldi területe 13.5 négyzet km. A szigetek átlagos csapadéka 50-70 cm évente.A magasabb részeken legtöbbször gyér a növényzet, csak kis számú állatnak van elegendő szárazföldi takaró és táplálék. 18 tengeri madár kőlt a szigeteken, de az összmadarak számát több, mint 10 millióra becsülik. Három őshonos szárazföldi madár is fészkel.

A koráll és homokzátonyok több ezer tengeri élőlénynek otthona. Tengeri saláták, meduzák, korállok, osztrigák, rákok, halak, fókák, bálnák, teknősök, cápák lakják a szigetek partjait és vízeit.

Ezeken a szigeten élnek a tropúsi fókák. A homokbuckák gyér növényzete a leggyakoríbb fészkelőhelyei az albatrosznak. A parti homokba rakják tojásaikat a zöld tengeri teknősök. Sok sziget lakatlan, vagy lakhatatlan. A legtöbbjén valamikor guanót gyüjtöttek. Természetesen a fóka vadászok és halászok is kedvelték a szigeteket. Valamikor igazgyöngyöt, illetve a gyöngyöt termelő osztrigát is halásztak. Rendszerint, véletlenül fedezték fel a legtöbb szigetet az említett tevékenységek folytán.

A következő fejezetekben leírott egy-egy szigetre jellemző növény, vagy állat csak apró töredéke lehet a szigetek gazdag életvilágának. Természetesen a szigetek apraját és nagyját néha korállzátonyok, máskor sekély tengervíz, vagy mély tenger veszi körül. Nézzünk meg néhányat közelebbről.

Nihoa sziget

Területe 80 hektár körül mozog (27. kép). Főleg csupasz lávakö, meredek sziklapart van az északi oldalán. 4 őshonos növényt találunk a szigeten. Ezekből a legjelentősebb egy visszamaradt (relikt), őshonos pálma, (*Pritchardia remota*). Ez csak itt fordul elő a világon.

Két szárazföldi madár is fészkel. Ezek a nektárevő (*Psittacirostra cantans*) és a légykapó (*Acrocephalus familiaris kingi*). A szigeten összesen alig 20 fajta növény van. Természetesen a gyér növénytakaró nem nyújthat kedvező életkörülményeket több rovar fajtának, így csak ennek a két szárazföldi madárnak van elég ennivalója.

Kis számú őshawai'i ember is lakott valamikor ezen a szigeten. Az ásatások során mezőgazdasági termelésre használt teraszokat találtak. A sziget csak néhány embert tud eltartani, mert nincs elegendő friss víz, vagy növényi táplálék. Ezért az ősi település valószínüleg rövid ideig volt életképes. Lakói szomjan, vagy éhen haltak.

Hawai'i

27. kép

Necker sziget

Területe, csak 18 hold. A virágzó növény fajták száma 4-re csökkent. Fa nincs ezen a szigeten, mert túl kicsi arra, hogy fát eltartson. Két fajta őshonos alacsony bokor *(Chenopodium sp.) és (Sesbania tomentosa,* 28. kép) található Necker-en. A virágzó növényeknek szárazság és sópáratűrőnek kell lenniök. A beporzás sem egyszerü, mert a sziget izolált. Csak önmegtermékenyítésről és szélbeporzásról lehet szó. Ezenkívül a madarak örökös taposását és a hatalmas mennyiségü friss madár üléket is el kell viselniük.

Harmonchét rovar faj is van ezen a majdnem kopasz szigeten. Ezek is jól almazkodnak a klimatikus viszonyokhoz. Szárazföldi madár Necker-en nincs. Más a helyzet azonban a tengeri madarakkal. Ezeknek Necker, Nihoa és a többi sziget egy kényelmes fészkelőhely, ahová visszatérhetnek halászás után.

A tengeri madarak kedvelik a keskeny lávapolcokat, a csupasz mélyedéseket, a lávalyukakat. Úgy néz ki, hogy kis helyen, rendszerint egymás hegyén-hátán fészkelnek. Ezeknek nem kell nagy terület, mert ennivalójukat a tengerből szerzik. Ebből következik, hogy minden sziget tele van fészkelő, vagy a szomszédos szigetekről átútazó, pihenő tengerimadarakkal. Ilyenek például a kék-arcú szula madár *(Sula dactylatra personata),* vörös-lábú szula *(Sula sula rubripes)*, a hajós madár *(Fregata minor)* és sokan mások.

28. kép

29. kép

Az ásatások régi hawai'i telepűlések nyomait tárták fel Necker szigeten is. Több szentély alapzatot *(maraes,* 29. kép) és érdekes köszobrokat találtak. Az őslakók valószinüleg hajótörést szenvedhettek és egy ideig a szigeten éltek. Madártojást, madarakat ehettek, de itt friss víz nincs. Fa, amiből valamiféle kenut készíthettek volna nem volt. Talán elkeseredésükben segítségért az isteneikhez fordultak és reménykedve szentélyeket építettek.

Laysan sziget

Területe 400 hold körül van. Ez a sziget egy kiemelkedett korállzátony (30. kép) amelynek közepén laguna van. Három száraz-földi endemikus madarat találunk itt, amelyek különböznek a többi szigeteken előforduló rokonfajtáktól. Ilyen az ázsiai légykapó, a laysani pinty és a laysani vadréce *(Anas wyvilliana laysanensis,* 31. kép*)*. Két növényfajt is találunk Laysan-on. Ezek a loulu pálma *(Pritchardia sp.)* és az illatosfa *(Santalum sp.).* Mindkettő magasan fekvő, zárt erdők fája. Nehezen magya-rázható meg, hogy hogyan is maradhattak fenn a kiemelkedett korállzátonyokon.

30. kép

A sziget növény és madárvilágában igen nagy kárt okoztak a guano gyűjtők, akik a Laysan-ra telepedtek és ott még dohányt is neveltek. Ez elszaporodott és majdnem kipusztította a helyi növényzetet. Még most is megtalálható. Behozták a nyulat is. Ezek teljesen kopaszra rágták a sziget növényzetét. Sok küzdelem után 1923-ban sikerült kiírtani.

31. kép

Ebben az időben veszett ki a laysan-i rail madár (*Porzanula palmeri*) is. Sajnos az illatosfa és a pálma nem élte túl a pusztításokat, de a sziget más növényzete nagyjából felújult. Mindakét albatrosz fészkel Laysan-on. Sokszor az endemikus laysani nama növény (*Nama sandwichensis var. laysanicum*) tövében. A fókák is szeretik a homokos partokat.

Lisianski sziget

Lapos korall sziget (32. Kép), melynek a közepén teknőszerü mélyedés van. Laysan-hoz hasonló katasztrófákat szenvedett a guanó (madár hulladék) bányászoktól. A japánok nagyszámú csér madarat öltek meg a századforduló idején. Ez a tömeges madárpusztítás késztette Roosevelt elnököt 1909-ben a madárvédelmi park létesítésére. A széles korall partok kiváló pihenőhelyei a hawai'i fókáknak.

A leírottak csak egy kis töredéke a sok kisebb-nagyobb szigetnek és az azokon, vagy körülöttük élő őshonos növény és állatvilágnak. Nagyszámú élőlénynek otthona a korállzátony. Külön-legesek a szigetek körül élő tengeri halak, rákok. Gazdag irodalma van e szép szigetek tengeri élővilágának.

Hawai'i

32. kép

Reméljük, hogy sikerül megőrízni e lekopott szigeteknek értékes és csodás világát. Szerencsés, aki meglátogathatja ezeket a gyönyörű, napsütötte, kék tengerrel ölelkező és madárhangoktól zajos, csodálatos, trópusi világot.

Lakott hawai'i szigetek

A Hawai'i Szigetek második nagy csoportját a keletibb, vagyis a lakott szigetek (3. ábra) alkotják. Ezek keletről nyugatra: Hawai'i, Kaho'olawe, Maui, Lanai, Molokai, O'ahu, Kaua'i és Ni'ihau. Ezeken a szigeteken változatosabbak az életformák, mivel a vulkánikus hegyek fiatalabbak, még nem koptak le, tehát magasabbak (0-4206 m) és a változatos domborzat többféle élőlény eltartá-sára alkalmas. Legnépesebb O'ahu és Maui. A legfiatalabb és legnagyobb a ma is növekedő Hawai'i sziget.

Mihály Márta

XXX.

Ni'ihau sziget

A legkisebb, a lakott szigetek között (9. ábra). Magántulajdon. Ni'ihau-n félsivatagi szárazság van 30 cm évi csapadékkal. 1863-ban Sinclair Eliza, a skót özvegy Új Zealandból Hawai'i-ba érke-zett földet vásárolni. Kamehamea király felajánlotta a mai Waikiki nagy részét az özvegynek. Ekkor ez főleg mocsárvídék volt.

Az ajánlat nem tetszett, mert a terület nem volt művelhető. Végűl is ehelyett az özvegy megvette Ni'ihau szigetet, lakóival együtt, $10,000 –ért. Hallatlan jó vásár volt. A szigeten megteremtette a saját Ni'ihau uradalmát és helyi bennszülött hawai'i-kat, mint munkásait alkalmazta. Halála után (1892) a szigetet unokája A. Robinson örökölte.

Több, mint 280 hawai'i bennszülött él Niihau szigeten. Most is magánterület. Látogatás a szigetre tíltott, villany és telefon nincs. Tíltott Szigetnek nevezik. A bennszülöttek szarvasmarha tenyésztéssel, trópusi gyümölcsök (*papaya*, ananász, narancs és banán) és zöldségek (tarógyökér, kínai saláta, hagyma) termelésével foglalkoznak.

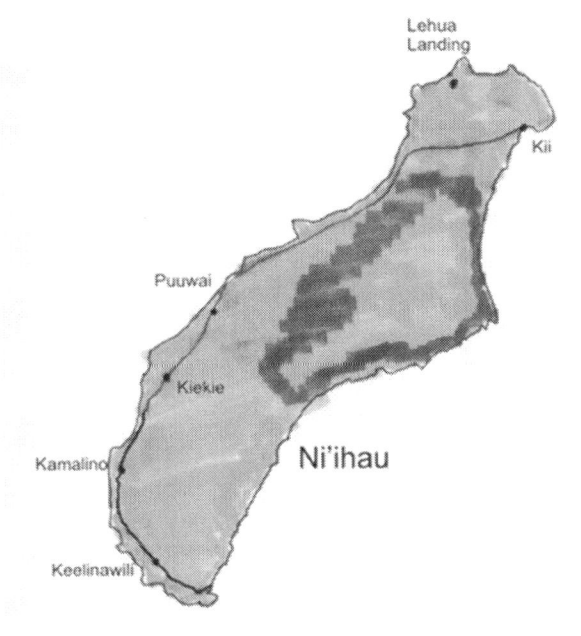

Hawai'i

9. ábra

Művészi, gyönyörű ékszereket készítenek, apró 2-3 mm nagyságú, igen tetszetősen díszített helyi kagylókból. Nagyon sok munka, roppant elegáns és igen drága ékszer.

Csak a hawai'i nyelvet beszélik és az ősi szokások szerint élnek. Kapcsolatuk a "kűlvilággal" igen kevés. Teljesen szabadok és igazán hawai'i-ak. A szigetre útazáshoz speciális engedély kell! Remélem, hogy becsukják kikötőjüket. Nem rajonganak a látogatókért.

Egy japán katona véletlenül Ni'ihau szigetre zuhant repülőjével, önvédelemből lövőldözni kezdett. Benehakaka Kanahele helyi ember leszerelte az elveszett japán katonát. Ezért kitűntetést kapott az amerikai hadseregtől. Ez a háborús történet jól illusztrálja izoláltságukat.

XXXI.

Oahu sziget

Évente több, mint 8 millió ember látogatja ezt a rendkivül változatos és szép szigetet (10. ábra). O'ahu, (Gyűlekezö hely) szigetet (80 km hosszú és 40 km széles), a Koolau és Waianae hegyláncolat magas, kihalt vulkánok gerincei és a köztük elterűlő völgyek alkotják. A legmagasabb csúcs Ka'ala, 1330 m.

Manapság ezen a szigeten nincs müködő vulkán. Az észak-keleti oldal nedves, esőerdőkkel tűzdelt, a dél-nyugati partja melegebb és szárazabb, jó fűrdőhelyekkel. Tekintélyes kávé és ananász ültetvények vannak a két hegyláncolat közötti völgyekben. 25 %-a a sziget területének katonai bázis. A déli oldalán terűl el a hatalmas polgári és katonai repülőtér.

Keletre ezektől, Pearl Harbour híres öble terjeszkedik a tenger felé. Itt van a katonai flotta kikötője. Nem messze innen, a fövárosban találjuk a sziget világhírű, polgári kikötőjét. Ez a legnépesebb sziget. Itt lakik a hawai'i összlakosságának 80 %-a.

Hawai'i

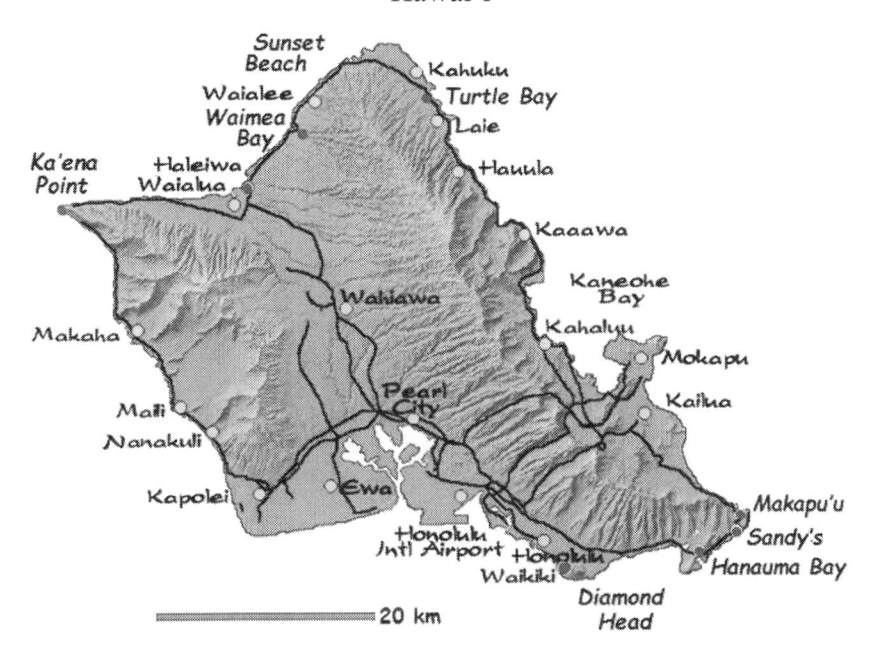

10. ábra

Honolulu a szigetek fővárosa. O'ahu déli szegélyén, a száraz, napos oldalon, a tengerparton fekszik. Lakossága 800 ezer. Szép és rendkivül modern világváros. A háttérben, mint egy szép képkeret ölelgetik a várost a gyönyörű Koolau hegyek. Hatalmas tükröknek tetsző felhőkarcolók koszorúzzák a város tengerparti óldalát (33. Kép, Waikiki). Modern bankok, állami épületek és öröklakások tüzdelik a belvárost. Nagy egyeteme, számos múzeuma, színházai, zenekarai és nemzetközi üzleti központja van.

Misztikus, sötét-lila színü, ködösnek tűnő trópusi hegyek esőerdői őrködnek a város mögött. Földrajzi fekvése miatt a város fontos lég és vízforgalmi központ. Gyors és korszerű légiútjai miatt sok politikai, társadalmi és kereskedelmi döntések székhelye. Dacára a város fiatal korának igen sok a látnivaló.

A hawai'i egyetem, a város északi oldalán (Manoa völgyben) terűl el. Találkozó helye a keleti és nyugati világ eszméinek, kutatóinak és diákjainak. 1972-ben jártam először az egyetemen. Kertje csodálatos volt. Növényzete megbabonázott. A sokszor giccsesnek vélt óriás levelek, a zőld pálmák idétlen lengedezése és a millió nagyfejű virág hihetetlen világot tárt fel nekem. Ilyeneket csak festményeken láttam és akkor giccsesnek gondoltam.

33. kép

Sajnos az utólsó néhány évben egyre kevesebb volt a sok gondozást igénylő, behozott trópusi virág. Csalódtam a kert gondozatlanságán 2012-ben is. Úgy látszik a globális bankrablások "megfojtották" a virágokat is. Manoa völgy és virágoskertjei, gazdag szomszédsága most is szinte körülöleli, illetve ringatja a sok ezer színesarcú fiatalságot. Az egyetem trópikus környezetével épületeinek pompájával ihleti a gondolkodókat és felfrissíti a hőségtől elkó-kadtakat.

A völgyet dús, örökzöld trópusi növényzet takarja és a régen elhalt tüzhányó hegyek sok vízesése ölelik körül. Ezek összetalálkozásánál vár bennünket a neves Arborétum (34. kép) a trópusi világ legszebb növényeivel és sűrű futónövényekkel beborított, hatalmas fáival. A páratartalom igen magas, gyakori a zivatar.

Napjában többször, különösen délután, hirtelen az itt-ott alig felhős égből, szinte a napsugarakból, sűrű, trópusi, langyos eső zúdul a forró levelekre. Jól esik és megnyugtat a néhány percig tartó, igen gyakori langyos zápor. Utána a meleg és az illatos gőzökön áttörő napsugarak felett szinte átöleli a völgyet a széles szivárvány.

Hawai'i

Feltűnően élénk színű ez a naponta többszörösen megjelenő hatalmas színcsóva.

34. kép

35. kép

Manoa völgy istennője frissen festette, mondják a hawai'i-ak, és a szivárvány jelzi isteneik jelenlétét. Virágok illatától terhes a langyos szellő és tropusi gyümölcsök ékesik a kerteket (35 kép, kenyérfa). Lassan elsápad a szivárvány és leírhatatlan nyugalom veszi körül az embert. Mágikus hely!

A belváros meglepően szép, dacára a sok felhőkarcolónak. A legszebb a város öregebb része. A hawai'i királyság idejéből fennmaradt pompás kertjei között találjuk Amerika egyetlen királyi palotáját. Ez a hires Iolani Palota (36. kép, Iolani Palota), ahová a megbuktatott Liliokulani királynőt bezárták az amerikaiak.

36. kép

Az épület korallból épült. Úgy a külseje, mint belső falburkolata és berendezése igen tetszetős, feltűnően elegáns. Ez a mai napig is a hawai'i ünnepek, emlékezések otthona. Hatalmas kertje van, többszáz éves fákkal. Ezek alatt játszik minden pénteken a Hawai'i Királyi Zenekar (Royal Hawai'ian Band). Kiváló koncertjeiket és hula táncaikat ritkán mulasztottuk el.

A város régebbi részén találjuk a gazdag és érdekes japán és ázsiai

Hawai'i

művészek tárlatát, a Honolulu Arts Múzeumban. Különleges és ritka élmény Hiroshige, világhírű japán művész eredeti sorazata.

A régi vaosrészben a parthoz közel fekszik a neves és most is forgalmas kínai piac (37. kép). Valamikor ez volt a város bordélyház negyede. Érdekes és megnyerő boltok változékony sokasága szegélyezi az utcákat. Szokás szerint a legfrisebb ennivaló a járdaszélén várja a vásárlókat. A piac aromája, színei és különös, igen barátságos levegője vonza látogatókat. Ez a helyiek rendszeres vásárlási központja is.

37.kép

Felakasztott sűltkacsák püspökfalatjairól csepeg az illatos zsír. Disznófejek között ropogósra sűlt óldalasok kinálgatják magukat, miközben hatalmas bárdokkal apró falatkákra vágja a hentes a kivánt mennyiséget. Gusztusos, azonnal éhes lesz az ember! Minden friss és nagy a vásárló, csodálkozó tömeg.

A legnagyobb érdeklődést itt az illatos halpiac kelt. Hatalmas, friss tonhalaktól a tengeri angolnáig és a mozgó rákokig minden halféle megtalálható. A választék hatalmas. Hasonló a kinálat a zöldségek és gyümölcsökben is. Mindig friss, érett és finom illatok keríngenek a trópusi gyümőlcsök felett.

Az utcák tele vannak apró, különleges, kínai boltokkal, friss, csodálatos viráfűzérekkel és kiváló vendéglőkkel. Ezek gazdagítják e szép város kozmopolita jellegét. Sok antik és gyönyörű, ritka, arany-zsádgyöngy kínai ékszerek is megtalálhatók. Tele van a piac látogatókkal, jó étvágyú falatozókkal. Mi is hetente, néha többször is odajártunk.

Megismerkedhetünk a helyi és a fontosabb növényekkel a Foster Botanikus kertben. Betérés előtt megkérhetjük Buddha segítségét is, aki a kert bejáratánál a Kuan Yin Boddhisattva, a részvét megszemélyesítőjével várja látogatóit. Érdekes épület, megnéztem a belsejét. Csend és sok virág, hatalmas narancsok álltak Kuan Yin szobra előtt.

A botanikus kert első nagyfája a Bo fa, mely hajtása annak a fának, mely alatt régen Buddha elmélkedett (Anuradhapura, Sri Lanka, Kr.e. 288). Nagyon szép és érdekes kert.

Meglepett a vanilia bab növény szerény kűlseje, akárcsak egy legyengűlt fiatal babnövény kapaszkodott az öreg tuskóra. Igen kevés hüvely volt rajta. Szekfüszeg fa alatt is sétáltam, finom illata volt a lehulott virágoknak. Örökké megcsodáltam az ágyúgolyó fát, csodás terméseivel (Couroupita guianensis).

Érdekesnek találtam a Daibutsu Buddha szobrot Kamakura-ból. Ezt a szobrot (XIII. másolat) a japán kormány adományozta a 1968-ban, a 100. évfordulójára (1868) az első japán bevándor-lóknak. Szebb helyet nem is választhattak.

Ajánlatos a hawai'i régiségek múzeumának, Bishop Múzeum-nak megtekíntése. Itt eredeti és roppant választékos a kiállítás. Természetesen Honolulu tele van hires, főleg modern, vagy világhírű képtárakkal. Nekem kedvenc szórakozásom volt a waikiki-I tárlatok látogatása, de csak nézelődtem, de, amit láttam az enyém maradt. Régebben Waikiki tele volt a legdivatosabb, legújabb művészek alkotásaival.

A tengerparton, Honolulu keleti óldalán a Diamond hegy lábánál, az arany szinű homok mentén büszkélkedik Waikiki, a tengerpartok királynője. A helyiek külön városnak tekintik. Csak 3.5 km hosszú ez a

Hawai'i

híres tengerparti strand (39. kép). Rendkívül elegáns szállodák, vendéglők és különleges ékszerboltok, egyedi divatszalonok és világhírű képtárak otthona ez a tengerrel ölelkező parti sáv. Kalakaua királyról elnevezett, széles föutcáját szállodák, pálmafák és trópusi kertek szegélyezik.

39. kép

Itt sétál, eszik, iszik és fűrdik a sok turista a világ minden részéről (a téli napi látogatók száma meghaladja a 90 ezret -t és több, mint 60 ezer szálloda szobája van). Bábeli nyelvgazdagság, megannyi szín, forma, szokás, öltözet, de főleg jó kedély az útitársuk. Ragadós ez a jó hangulat. Széles útcáján (Kalakaua) sós passzátszelek lengetik a pálmákat, néhány méterre kék égbolttal ölelkezik a tenger, csalogat az arany homok és a hullámzó, habos víz. Vidám és barátságos strand! Ivóvíz, frissvíz zuhany és w.c. várja vendégeit a széles és tiszta homokon.

Hetente legalább egyszer a Royal Hawai'ian Szálloda (40. kép) homok teraszán gyönyörködtünk Waikiki öböl szépségében és élveztük finom frissitőiket. Innen a legszebb a naplemente. Itt ünnepeltük legtöbbször házassági évfordulónkat. Kedves emlék maradt.

40. kép

A környező, főleg parti szállodákat trópusi kertek, pálmák, friss vizü uszodák, kávézók és sörkertek veszik körül. Ősi hawai'i hagyományok szerint a tengerpart mindenkié, így a szállodák nem köthetik le a partot, földszintjük teljesen nyitott, a főútcáról a tengerre. A tengervíz meleg és tiszta. A naponta átszitált tiszta homokos part, a víz kéksége, a gyengén ki-beguruló hullámok szétterűlt fodrai és barátságos tiszta szállodái várják a turisták ezreit. Valóban Waikiki (40. Kép) a tengerparti üdülők királynője. Kora reggel a legnyugalmasabb, este sokak szerint a legizgalmasabb.

Felejthetetlen a látogató első reggeli élménye a Waikiki parton. Az ébresztő a hullámok ritmikus moraja. A kék víztömeg fehér habjait suttogásszerű sisegéssel tolja a hullám. Mint az éneklő kórus fináléja úgy zeng a víz, majd szétomlik, mint futó, hullámos fehér rojt. Szét-

Hawai'i

terül a homokon, ezüst takaróként, csillogtatja a homokszemcsék billiárdjait. Ébredezik az aranypart. Szinte integet, hogy gyere!

Hangtalanul suhannak a víz felé a korai hullámlovagolók, partmenti lábnyomaikat csak kis időre őrzi a homok. Szinte tolja öket deszkájuk súlya. Sietnek, talán még sikerül néhány jó hullámot elkapni reggeli előtt.

A szállodákból finom Kona kávé illatát hozza a szél. A teraszokon friss abroszok fehérsége villan a pálmák könnyed, legyezőszerű levelei között. Ragyog az ég reggeli friss kéksége. Sűlt szalonna aromájával telt a mozgolodó, ébredező reggeli part. A homok még enyhén nedves, hűti és csiklandozza a sietők talpát. Millió szemcséi mély nyomokat hagynak lábuk után. Minden friss. Nagy koronájával a tenger fölé kúszik a nap. Megezüstözi a vízfodrok szegélyét, rózsaszínekkel festi a lányok arcát, megszárítja az éjjeli halászok ingét. Galambok búgnak, és sirályok igazgatják reggeli köntösüket a lakoma előtt.

A kiránduló finom reggelije után gondjairól elfeledkezve kiteríti szőnyegét, hanyatt fekszik, nagyot nyújtózkodik, de úgy, hogy sarkával vakarhassa a homokot. Feje felett a ragyogó kék égből itt-ott leheletnyi bárányfelhők foszlánya kandikál. Lassan, szeme láttára, hihetetlen dolog történik: a kis foszlány elpárolog. A tengeri morajlás igazi nyugalmat varázsol. Ez a tökéletes pihenés, nyaralás Waikiki-n.

A reggeli jó fürdés és kellemes napozás után sok alkalom van szép sétákra. A nézelődés is nagy öröm, mert különleges a kínált ruha, ékszer, emléktárgyak. A több száz nemzetközi bolt nagy választékot kínál a vásárlóknak. Van hol felavatni az új ruhát is. Megtekínthetők a városi színházak, vagy a kínai operák, a japán Kabuki vagy Noh különleges programjai.

Vagy éppen vacsorához is ki lehet öltözködni, habár nem divat a nyakkendö és harisnya viselés. Elegáns és szép, a szigeteken tervezett és készített, hawai'i motivumokkal, virágokkal, halakkal diszített ruhanemü. Ezek mérete lezser, kelméje szellős, így igazán alkalmasak a helyi éghajlatra.

A vendéglői választék is hihetetlenül gazdag. Nagy számban találjuk a

Mihály Márta

kínai, japán, hawai'i, mexikói, koreai, portugál, német, francia, olasz, fülöpszigeti, vietnámi, tájföldi, indiai vendéglőket. Kiváló a helyi - *mahi-mahi-*, kedvelt hawai'i pisztráng féle.

Waikiki a legjobb hely a híres -*kim chee*-, az erős koreai savanyúság megkóstolására. Jól ismertek a japán grill-vendéglők és a -*sushi bar*ok, (művészien összeállitott, tengeri algába csavart főtt rízs, hal és más apró hús különlegességekkel). A legízletesebbnek a nyers lazacot (sushi) találtam. Fantasztikusak a japán teázók is. A leghíresebbek és egyben a legjobbak a tájföldi és kínai vendéglők.

Természetesen számos magyar származású állandó lakója is van a városnak. Közel hat évi hawai'i tartózkodás után egy szép napon a sziget északi óldalán, az egyik tengerparti falu (Kailua) főutcáján a kirakat felett Paprika Joe (P. Jancsi) felíratú cégtáblát láttunk. Izgalommal álltunk meg, ugyanis a kirakatban jó kinézésű kolbászok henteregtek. Ez ritka a trópuson! Óvatosan és magyar kolbász jó ízéről álmodozva benyítottunk a kellemesen hűtött boltba. A tulajdonost nem láttuk.

Egy idős kínai férfi nézegette a hütőben kiállított gusztusos füstölt húsokat. Ahogy a férjemmel magyarúl tárgyaltuk a választás lehetőségeit, hozzánk lépett ez a rokonszenves, kínai öreg úr. Kezet nyújtott, bemutatkozott és igen lassan, de magyarul szólalt meg. Meglepődtünk. A kínai arcvonások valahogy meghazudtolták a lassú, de tökéletes Magyar anyanyelvét. Elmondta, hogy magyar, de soksok éve nem hallott, vagy beszélt magyarul. A felesége kínai-hawai'i asszony és már 40 éve lakott egy kis szigeten.

Igy válunk mi magyarok világjárókká és szemlátomást zsugorodik a világ, avagy arcvonásaink, bőrünk színe és viselkedésünk lassan alkalmazkodik a környezetünkhöz. Talán a kedves olvasó eldönti a valós helyzetet. Sajnos a Paprika Jancsi vendéglő rövidesen eltünt.A finom, ízletes vacsora után érdemes végig sétálni Waikiki-n. Ballangjunk a szállodák előtt a homokon, a szétterülő hullámok között, mezítláb. Hallgassuk meg a hullámok suttogását, szemünkkel kövessük gurulásukat, messze, a nyílt tengerre, ahogy fodraikon magukkal sodorják és szinte rengetik a város fénymilliárdját. Ráérősen sétáljunk. Hallgassuk meg a szállodák teraszáról a hawai'i

Hawai'i

szerenádokat. Üljünk le a homokba és öleljük át térdünket, avagy a szívünk választottját. Ez a legszebb pillanat és a puszi ingyenes!

Gyönyörködjünk a trópusi naplementében. Errefelé igen gyorsan eltűnik a nap. Szinte szemlátomást a tengerbe csúszik. A nagy vörös korong felejthetetlenül szépre festi a tengert, szinte arannyal önti le sikló hullámait. Rövid égíjáték ez, de csodásan színes. Pillanatok alatt a tengerbe esik a sötétűlő korong. Narancs csóvák játszadoznak az ég peremén, sugárlábaik megbotlanak és ezer felé futnak a lengedező pálmák karcsú levelén. Vörösre festik a szerelmesek arcát. A nyugalom lila köpenye szétterűl a tájon. Csak néhány pillanat az egész. Nagy kár, de igen gyorsan besötétedik.

Lessük meg a szép leányok lágyan ringó vonalait, ahogy a hulá-t táncolják. Kezük mozgásával, csipőjük lágy, ritmikus lejtésével mesélik el a történetet. Formás derekuk lágy fűszoknyát lenget. A fűszálak közül fiatal, rejtözködő bájak villanása gyönyörködteti az összegyűlteket. Dús fekete hajuk gazdag vízeséskként vállaikra omlik. Formás nyakukat és fejüket illatos virágfüzérek koro-názzák. Táncos- mese a hula. Az illatos virágfüzérek közül hajlongó, puha karok mesélnek a tenger hullámairól, az esők illatáról és a szerelem szépségéről. Aloha, köszöntik az alkonyatot és a sok-sok kiváncsi szemet.

Kiruccanásra is bőven van alkalom. A nagy szállodák esti, táncos, revű müsorai versenyképesek a las vegas-i, olasz, vagy a francia ten- gerparti szállodák, kaszinók szórakoztató művészeivel és program- jaikkal. Természetesen mindenhol megtaláljuk a szép, jellegzetesen hawai'i táncos-énekes-revű ízelitöt is.

Waikiki csak egy városnegyede Honolulunak. A tengeri sportok és szórakozó helyek mellett sok más látni és tennivaló van a belváros- ban és környékén is.

A belváros érdekessége az Iolani királyi palota. 1882-ben épült korá- llból. Trónszobája és magán lakosztályai versenyeznek a korabeli európai királyi udvarok eleganciájával. A palota csodálatos kertje kedvelt szabadtéri színpad. A kiváló városi Királyi Zenekar (Royal Ha- wai'ian Band) és táncosaik gyakori szereplői a hawai'i ünnepeknek.

Mihály Márta

Minden pénteken ingyenes hangverseny van.

Itt helyezték el Kamehameha és utólsó királynőjük Liliokulani szobrát is, mellette építették az országházat. Stílusa újszerű és érdekes. Formája tűzhányók kráterére emlékeztet. Teteje teljesen nyitott. A muzeumba járók különleges hawai'i gyüjteményt találnak a Bishop Múzeumban. 1889-ben épült, Bernice Pauhai királylány emlékére. Rendkívül érdekes a múzeum planetáriuma, ahol megismerhetők a régi polinéziai hajózás fontosabb irányadó bolygói.

Váratlanul, szinte a város közepéből emelkedik ki Punchbowl kráter, vagy Puowaina kráter, (Hill of Sacrifice, Áldozat dombja). Ez a kihalt tűzhányó valamikor a hawai'I királyok temetkezési helye volt.

A hawai'i monda szerint ebben a karáterben őseiknek szellemei (aumakuas) táncolnak. Ennek a kráternek forró lávakürtőjét körülbelül 150 ezer évvel ezelőtt elöntötte a tenger. Az egész kráter teteje felrobbant, a robbanás lefejezte a hegyet. Később kialudt a vulkán. A fennmaradt köralakú fensík a Csendes Óceán amerikai katonai temetöje (The National Memorial Cemetery). A temető emléket állit a Pearl Harbour-ban meghaltaknak, a második világháború, koreai és vietnami háborúk elesettjeinek és azoknak is, akik elvesztek, vagy a tenger temette el öket. A sok ezer név márványba faragott, Magyar nevet is találtam.Szomorú szivvel sétáltam a katonai fejfák között. Sehogyan sem találtam semmi kézelfogható, emberi, vagy hasznos eredményét egyik háborúnak sem. Jobb lenne, ha a ritka békecsinálók előtt hajt-hatnánk fejünket.

Május utólsó vasárnapján van az amerikai hősihalottak napja (Rememberance Day). Ekkor az iskolás gyermekek virágkoszorút fonnak minden sírhalomra (41. kép). Elöször 1973-ban látogattuk a temetőt. Lányom ekkor 7 esztendős volt, ő is szép rózsaszínű frangipán virágkoszorút terített az ismeretlen katona sírjára. Husvétkor szép napfelkelti szertartás van a temetőben. 1998-ban részt vettem e hajnali megemlékező ünnepségen. Szülők és rokonok virágot, ennivalót, italt és déli gyümölcsöket hagynak a sírhalmon az eltávozott szellemének (42. kép). Itt is lányom magyar nevet talált, az elesettek síremlékei között.

Hawai'i

41. kép

42. kép

Sétánk főleg a sziget tengerparti érdekességeit látogatja. Waikiki partján, a Diamond hegy tövéből keletre utazunk. Gyönyörű homokos fürdőhelyek, igen gazdag, parti öröklakások, strandok és parkok mellett útazunk. Meg kell állnunk a neves és gyönyörű igen kedvelt fürdöző és játszóhelynél, a Hanauma öbölnél (43. kép).

43. kép

Ez egy régen kihalt kráter, melynek a kalderája a tengerfelőli oldalon beomlott és a víz elöntötte a kráter belsejét. Az öböl hires szépségéről, korall medencéiről és természetesn halairól. Az öböl halvédelmi terület. A halak megszokták az emberek közelségét. Nem félnek, sőt kéregetnek a víz alatt. Felnőttek, gyermekek és mi is több éven át etettük őket. A halak kézből elcsipkedték a kenyeret. Ritka alkalom volt ez a sok fajta színes, trópusi hal közeli megfigyelésére. Manapság a halak etetése szigoruan tilos, mert zavarja a halak természetes táplálkozását és a tenger tisztaságát.

A partot (jobb és balóldalon) korállzátony és lávakövek övezik, de sok korállmentes medence van a zátonyon belűl. Ezek a kedvenc úszó és halas medencék. A zátonyon kivűl a tengervíz hirtelen mélyűl, itt igen erős a hullámverés és gyakran cápák is láthatók. A parttól vízalatti kábel fut ki a mély tengerre. A kábel biztonságosabb környezetet bíztosit a vízalatti kutatóknak, vagy a merészebb látogatóknak.

Hawai'i

Minden fiatal kipróbálja Sandy's hullámait. A kezdök csak nézelödnek. Ez a strand a fiatalok kedvence, tömegesen látogatott a a sziget dél-keleti partján. Innen látható a szomszéd sziget, Molokai. 30 km-re. Nem könnyü átevezni, mert igen erős a víz sodrása. Ez a strand állandóan tele van fiatalokkal. Nyüzsög a sok lovagló, no meg, azok, akik hasoncsúzva síklanak egy deszkán a hullámok tetején, mert még nem elég erősek a lovaglódeszka használatára. Nem úszó strand. Csak a merészek próbálgatják a hatalmas hullámokat.

Leányom 13 éves lehetett, amikor barátnőjével odamentünk egy délután, hogy nézhessék az eseményeket. Eldöntötték, hogy úszódeszkájukkal kipróbálják a hullámokat. Mi a partról figyeltük a merészségüket. Sok fiatal volt a vízbe, a magas hullámok között nehéz volt szemmeltartani öket.

Egy idő múlva nem találtuk egyiket sem a part közelébe. Elmentem a vizíőr állomásra jelenteni az elveszett lányomat és barátnőjét, remélve, hogy nincsenek útba Molokai sziget felé. Természetesen aggódtam, de hírtelen megláttuk, hogy két vizíőr tolják a lányokat lovagló léceiken. Azok észrevették, hogy a lányok képtelenek az erős hullámokkal bánni és a hullámok sodorták öket Molokai felé. Jó szórakozás ez a hatalmas vizíjáték szemlélése.

Borzasztó száraz, sivatagos dombok kerűlgetése után egy hatalmas kanyarban a vilàg legszebb látképe, mint egy festett, szinte hamis szépség tárúl szemünk elé, a híres Makapuu öböl (44. kép). Hatalmas, két öreg láva hegy ölében, mint egy hihetetlen, azúr-kék tűnemény csillog a Csendes Óceán. Makapuu ennek egy kis öble, de mérete meghazudtolja erejét. Sokat jártunk e szép öbölben, nyáron jó fűrdőhely, de csak közel a parthoz. Télen életveszélyes, csak az élbeli hullámlovaglók merész-kednek a vízbe.

Oahu sziget észak-keleti oldalán, a nyitott óceán partján, Kailua falú (45. Kép) mellett találjuk a szigetek talán leghosszabb és legbiztonságosabb strandját. Neve Kailua strand. Kifli alaku öböl, 6-7 km hosszú. Széles és igen tiszta homoksáv szegélyezi. A tengertől 5-600 méterre béreltünk lakást, a falú főútcáján (Kalaheo Ave). Ez vált otthonná, amikor a Oahu szigeten voltunk.

Mihály Márta

44. kép

45. kép

Sok esztendőt, illetve főleg téli hónapokat tőltöttünk itt. Második otthonunk lett ez a kertes kis lakás. Először 1997-ben egy évet, majd 1998 téli hónapjait tőltöttük ott. 2000-ben visszamentünk és a következő 12 esztendőben telente 2, vagy 3 hónapot laktunk Kailuaban. Természetesen előtte, vagy utánna más szigeteket is látogattunk.

Hawai'i

Többet kell mondanom hawai'i otthonunkról, mivel éveket töltöttünk ott. A lakást béreltük. Egy nagy L alakú szoba, ahol egy nagy ágy, fiókos szekrény és éjjeli szekrény volt a hálószoba. Tolóajtó leválasztotta az íróasztalt, diványt, televíziót, lámpa asztalt, melyet a kertre néző ablakok vettek körül. Az L sarkában volt a kis konyha, egy hatalmas jégszekrénnyel, egy picike rezsóval és konyhaasztal, 4 székkel. A másik sarokba a w.c. és zuhany bújkált.

Minden a legegyszerűbb volt, de kényelmes otthonunká tettük. Nagy főzésről nem beszélhettem, de nem is akartam, mert az ablakokon besütött a nap és igencsak befűtött. Hűtő berendezés nem volt. A vendégeskedés egyszerű Hawai'i-ban, mert legfontosabb a jó baráti társaság. Senki sem foglalkozik a porcelánokkal, vagy keményített abroszokkal.

Lakásunk hatalmas előnye a kis kert volt, ahová tolóajtó vitt ki a konyhából. Itt kertiasztal és székek voltak. Hatalmas mangofa alatt étkeztünk és egy óriás, lógó, zöld terméseivel díszített kenyérfa árnyéka és madárvilága szórakoztatott.

A lakás egy magánház hátsórésze, leírhatatlanul szép hegyek között. Igen csendes hely.

Természetesen minden évben hónapokkal előre lefoglaltuk és előre fizettünk. Mint érdekességet említem, hogy Barack Obama amerikai elnök és családja tőlünk 200 méterre bérelt villát. Az elnök a környéken nőtt fel és családjával szerette Kailua strandot (46. kép). Mi is ott fürdöttünk naponta.

A strandot magánvillák szegélyezik, 2 nagy park van a bővebb tevékenységekre. Itt w.c., friss ivóvíz, zuhany van. A hétvégén a helyiek szerint "sokan" voltunk, ha 50 embert találtunk a parton, hétköznapokon ennél jóval alacsonyabb a fürdözők száma. Szálloda nincs a környéken. De sok magánvilla kibérelhető. A mi otthonunk a főútcán, a part következő során volt.

Összesen több esztendőt töltöttem e gyönyörü parton. Minden reggel végigsétáltam e fenséges alkotást. Örökké csendet, békét, ragyogóan tiszta vizet és meleg homokot találtam itt. A helyiek kedvesek és közlékenyek voltak. A tengeri hullámok és morajok nekem a világ legjobb és hangulatosabb hangversenyét játszották.

46. kép

Érdemes a figyelmeztetéseket betartani. Sajnos gyakori a baleset a tapasztalatlan túristák között. Halálesetnek is voltunk tanúi.

Útunk északra tart, ez a partvidék megmaradt hawai'i-nak, nincsenek szállodák, nagy boltok. Gyönyörű a tenger, sok stranddal, apró halászfalukkal és érdekes trópusi fákkal. Számos leírhatatlanul érdekes kertészet, kukoricás, ráktenyésztő, legelö szegélyezi a partot.

Turtle Bay (Teknősbéka öböl, 47. kép) a másik kedvenc kiránduló helyünk. Ez egy hatalmas, igen-igen előkelő, drága és festőien szép szálloda központ. Nyílvános strandja van, több, mint 10 km. homokkal szegélyezett, fantasztikusan szép partvonallal. Több vendéglője van, de sokszor kis hűtődobozunk-ban enni-innivalót vittünk. Jót fürödtünk, sétáltunk, néze-lődtünk, ettünk, ittunk.

Sokat látogattuk ezt a helyet, mert a hullámok, tekintettel a félsziget tagolt partvonalára rendkivűl magasak, a kilátás tökéletes. Nyílvános, ingyenes parkolója, ivóvíz és w.c. van. Az érdekes-sége, az öböl szépsége mellett, hogy gyönyörködhettünk a nagy zöld teknősök hul-

Hawai'i

lámlovaglásán. Ügyesek és otthon vannak a vízbe, szinte bemutatót tartanak.

47. kép

Szép és viszonylag kibírható áron élvezhettük időnként a tengerparti bár és szendvics teraszát. Gyönyörű hullámok, bujkáló teknősök és elegáns környezetben itt ünnepeltük 55. házassági évfordulónkat 2012-ben.

A sziget észak-nyugati részén (Sunset Beach) tartják mindenévben, novembertől februárig a hullámlovaglók világbajnok-ságát. Ide jönnek északról a versenyekhez szükséges egyenletesen mozgó, hatalmas hullámok. Órákat töltöttünk a parton és a partra gurúló hullám óríások csodálatával. Annak változó színét, mozgását és leírhatatlanul hatalmas erejét bámultam. Nehéz otthagyni a homokbuckákat, mert ez a hihetetlenül érdekes és gyorsan változó tengericsoda szinte vonzza az embert.

Nagy élmény figyelni a világbajnokok fizikai erejét, hullámokra fekvő hajlékonyságukat, no és hallatlan merészségüket.

Télen itt csak az élbeliek merészelnek a vízbe menni. A hullámlovagláshoz hihetetlen erő, ügyesség és a helyi vízmozgásnak tökéletes ismerete szükséges. Nem beszélve a hallatlan merészségről.

Rendkivül szép sport. A verseny igen jelentős és kedvelt hawai'i esemény. Minden helybeli fiatalnak lovaglóléce van és minden szabadidejét a vízben tőlti. Rendszerint törülközővel az egyik vállán, a lovaglóléccel a másikon, csak fürdőruhában sietnek a tenger felé. Ennél nagyobb ruhatár, vagy több felszerelés nem szükséges. Rendszerint a hawai'i-ak, vagy az ausztráliaiak a nyertesei a világbajnokságnak.

Néhány kilóméterre innen van a híres Waimea Öböl (48. kép). Az ős lakók itt szálltak partra, K.u. 200 KÖRÜL. Kedvelt nyári fürdőhely, szép sárga homokhegyek vannak a parton. Télen eltünik a homok és életveszélyes az erős vízörvények vannak. Az öbölben egy bővízű patak folyik a tengerbe, tekíntélyes árterűlettel. Valamikor jó taro temőhely lehetett. A környék esőerdő, A partok közelében sok helyen tehenek és juhok legelnek, vagy parkok szegélyezik a vizet.

48. kép

Egy téli napon tanúi voltunk a veszélyes hullámoknak. A homokon űltünk, amikor megérkezett egy helyi fiatal ember és dacára a lobogó piros zászló figyelmeztetésének gyorsan a vízbe dobta magát. A víz szinte forrott, mozgott, habzott és hatalmas szétszabdalt hullámok verdesték a partot. Kegyetlen vihar volt. Izgalommal figyeltük ezt az embert, egyszercsak látom, hogy egy kéz kinyúlik a habok közül,

Még egyszer feljött a hullámokból a kéz, igen aggódtam, mert ilyen vad vizet soha nem láttam. A rohanó életmentő belement ebbe a mozgó pokolba, néztük, amikor kötelére akasztotta és kihúzta a legényt a partra. Eszméletlen volt, a másik őrrel óldal-ra fordították, dőlt ki a víz belőle, órákig kezelték, végül is a mentő elvitte. Hallottuk, hogy életben maradt.

A strand és parkok Hawai'i-ban teljesen ingyenesek. A part mindenkié. Mindenhol friss ivóvíz kútak és folyóvízzel ellátott w.c.-ék, frissvíz zuhanyok vannak. A strandok békéjére és a vízí biztonságára államilag alkalmazott életmentők (*life guard*) vannak. A partok közelében a motorcsónak, zajos rádió, a fűrdőzők bármilyenféle zavarása tilos.

Hawai'i-ban nem lehet a nyílvános strandokon a nőknek félfürdőruhában megjelenni. Udvariasan felkéri az őr, hogy takarjabe magát, vagy távozzon. Ezek Hawai'i-ban elsősorban családi találkozó helyek, játszóterek és fürdő strandok. A fürdőruha divatbemutató legtöbb strandon nem létezik.

A helyi szokások szerint a strandokra jön a hétvégén az egész család. Rendszerint, különösen az orientálisok, mindhárom generáció (nagyszülők, fiatalpár és a gyermekek) együtt. Cipelik a hatalmas hűtődobozokat, tele hússal, gyümölcslével és más itókával (alkohol fogyasztás a nyílvános strandokon tilos). Meggyújtják a hordozható sütőt, vagy a helyi grill-t és nagy lakomát csapnak. Néha egy jót szundítanak, amig a nagyszülők vigyáznak a gyermekekre. Ez a leggyakoribb hétvégi szórakozás. Tele van a strand.

Rendkivül megnyerő a mormon templom Laie-ben (49. kép). Ez egy kis tengerparti falú, ahol gönyörü parkok és tropusi virágok között áll ez a hatalmas és szép épület. Valamikor a mormon közösség 4500 hold parti, feltáratlan földet vásárolt. Ezen építették elegáns templomukat, hawai'i iskolát és jövedelmező, hires polinéziai kúltúrális központot. Ezek körűl épűlt fel Laie falú. A túristák meglepetésére nincs szeszesital vásárlási, vagy ivási lehetőség a környéken, mormonok nem fogyasztanak alkoholt. A templom belsejét csak mormonok látogathatják. Sajnos nem láthattuk.

Sok régi -*heiau*-t, ősi tepelűlések nyomait találunk Oahu szigeten is, maradványait takarják és őrzik a parti homokbuckák Waima-nalo mellett. Híres a Nuuanu Pali, vagyis a Nuuanu kilátó 960 m. magas kihalt krátere, melynek északi óldalán teljesen meredek, többemeletes sziklafal van. Itt kergette halálba 1795-ben Kamehameha király a sziget utolsó ellenséges csapatait. Ma jól ismert kilátóhely.

49. kép

Pearl Harbor nevét a háborús eseményekből ismerjük. Ebben az öbölben támadta meg váratlanul Japán Amerikát 1941 dec. 7-én. Több, mint 20 ezer ember vesztette életét a tengeri csatákban. A harcok során az amerikai USS Arizona nevü csatahajót egy 800 kg-os japán bomba telibetalálta. A csatahajó lángralobbant és 1177 lélekszámú személyzete a csatahajó belsejében pusztult el. Az elsűllyedt hajó, a meghaltak temetője, néhány méterre a víz alatt látható. Tetejére egy hídszerű, hófehér emlékművet építettek (Arizona Memorial).

Tömegesen jönnek a látogatók (amerikaiak, japánok, turisták) ehhez a tengeri temetőhöz. Sokan személyes emlékeikkel, mások elveszett szeretteiket gyászolják. Ki-ki virágot dob a tengerbe, mások gondosan csomagolt, édes metélttésztát helyez-nek a szentélybe, az elhaltak szellemének. Örök csend van. Zászlókat lenget a passzátszél és virágkoszorúk lebegnek a korállal benőtt csatahajósír felett. Időnként szivárgó olaj, a lebomlási termék nagy bugyborékként a felszínre buggyan.

O'ahu sziget észak-nyugati csücskén találjuk a sziget megmaradt endemikus növényzetét. Itt heverészik a hawai'i fóka és visszatért egy néhány kiveszettnek gondolt madár is. Ka'ene Point Állami Park csendes, izolált, hatalmas hullámokkal körülölelt, ősi korall dombokkal díszített félsziget. Kiváló kirándulóhely. Itt fedeztem fel a kiveszettnek gondolt endemikus gyapotott.

Érdekesnek és meghatónak találtam Kaneohe melletti festői völgyek temetőit és imaházait. A völgy szépsége leírhatatlan, a környék esőerdő, madarakkal és virágokkal tele. A völgy közepén van a neves Byodo-In Temple=Egyenlőség Imaháza. Amida, a neves arany Buddha várja itt látogatóit. Szerettünk odalátogatni a meghitt környezet és a sajátos növényzet miatt.

Teljesen más jellegű a sziget nyugati óldala. Makaha környéke fantasztikus, időnként vad. Gyönyörű partvidéket láthatunk errefelé. Igen meleg van, sok hullámlovagoló van a vizen. Szélesen homokos a part, régebben a behozott japánok kedvenc halászhelye volt. Manapság is gyakori a pecás, vagy kisebb csónakok. Ez a partvidék is főleg a helyiek hazája, otthonokkal és kis kertjeikkel szegett a part.

Mihály Márta

XXXII.

Maui sziget

Maui a legjobb! Maui no ka 'oi! Mondják a helyiek (50. kép, 11. ábra). Úgy tűnik, hogy ezen a szigeten minden fiatalos és fizikai energiával telített. Az emberek gondolkodásmódját szinte megerősítik a geológiai események. A domináló vulkán Haleakala (alvó) is csak egymillió évvel ezelőtt tört a felszínre (51. kép). A kihalt Mauna Kahalawa tűzhányó, az ikertestvére Haleakala-nak, két million évvel ezelőtt érte el a tengerszíntet, de hatalmas mennyiségű magmája öszekeveredett a tengeralatti vulkánokkal és a társulások egy hatalmas hegyvonulatot alkottak (51. Kép).

Ezekből keletkeztek később Lanai, Molokai és Kahoolawe szigetek. Valóban a sziget vulkánikus domborzata igen változatos, formája eldölt 8-as számra hasonlít. Területe 42x75 km, több, mint 200 km partvidékkel. 81 strandja van, lehet válogatni a homokszínek között: fehér, sárga, fekete, szűrkés, zőldes, garnet és ezek keveréke. A színek az ősi vulkánikus tevékenység tanui. A sziget nyugati hegyóldalai sűrű eső-erdőkkel fedettek az. A déi partok, a volt -

Hawai'i

kiawe- (Prosopis sp., szárzságot kedvelő fa) füves-kaktuszok és erdősivatagok hazája. Napos és igen meleg hely.

50. kép

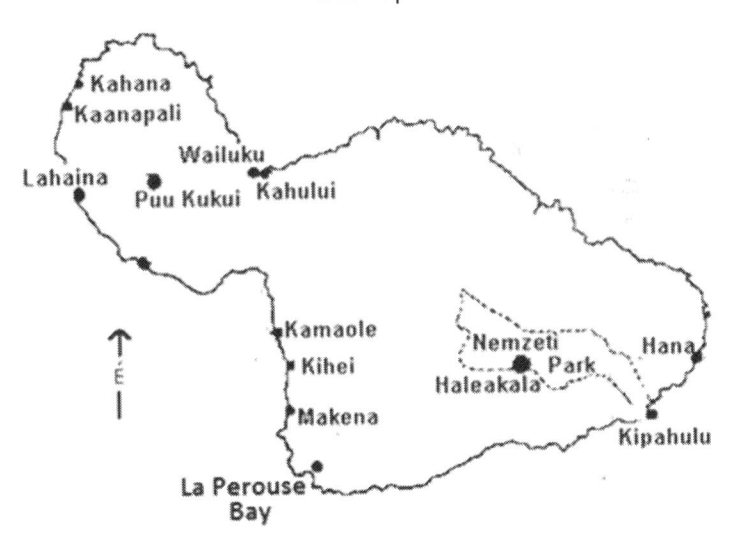

11. ábra

Manapság ezeket a délnyugati partokat hatalmas szállodák, sok golfpálya, mérföldes tengeri parkok, strandok és világhírű nyaralók díszitik. Tetszetős ez a partvidék.

Mihály Márta

51. kép

Ilyen Kapalua környéke. Ez a település 16 ezer holdas ananász űltetvény mellett, a parton van. Öt szép öböl öleli az űltetvényt, de az öblök nyílvános strandok. 1992-ben a Maui Föld és Ananász Társaság (Maui Land és Pineapple Co.), ültetvény tulajdonosa majd 3 ezer hold bennszülött erdőt ajándékozott a helyi Természetőrző Egyesületnek és megalakították a neves Puu Kukui Nature Preserve, természetvédelmi parkot, Colin C. Cameron nevében, aki nagy természetbarát és igazgatója volt az ananász űltetvénynek.

Fantasztikus ajándék! Gyönyörű és értékes esőerdőt kapott Maui lakossága és látogatói. 3 bennszülött madár, 5 ritka csiga, 20 igen ritka endemikus növény, melyek csak e sziget nyugati partján élnek, tenyészik az erdőbe. Itt él az illatos szandalfa, ritka violetta, és a világon egyetlen -Lobelia gloria montis- fehér és lilla virágjával. Ritka szép erdő.

Nem messze a Gorilla Egyesület is kapott védett területet. Kapalua Nature Society újságjaival tájékoztatja az érdeklődőket és túrákat szervez a rezerváció és az ananász űltetvény megtekíntésére. Nevük Kapalua Discovery Centre, tevékenységük elismert a hires Audubon Nemzetközi Természetvédelmi szervezettel.

Hawai'i

A sziget észanyugati partján húzódik a neves és drága Ka'anapali strand. Valamikor a királyok nyári otthona volt. Klímája talán a legjobb a szigeteken. Majd naponta idejártunk úszni, itt láttunk bálnákat is. Délebbre a száraz partvidéket, Kihei, Makena településeket és a neves La Perouse öblöt találjuk. Kaktusz (Opuntia sp.) erdő is 2-3 m magas egyedekkel jelzi a csapadékhiányt. Kiváló, meleg fűrdőhelyek ezek, a szállás és vendéglők ólcsóbbak. Sok kanadai nyugdíjas telel a partokon.

A nyugati hegyvonalak és Haleakala tűzhányó közötti völgyek a sziget mezőgazdasági területei. Több, mint 30 ezer hold cukornád, ananász és zőldségféle nő ezen a vidéken. Manapság kakaóűltetvényekkel próbálkoznak, tekintettek a csokoládé világpiaci árára.

A sziget dél-keleti részén, a Haleakala (Nap háza) tűzhányó lávafolyásai a tengerig terjednek. Ez a terület a Haleakala National Park. Területe: 20-22 ezer hold. Magassága 3055 m., alvó dómvulkán hegység. Az erózió 1000 m mély völgyet vájt ki a hatalmas kráter nyugati és északi oldalán. Itt a csapadék évente 15 m-nél is több. Ezek a meredek kimosott hegyodalak nem alkalmasak emberi településre, vagy mezőgazdasági művelésre, viszont ezek a nedves völgyek igazi kincstárai az őshonos növény és állatvilágnak (sok millió szúnyog is).

Sok és leírhatatlanúl szép vízesések otthona ez a partvidék, sűrű, ekzótikus szinte áttörhetetlen növényzettel és megszámlálha-tatlan elrejtett lávagödrökkel. Nem sétatér. Órákat lehet csodálni a tengerfelé rohanó, zajosan zuhanó vízeséseket, a gyorsan képződött szivárványokat. Ez a fényképezés otthona.

Kigyó-szerűen kanyarog az autóút a hihetelenűl sajátos és színes Haleakala csúcskráterhez (52. kép), Pu'u Ula'ula, ennek hossza 12, szélessége 4 km, mélysége 300 m. A tetején 900 m mélyen süppedés van, több kisebb-nagyobb később keletkezett kráterrel. Haleakala utóljára 1790-ben működött, ma alvónak tekintik.

Nagy kártevöje a Haleakala Nemzeti Park élővilágának az elvadult kecske. Mint tudjuk a kecske legelés közben a növényeket a talajfelszíníg lerágja. Különösen a fiatal hajtásokat és a növények virágait kedveli. A kecskéknek tulajdonítják a világhírű ezüstkard *(Argyroxiphium sandwichense,* 53a,b. kép) nagy mérvű pusztulását. Ezekkel a hatalmas (1.5-2.5 m), ezüstös levelű növényekkel tele volt a kráter karimája a kecske behozatala előtt.

52. kép

53a. kép

A kilátás innen felejthetetlen élmény. Több ösvény járható a kráteren, minden irányban. Ha szerencsénk van akkor találkozunk a –

Hawai'i

nene- lúddal.

53b. kép

Csak itt megcsodálhatjuk a neves ezüstkard növény szépségét (Argyroxiphium sandwichense), a csóré kögörgetegek között, a Haleakala kráter körűl.

Ritka élmény és végtelen szépség, mert szinte hihetetlen öreg láva görgetegek között, majdnem egyedűl, ezüstösen csillog a fekete, élettelenek tűnő környezetében. Ez a növény evolúciós terméke a napraforgónak. A sok száz apró virágja mind egyforma, picike napraforgó.

Valószinűleg elődjének magját a passzátszelek hozták Hawai'i-ba az amerikai kontinensről. Virágfeje 1.5-2 m magas, 100-500 sárgásbordó virág ékeskedik rajta. Minden virágnak több száz magja van, de a növény felújulása még is nehézkes.

Az ezüstkard életének legnagyobb részét rozettás állapotban tőlti. A lándzsa alakú levelek husosak és szőrösek. A növényt a sok szőrről visszaverödött fény teszi ezüstös szinüvé. A szőrök laposak, vagy homorúak. Ezzel az elrendezéssel a szinte égető napsugarakat elvetítík a növénytől. A levelek kocsonyás massza formájában tárolják a vizet. A növény 50 éves kora körül virágzik és aztán elhal. Gyönyörű ez a hatalmas, elegáns ezüstösen csillogó növény. Hazája egyedűl Haleakala.

A Haleakala krátert és környékét 1916-ban természetvédelmi területnek nyilvánították. 1961-ben kibővítették és ökológiai fontossága miatt nemzeti parknak minősítették. 1980-ban az Egyesült Nemzetek (ENSZ) a parkot Nemzetközi Bioszféra Rezervátumnak (International Biosphere Reserve) nyílvánította. Reméljük, így sikerül megőriznünk ennek az érdekes és gyönyörű világnak egy kis részét.

Sajnos a megmaradt endemikus növényzet és állatvilág megőrzése még a park szigorú védőeszközei mellett is igen nagy probléma. A legnagyobb kártevő az elvadult disznó. Túrásaikkal felszántják az erdőtalajokat, tönkreteszik az őshonos érzékeny moha és páfránytakarót is. Ezzel szinte előkészítik a talajt az idegen, nem kivánatos növénymagok kicsírázására. Ekkor természetesen összezúzódnak a földön fészkelő madarak és csemegévé válnak tojásaik.

A feltúrt talaj nedvességét keresik a szúnyogok. A kártevőktől megmenekült madarak könnyen az általuk terjesztett madármalária áldozataivá esnek. A disznók 1930 után kerültek fel a kráter szélére. Azóta szezonálisan visszajárnak. Vándorlásukat az alacsonyabb fekvésű mezőgazdasági területekről kerítésekkel próbálják megakadályozni.

A másik nagy kártevöje a Haleakala Nemzeti Park élővilágának az elvadult kecske. Mint tudjuk a kecske legelés közben a különösen a fiatal hajtásokat és a növények virágait kedveli. A kecskéknek tulajdonítják az ezüstkard *(Argyroxiphium sandwichense, 53.ab. Kép)* nagy mérvű pusztulását. Ezekkel a hatalmas (1.5-2.5 m), ezüstös levelű növényekkel tele volt a kráter karimája a kecske behozatala előtt.

Hawai'i

Ezen a magasságon az élőlényeknek sok problémával kell megbírkózniuk. Talaj alig van. A lávakö napközben igen forró. Éjszaka sokszor fagypontra, vagy az alá sűllyed a hömérséklet. Néha hó takarja ezeket a magas lávagörgetegeket. Jégcsapok lógnak a növényeken. A levegő páratartalma napközben közel zéró. A légköri állapotok tiszták. A talaj alig tartalmaz szervesanyagokat, legtöbbször elöregedett lávatörmelék, igen rossz vízgazdálkodási képességel. Állandó, igen erős napsütés van. Csak igen ritkán esik az eső, vagy havazik. Ezeket a termőhelyi és éghajlati állapotokat kevés élőlény viseli el.

A kráter csóré, forró, vagy jeges láva szírtjeinek repedéseiben, vagy lukaiban fészkel a nagyon ritka tengeri madár, az 'au'u, vagyis a hawai'i-an viharmadár (*Pterodroma phaeopygia*, 54. kép). Minden márciusban visszajönnek a régi fészkükbe kőlteni.

54. kép

Előbb érkezik a tojó, később a párja. Októberben kirepülnek fiókáikkal együtt. További tengeri tartozkodó helyük ismeretlen. Jelenleg több, mint 500 fészket figyelnek a Haleakala tüzhányó kráterében.

Súlyos kártevője a krátereknek a manguszta *(Herpestes ichneumon)*. Menyétre hasonlít, de rövidebbek a lábai. A cukornádon élösködő patkányok kiölésére hozták be a szigetekre. Sajnos ezek is megtalálták a kráterek közelében lévő madárfészkeket. Súlyos kártevöi lettek a kiveszés szélén álló viharmadaraknak (*petrel*), a hawai'i lúdnak (*ne-*

ne) és másoknak.

Az argentiniai hangya és a *(Vespula)* darázs nagy mértékben veszélyezteti az öshonos fajtákat. Ez nagy tragédia, mert a legtöbb esetben a hangyák által elpúsztított rovarok, növény specifikusak, vagyis csak sajátnövéneiken élnek.

Érdekes a Maui istenség lasszójának mondája, de a jelenség minden naplementében valós. Egy szép napon, jóval napfelkelte előtt, Maui játékos kedvű istenség felmászott a Haleakala Kráter tetejére. Itt várakozott a Nap első póklábának (napsugarak) megjelenésére. Ahogy egyenként felcsúsztak a lábak a kaldera szélére az istenség lasszójával elkapkodta és mindegyiket a *wiliwili* fához *(Erythrina sandwichensis)* kötözte.

A Nap azonnal megállt és könyörgött Maui istenséghez szabadságáért, vagyis, hogy eressze el a sugarait, mert tovább szeretett volna csúszni az egeken. Maui megigértette a Nappal, hogy csak akkor engedi szabadon, ha nem siet, hanem szépen, igen-igen lassan halad Maui sziget felett, hogy a mamák kimosott (filc) -*tapa*-lepedői megszáradjanak.

Igéretének emlékeztetésére Maui istenség a lasszó kötelének egy részét a Napon hagyta. Ezért minden este, amikor a Nap lassan nyugovóra készül láthatjuk a kötélvégeket (sugarak), amint a Nap húzza maga után, ahogy lecsúszik az éjszakába. Igy meséli el az ősi legenda a keresztelési ünnepséget, Haleakala tüzhányó (Napház) névadását.

Szebb sugarakat soha nem láttam sehol, mint Haleakala kráter szélén. Lehetséges, hogy Maui érezte rajongásomat és akkor igazán széppé festette. A sugarakat könnyeim kísérték. Világhírű jelenség!

A kráteren keresztül gyalog ösvények (több, mint 50 km hosszú) vannak. A terep nem kezdőknek való sétatér. Meglehetősen szabdalt, tele durva kötörmelékkel, hasadékokkal. A légköri állapotok percenként változnak, a szép, meleg napsütés néhány perc alatt hóviharrá változhat. Nem vállalkoztam erre a kirándulásra.

A csúcs, Pu'u Ula'ula (3055 m) magas, az alatta lévő kilátónál (Kalahaku, 2841 m) csodálatos színpompa és leírhatatlan szépség várja az

Hawai'i

utazót. Valami csodálatos misztikum lakik a krimson piros és sárgás kalderában. Leírhatatlan vulkánikus formációk, kiálló ormok, köfolyások, kögörgetegek rózsaszínű kisebb-nagyobb kráterek, sárga hamu völgyek és lila hegyek tárulnak a látogató szeme elé.

Kék égbólt, habos bárányfelhők, csillogó, télen sokszor a havas foltok gyönyörüsége vájja be emlékezetünkbe ezt a csodának beillő természeti valóságot. Engem megbabonázott a látvány, nem akartam elengedni a kilátó korlátját, ilyent soha nem láttam. Szeles, de tiszta idő volt, ahogy nézelődtem egyre élesebbnek tűntek a kráter kövei, színeket változtatott a szakadékok mélye és szemlátomást elfutottak a bárányfelhők. Színesen mozgó, pillatonként változó világ volt ez.

Soha szebb helyet nem választhatott otthonának a -nene- lúd. Szinte hallottam sóhajtás szerű halk, suttogó beszélgetésüket a köves földhöz lapuló, ritka, gömbalakú bokrok (Dubautia sp.) közül. Itt csak elnémul az ember, nagy kár lenne szóval szennyezni ezt az egekhez oly közeli, csodálatos világot.

Először napfelke idején jártam Pu'u 'Ula'ula-nál, vagyis a Haleakala kráter csúcsán, 1993-ban. Ekkor kelt fel a nap. Mély csend volt körülöttem. A kráter szélén megbotlottak és mint a millió ezüst selyem szál szétszóródtak a napsugarak. Mint a csillagszórok ezüstszikrái, úgy csillogtak a *–kupaoa- (Dubautia menziesii 55. kép)* bokor fázó és jeges levelein. *Jégcsapok lógtak az ösvény szélén nyújtózkodó, köhöz bújt bokrokon.*

Sokan már este felmentek a kráterhez, hogy a kora hajnali órában gyönyörködhessenek a napfelkeltében. Szinte úgy tűnik, hogy a nap a kráter belsejéből csúszik fel az égboltra, ahogy a hawai'i keresztelő legenda is elmeséli, miközben arany sugaraival megfesti a kaldera csóré sziklakibúvásait és sárga fénnyel tölti fel a kráter hamvas szürkeségét. Felejthetetlenül csendes és csodás tünemény.

A Halakala-i késői kirobbanások lávái és az erózió feltőltötték a mély, eróziós völgyeket. Ezeken a helyeken (Kipahulu) több lávabarlang, illetve hatalmas lávacsövek vannak. Ezeknek teteje sokszor beomlott, néha természetes nyílás világítja meg a barlangot. Itt 1988-ban több

Mihály Márta

repülésre képtelen madárnak a csontjára akadtak, melyeknek legnagyobb része kiveszett faj.

55. kép

A barlangokban találtak többféle vakrovart *(Coleoptera, Carabidae)* is. Úgy néz ki, hogy minden barlangnak megvan a saját endemikus nemzetsége. A Pukamoa barlangban egy teljesen új giliszta gyűjteményt fedeztek fel. A barlangok nagyrésze feltáratlan.

A szigeten kiváló autóútak vannak. A partokon élvezheti a kiránduló a változatos és szép nyaralóhelyeket. Kis halászfalukkal és hívogató kisebb-nagyobb homokos, jó barangolási, vagy fűrdésre alkalmas félszigetekkel tűzdelt a partvidék.

A partokon pálmafák lengedeznek, a korállzátonyokon meg-törnek a fehér hullámok, ezüstösen csillog rajtuk a nap. Itt-ott kis halászhajók lebegnek az azúrszínü tenger örökké mozgó, változó hullámrengetegén. Madarak sikoltása vegyül a hullámverés ritmikus suhogásába. Messze-messze nyúlik a csábitó aranysárga homok. Igazából, ahogy Mark Twain írta a szigetről 1866-ban. "Ott egy hét alatt a legbánatosabb is meggyógyul (A week there ought to cure the saddest of you all)". A szigetnek csak 20 %-a betelepűlt terület, rendszerint csak a partvidékek és vőlgyek.

Hawai'i

Ezen a bájos partvidéken, összesen több, mint 18 hónapot teleltünk. Kihei nyaraló hely meleg és csendes partjáról, otthonunkból (Hale Kameole) láthattuk a Haleakala tetejét és szemmeltarthattuk a hegyóriás napközi légköri változásait. Szép idők voltak. Ismeretlen kis öblök homokos medencéiben áztattuk lábainkat és körülöttünk színes halak tömege szorgalmasan legelte az algát a gömölyü kövekről. Csend, csodálatos színek és nyugalom volt.

Kedveltük Makena öblöt, széles homosáv takarja a partot, igen nagy a hőség errefelé, valóban sivatag, széle 2-3 m magas kaktusz állományokkal (*Opuncia sp*.) és -kiawe-(Prosopis sp) erdőkkel borított (56. Kép).

56. kép

La Perouse öbölből (a sziget déli csücske) csodálatos a kilátás a nyított óceánra (57. kép). A part nem úszóhely, korallzátonyok búbja látszott. Ez a hely volt valamikor, ahol a szigeten nevelt szarvasmarhákat a tengeriszállítókra terelték.

A sziget régi fővárosa, Lahaina, egyben kikötő is (58. Kép). Már Kamehameha király is otthonának választotta ezt a bájos várost.

Mihály Márta

1819-ben érkezett az első bálnavadász hajó (Balena) e csendes vizű, halászok vendéglátásáról és leányairól híres öbölbe.

57. kép

58. kép

Hawai'i

1846-ban több, mint 420 bálnavadászhajót és legénységét látta vendégül a város. Több, mint ezerötszáz hajóslegény keresett kocsmát és szerelmet ebben a csendes alig két ezerlakosú halászfaluban. Nem mindig látták szívesen őket, mert időnkén, főleg részegen, elég sok zavart okoztak.

Ebben az időben élményeiket gyűjtötte Melville neves író (Moby Dick, Billy Budd) és mások. Az akkori polgármester Hoapili a hittérítőkkel szövetkezve próbálkozott új szabályokkal letompítani az ívást, a lányok viselkedését. Nem sok sikerrel, mert, ahogy Andrews hittérítő mondotta: az ördög szövetkezett Lahaina-val. Sem a hajóslegények, sem a hawai'i-ak véleményét nem ismerjük, mert mindkettő legtöbbször írástudatlan volt.

Ekkorábban 1200-1500 tengerészlegény dőzsölt, ivott és duhajkodott a pálmák alatt. Italt, asszonyt és dalt kerestek, a hosszú, sokszor igen viharos tengeri utazások után. A zajongó-verekedő tengerészeket a Hale Pahao börtönbe dobták. Ez az épület ma is áll a Prison (börtön) utcában. A lahaina-i főútca (közvetlen a tengerparton) rövidesen lebujokkal, kocsmákkal, hawai'i lányokkal, szerelmet vásárlókkal volt tele. Minden akkori utazó szerette Lahaina-t, a kikötők szeretőjének becézték a várost. A tengerészek szerint az Isten és a vallásosság lemaradt Tüzföldnél.

A hawai'i leányok és asszonyok igen kedvelték a fehér hajóslegényeket, születésnapi bőrükkel kiúsztak az érkezők elé. Sok volt a tengerész, kevés a nő, verekedések és duhajkodásoktól volt hangos a város.

Lahaina környékén telepedtek le a hittérítők is, hiszen itt laktak a hawai'i-ak. Érthetően az élesen ellentkező életszemlélet miatt sok összeütközés volt a misszionáriusok és a tengerészek között. Számos apátlan gyermek, a missziók gondjaivá váltak. Végül is törvénnyel tíltották meg a nők kiúszását az érkező hajókhoz. Nem tudunk arról, hogy mit gondoltak a hawai'i anyák, apák és férjek, hiszen írástudatlanok voltak. A tengerészek legtöbbje is írástudatlan, kétes előéletű volt. Gondolom nem is lelkesedtek

az írásért. Igy csak a felét, vagyis a leírott, fehér históriát ismerjük.

Ma már nincsenek bálnavadászhajók, vagy tengerészek ezrei a kikötőben, de ottlétük morajlását hordozzák a hullámok, őrzik e hírneves város, sajátos, lüktető múltját. Évi 2-3 millió látogatója van. A szórakozások városának hivják ezt az öreg kikötő öblöt. Nyugalmas, érdekes és szép város, eseményekben igen gazdag. Most is kikötő város. Mintaképe a régi emlékek felújításának, a történelmi jelentőségű épületek restaurálásának. Ma is kikötő szellemű, de történelmileg igen gazdag város. Nagy élmény a sétálgatás a főútcáján (Front Street), esténként megélénkűl a város.

A főútca Lahainában manapság telített szép ruhaüzletekkel és igen gazdag a helyi és nemzetközi művészvilág több tucatnyi stúdiója. Ezeket nagy érdeklődéssel látogattam.

Itt találkoztam Salvador Dali-val, a neves festővel. Igen meglepett kajla bajusza, erős arcpuderja. Nyílt, barátságos ember volt. Természetesen csak érdeklődtem és nézelődtem. Minden pénteken este "Művész Este Lahainában" cimen, ügyes kis fogadással mutatják be alkotásaikat.

2005 december, január és február hónapjait tőltöttük Lahaina-ban. Emlékezetes hetek voltak. Kiváló szomszédunk Robert Lozoff társasága felélesztette a hawai'i szellemet és élveztük jóhumorú, kellemes társaságát. Egy napon halászati útjáról egy hatalmas (legalább 2-3 kg) friss tengeri halat hozott nekünk. Finom volt, úgy kellett kést kőlcsönöznöm a feldarabolásához.

A part közelében laktunk, közel a kikötőhöz, a régi hittérítő templom, Waiola (Az Élet vize) közelében. Ennek az öreg imaháznak alapkövét 1832-ben rakták le. Előzőleg az amerikai missziós szövetség ideiglenes fából-fűből épült imaháza volt 1823- ig. Úgy mesélik, hogy a kezdeti hittérítő évek kűzdelmeinek főhősét, Abner jellemét, ennek a templomnak eseményei ihlették Michener Hawai'i c. kiváló regény írásában.

Waiola 1828-ban Ulumaheihei Hoapili király ajánlatára újraépűlt, ez volt az első kötemplom Lahaina-ban. 1840-ig ez volt a hawai'i királyság imaháza. A templom többszörösen leégett, 1954-ben újraépűlt és Waiola nevet (Az élet vize) kapta. Nagyjából 50 méterre laktunk

Hawai'i

ettől az öreg, ma már téglaépülettől. Részt vettem a szertartáson is.

Naponta a templom öreg és hires temetője mellett jöttünk-mentünk. Ide temették a királyi család több tagját. Ez jellemzi otthonunk csendes, nyugalmas környezetét. Jó uszodája, nagy kertje volt az otthonunknak, irgalmatlan nagy (15-20 cm) avokádók lógtak az ablakunk előtt. Finom volt!

Karácsony este a város gyermek énekes-táncos ünnepi műsorár Ka'anapali falúba mentünk. A szabadtéri padokon űldögélve természetesen magyarúl beszélgettünk. Egyszercsak egy fiatal leány hajolt felém és azt mondta:Jaj Istenem maguk is magyarok néne? Azonnal tudtam, hogy egy székely lánnyal találkoztam, Korondról, aki Amerikában tanúlt, mint cserediák és a vendégcsalád elhozta öt karácsonyra Hawai'i-ba. Jót beszélgettünk, úgy éreztem, hogy találkozásunk különös karácsonyi ajándék volt szülőhazámból. Milyen kicsi lett a világ!

A tengerpart a város mellett úszásra nem alkalmas. Éles lávakövekkel szegélyezett a víz és hiányzik a homok. Úszásra a vízmozgás sem kedvezö. Emlékezni, sétálni és enni jönnek ide az emberek. A régi tatuzóbódék, örömházak és matrózkocsmák helyén manapság a legjobb kerti vendéglők vannak. Finom a friss hal, a szigeti marhasűlt, no és a helyi rákok, gyümölcsök nagy választéka várja az éheseket.

Napjában, rendszerint estefelé a kikötőbe sétáltunk, a neves, öreg Pioneer Inn teraszán űldögéltünk (60. kép). Régi színészek, festők és jómódú tengeri utazók találkozó helye volt a 20-30-as években. Mozgalmas hely ez, mint minden kikötő. Ide érkezett a helyi gőzös hajó, a Molokai Királylány (Princess, 61. kép). Útasai nagy hűtődobozokba hozták a friss halat, gyermekeket és pletykákat Molokai szigetről. Jó volt látni a sok örömet, hallani a sajátos kikötői zajt. Természetesen a szálloda bárjában hűsítővel áldottuk a meleg napot. Mindig hőség volt!

Kiváló színháza is van Lahaina-nak, Maui Mesés és Mágikus Színház (Maui Myth and Magic Theatre), ahol az együttes saját zenéjével játsza az 'Ulalena c. színjátékot. A darab bemutatja a régi hawai'i történelmet, eseményeket, mondákat és misztikumokat a mai ér-

Mihály Márta

telmezésben. Az előadást igen élveztük. Kiválóan jellemezte a politikai hazugságokat és kereste az igazságot.

60. kép

61. kép

Hawai'i

Északra Lahaina-tól, a tengerparton huzódnak a Hawaii Szigetek legsikeresebb, legelegánsabb és talán a legdrágább nyaraló helyei. Ilyen Ka'anapali Beach Resort. Igen előkelő szállodák mellett több száz luxus öröklakás szegélyezi a csendes öblök aranyszínű homokbuckáit. Valamikor itt lakott a kiályi család, talán a legjobb éghajlatú partvidék.

Neves múzeuma felett 14 m hosszú bálna csontváz köszönti a látogatót. Mellette szinház, úszómedencék, bárok, vendéglők, fagylaltozók, ékszer-ruha-cipő boltok várják a szórakozni, vagy kőltekezni vágyakozót. De ott van a neves ABC bolt is, ahol a divatos boltok árainak töredékéért a legszükségesebb enni-inni való megvásárolható. Ide jártunk minden reggel úszni.

A tengerpart a legnagyobb vonzóerő. A szigetnek ez a száraz oldala. Itt ritkán esik az eső. Szép a tenger kékje, hivogató a lágy hullámok ringatása. Igazi nyaraló hely és fűrdő hely. Ezt a bálnák is tudják, ezen a partvidéken ellenek és párzanak. Gyakran láthatók a téli hónapokban. A nagy melegben bizony jól esik az arnyékos bárban egy-egy sör, vagy frissítő. Több hasonló öböl van a sziget nyugati partján, hasonló szállodákkal és jó strandokkal.

A környező völgyek gazdag, mezőgazdaságra alkalmas talaja és az állandó friss esővize már a 7-ik században vonzotta a hawai'i településeket. Természetesen itt voltak az őslakók imaházai is. Évszázados ittlétükről és életmódjukról a lávakarcolatok tanuskodnak Olowalu petroglifák (62. kép).

Félévig a környező öblökben tanyázik a bálna is. Ezek vonzották ide a vadászok ezreit több, mint 150 évvel ezelőtt és a bálnák tették híressé Lahaina-t. Nagyon szép látvány ezeknek az óriási állatoknak a vízíjátéka. Elgondolkoztam, hogy vajjon miért is kellett ezer számra az olajuk áldozatává válniok.

Világszerte ismertek a sziget golf pályái. Kedvelt nemzetközi golftalálkozó helyek a tengerparti zöld pázsitok. Környékét drága elegáns szállodák, frissvízű úszodák, vendéglők és boltok szegélyezik. Minden kényelem megtalálható itt. Természetesen a kellemes éghajlat állandó golfozási lehetőséget biztosít. Mindkettő vonza e békés sport kedvelőit és nagyban hozzájárul az idegenforgalom fokozatos emelkedéséhez.

62. kèp

Sajnos a golf pályák vízigénye hatalmas. A helyileg alkalmas fűfélék szivacsszerüen szívják fel a friss vízet és az állandó meleg napsütés pedig nagy ütemben elpárologtatja. Drága a zőld pázsít, és a golfozás is. Sajnos a szigeten nincs forrás, vizet az esőből, patakokból gyűjtik. A friss víz egyre nagyobb probléma, mert növekedik a lakosság és a modern élet vízigényei is. Sok esetben a lakosság nem kedveli, néha ellenzi a golfpályák automata locsolását.

Maui sziget nyugati óldalán, a Heleakala vulkán magasabb teraszain jó termőhelyi vőlgyeket találunk. Ez hűvösebb is (1500-1800 m), Kula a környezet neve. Ez gazdag mezőgazdasági terület.

tt vannak a sziget botanikus kertjei és legjobb virágtermelő tenyészetek, köztük talán a legszebb az Afrikából származó protea trópusi virág. Rengeteg változta van, a világ minden részére szállitják. Ezek a kertek (Sunrise Protea Farms) meglátogathatók. Nekem nagy élmény volt e csodás virágok között a séta.

Szomorú szívvel hallottuk 2012-ben, hogy a protea bokrok kivesznek, mert nem tűrik a levegő vulkánikus gázait. Ez a felfedezés hatalmas aggodalmat és kutómunkát indított el. Ha ez igaz, akkor a -vog- igen káros lehet a környék lakosságára is, különösen a gyermekek légzőberendezésére. Több évtizedesek ezek az ültetvények, talán a kirobbanó gázok összetétele változik? Vagy talán a jelenlegi, Kilauea 3 vulkánjának gázai mérgezőbbek?

Borászatot is találunk ezen a vidéken. Neve Tedeschi Borászat, kóstolójában is voltunk. Alig hagytuk el a borászatot, néhány száz méterre az útközepén egy vaddisznó ballagot, 8 kismalacával. Nem igen félt az autótól. Nevetséges volt a vadcsorda és a malackák röfögése.

A sziget gyenge stabilitását a környék autóútján láttuk igazán.(63. kép) A kifestett vonalak elmesélték a vulkánikus tevékenység földrengéseinek erejét.

63. kép

Hallottuk, hogy a sziget legdélibb parti útja fantasztikusan érdekes, igaz, hogy részeit néha elmossa a tenger. Gondoltuk, hogy megnézzük. Valóban hallatlanúl érdekes útvonal, megláthattuk

Hale'akala déli óldalát.

Legtöbbször 80-100 méterrel a víz felett ment az út. Hihetetlenűl eródált hegyi patakok lávaköves görgetein éppen csak átment a keskeny út, de egyszer csak olyan húzatos szél kapott el, hogy szószerint felemelte az autót. Megálltunk és nehezen megfordúltunk. Alattunk hatalmas hullámok verdesték a partot. Ijesztő élmény volt! Nem folytattuk útunkat.

Visszafé, Ulupalakua Tanya mellett egy autó állt az úton, ananászt árúlt egy jóképű hawai'i férfi. $1 volt darabja, csodálatosan édes és a legfinomabb, amit valaha ettem. Ezen a szakaszon már nem a parton volt az út, sűrű füves hegyóldalon útaztunk.

Hírtelen az úttesten egy fiatal hőlgy hatalmas tartályba vizet(?) cipelt. Hőség volt, férjem megállt és felvettük a hőlgyet. Érdekes illatok jöttek vele. Nem tudta, hogy hová megy, kérdésünkre az élményeiről beszélt, férjemet "my lord"-nak (felséges úram) szólította. Rájöttünk, hogy tele lehetett a leányzó valami narkotikummal. Alig tudtunk megszabadulni tőle, nem akart kiszállni.

XXXIII.

Molokai sziget

Beceneve "Barátságos sziget" (12a,b. ábra). Választott virágja a kukui diófa virág. E sziget hossza csak 60 km, szélessége 16. Lakossága 7,000. A sziget legmagasabb, régen kihalt vulkánja, Kamakou, (1350 m), bőséges csapadéka és sok vízesése nagyon felszabdalta a hegyvonulatot. Magas sziklafalakat nyaldos a tenger az északi partokon.

12a. ábra

Mihály Márta

12b. ábra

Sokan Molokai szigetet hívják a leghawai'i-ibbnak, mivel ezen a szigeten a helyiek nem látják szívesen a nagy szálloda-központok építését, a túrizmust. Szeretnének hawai'i-nak maradni, ápolni nyelvüket, életbentartani és felújítani régi szokásaikat. Több, mint fele a lakosságnak bennszülött, remélem sikerűl annak maradniok. Céljuk a kiterjedt zöldségtermelés, műtrágyamentes módszerekkel.

Az északi parton, igen szűk völgyben emelkedik ki a tengerből Kalaupapa (64a,b. kép) félsziget. Sziklákkal, vadhullámokkal határolt és gyalog megközelíthetetlen (64. kép) völgy, Kalawao, lett a leprások otthona. Kamehameha kirány ismerte ennek a betegségnek halálos kimenetelét, ezért választotta Kalawao-t a betegek temetőjének. A betegeket Honolulu-ból vitték hajóval a félsziget partja közelébe (kikötő nem volt), itt a tengerbe döntötték ezeket a szerencsélten embereket. Sokan a vízbe fulladtak, mások elérték a szárazföldet, ahol semmiféle lakás, vagy ennivaló nem volt. Élő temetőnek nevezték a félszigetet.

64a. kép

Hawai'i

64b. kép

1870 körül néhány keresztény hittérítő érkezett a betegek gondozására, de csak rövid ideig tudták elviselni a gondozatlan körülményeket. Jöttek katolikus, mormon hittérítők. Hozták Isten vigaszát. Ekkor 60 ember volt, akinek kezük, lábuk hiányzott, mint kógyók csúsztak a láva kövek között. Másoknak az arca hiányzott, a földön könyörögtek még ívóvízért is. Sok volt a halott ember, de nem volt, aki eltemesse. Nem volt könnyű sírt ásni a lávaköveken, hiszen a lepra főleg a kezeket, lábakat és az arcot támadta meg először. Akit Kalawao-ra vittek az onnan nem jött vissza.

1873-ban Joseph De Veuster Damien (65. kép) katolikus pap érkezett egy hétre, Kalaweo-ra a dűledező templom tornyot megjavítani. (Érdekes módon ekkor fedezték fel a leprát okozó baktériumot és lepra a Hansen betegség nevet kapta.) Damien megjavította St. Filomena templomtornyát és a leprásokkal maradt. Élete végéig lelki és fizikai támogatója volt embertársainak. Házakat, templomot épített és állami segítséget szerzett betegjeinek. Damien katolikus pap legfontosabb ajándéka embertársai emberi méltóságának ápolása volt. Életét adta betegeiért. Leprában halt meg Kalaweo-ban, 49 évesen.

Az utóbbi években indult el a honolului rendek kezdemé-nyezésére a Vatikán Szentszék felé a kéredelem Damien atya szenté avatására. Elfogadta a Szentszék. A Hawaii kűldöttség Rómában, imáival kisérte az eseményt (66. kép). Damien halála után Marienne Cope franciskán rendi apáca vette át a leprás betegek gondozását.

Mihály Márta

65. kép

66. kép

Honolulu és Hawai'i nagy elismeréssel adózik Damien atyának, igen szép szobor őrzi emlékét a belvárosban.

Az 1940-es években a kénes-antibiotikum kezelés, meggyógyította a betegeket, 1960-tól a lepra nem volt fertőző betegség. Kalaupapa félszigeten 1969-ben szűnt meg az elzártság. 38-40 körül van a kezelt betegek száma, 62-90 éves korig, akik önként a telepen maradtak. Tökéletes ellátást és gondozást kapnak. Nemzeti Történelmi Park lett a terület, a lepra negyed látogatása csak szervezett, erre hivatott emberek közremöködésével lehetséges.

A betegséget kínai eredetünek nyílvánították Honolulu-ban, mert legelőbb rajtuk fedezték fel. Ez téves, a betegség európai eredetű, ahogy később kiderült.

Hawai'i

A hawai'i szigetek leprás betegeinek elbírálása és kezelési módja, ahogy láttuk, a 19. században nem sokat változott a középkori európaitól. Talán érdemes megemlékeznünk arról, hogy a középkorban a leprás embert halottnak nyílvánították, a temetési szertartást is elvégezték, a temetőben a kiásott sírhely mellett. Feketébe őltöztetve térdelt a szegény beteg ember a sírhalma szélén, miközben a gyásznép földet dobált rá és betegségét Isten csapásának, állapotát pedig tisztátalannak mondották. Vagyonát elörökölték a rokonok.

A jobb módúaknak lehetőségük volt gondoztatni magukat, de a szegények az utcák kóborlói és koldusai lettek. Fekete ruhában, csengőkkel a nyakukon, bottal a kezükben (csak azzal nyúlhattak másokhoz, vagy máshoz) élték le sanyarú életüket. Ezeknek váltak ápolóikká a szerzetes rendek.

Igen érdekes és magas endemizmusa végett jól őrzött a Kamakou Rezervátum. Legmagasabb pontja 1800 m. Növényzetének több, mint 85 % endemikus, itt lakik a -pueo- a hawai'i bagoly (67. kép). Csodálatos a parti Mo'omomi Rezervátum (68. Kép) hatalmas fehér homokbuckák övezete. Csak lóháton közelíthető meg. Ezek nem alkalmasak úszásra, de Hawai'i legszebb partvidékeként emlegetik.

67. kép

Mihály Márta

Molokai szigeten van a második legnagyobb -Ili'ili'opae Heiau-, imaház. Hatalmas, érdekes, futbalpálya méretű komplikált köépitmény. Természetesen a terület szentnek vélt, nem régen nyították meg látogatóknak. Sajnos nem láttam, látogatásom alatt zárt terület volt. Ebben az imaházban gyakori volt emberi áldozat. Itt tanították a papjaikat (kahunas) is.

A nyugati része a szigetnek nem olyan magas (500 m körül), szárazabb, dombos, és lapos völgyekkel tűzdelt. A déli partok korállzátonnyokkal szegélyezettek. Érdekes látnivaló a Moloka-i Ranch. 25 ezer hektáron több, mint ezer ritka, főleg szabadon futó afrikai állat látható. A vállalkozás sikeres. A szaporulatot állatkerteknek adják el.

Különlegesen csendes, békés és hawai'il hangulatú sziget, sajnos magas a munkanélküliség (15%). Ez megnehezití a hawai'i-hagyományok ápolását. Remélem megtalálják a mególdást.

68. kép

XXXIV.

Kauai sziget

A sziget adminisztrációs központ Lihu'e (13a,b. ábra), hossza 53 km, szélessége 40 km. Legmagasabb pontja 1700 m. Kert szigetnek becézik, valóban tele van a sziget gyéren lakott része gyönyörű kertekkel. Ez a sziget a botanikus kertek hazája. A legészakíbb és a legöregebb a lakott szigetek között. Korát 6-8 millió évesnek vélik. A szigetet egy hatalmas vulkán építette, mely kihalt 6-7 millió évvel ezelőtt.

Úgy gondolják, hogy erre a szigetre érkeztek az őslakók legelőbb, talán néhány évszázaddal Kr. előtt, valószínüleg előbb a Marqesas, később a Tahiti-ből.

Igen különbözik a többi szigetektől, mert lakossága teljesen hawai'i szellemű. Ragaszkodnak a régi tradiciókhoz és ellenségei a modern turista, kommerciális életmód minden megjelenésének. Nincsenek felhőkarcolók, nagy szállodák. Sem túrista szórakozó helyek. A divat egyszerű feketete trikó, jó humorral ráfestve, hogy, éjszakai élet (night life). Összesen 70,000 a sziget lakossága.

Mihály Márta

Nagy élmény meglátogatni a Nemzeti Botanikus Kertet. A szigeten az épűletek nem lehetnek magasabbak, mint a környező pálmafák. Nincsenek autóforgalmi lámpák. 97 % a szigetnek nem lakott, parkokkal telített. Nyugalmas, szép sziget.

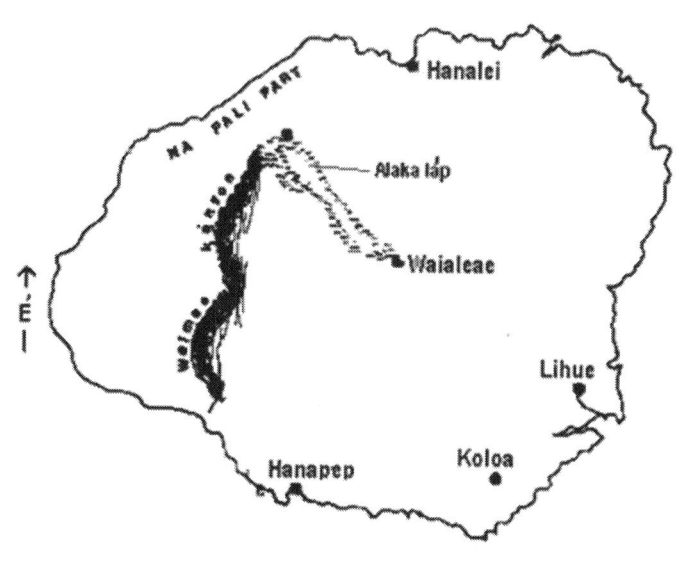

13a. ábra

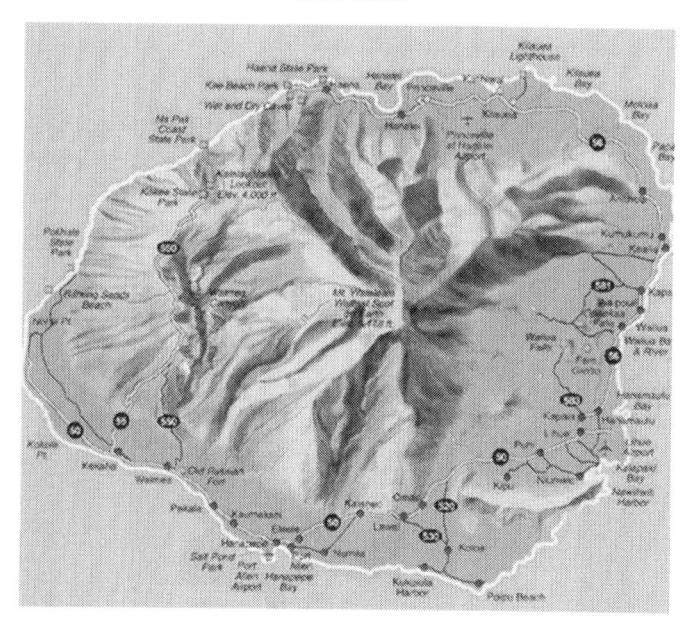

13b. ábra

Hawai'i

Magas a csapadék a szigeten, Wai'ale'ale öreg tűzhányó hegy évi esője több, mint 15 méter. Ez a hegyvidék a világ legnedvesebb esőerdője. Tele van endemikus növényekkel és állatokkal. Nagy része ismeretlen a lehetetlen megközelítés miatt. Természetesen ez a sok csapadék az évmilliók során számtalan és hatalmas szakadékot, kopást és fantasztikus kőformációkat teremtett a szigeten.

Ezt a sziget észak-nyugati partvidéke mutatja legjobban, 6-8 évmilliók eróziós formációival. Ez a Na Pali 20-25 km-es parti hegyláncolat (70. kép). Csak a tengerről, csónakból bíztonságos a kirándulás. A merész és kiváló hegymászók gyalog is tapasztalhatják a parthoz közeli ösvényeken, a 25- km felejthetetlen partvidék szépségét. Bizonyosan egy életre szóló, leírhatatlan élmény. Találkozás a vad kecskékkel nem ritka eset. Én ezeket csak a hajóról láttam. Hihetetlen hegyformációkat emeletes, erős kékhullámok nyaldossák. Igencsak dobálózott a csónak, jó adag tengeribetegség elleni tablettát ettem.

70. Kép

Waimea Kányonban (71. kép) feltétlenül igaz a mondás, mely szerint az idő mélyíti és szépíti a vonásokat, mert ezek az erősen bevájt, óriás kányonok sajátosan kauai-vá teszik a sziget leírhatatlanul szép partjait és elkopott vulkánikus hegycsúcsait.

Szinte misztikusnak tűnő, kivájt hegyoldalak emelkednek ki a völgyekből. Roppant színesek, gazdag vonalú, félelmetesnek tetsző, meredek, lekopott csúcsok. Ilyen a világhírü Waimea kányon.

71. kép

Képzeletemben ősi kantáták visszhangzottak a hatalmas, élesen kimosódott, óriás hegyormok közül. A melléket kép nem mutathatja igazi szépségét ennek a völgynek, de joggal hívják szikláit a kauaui Nagy Kányonnak. Az igazán vakmerők gyalogosan csodálhatják a kányon szép trópusi völgyeit (Kalalau). Meredek sziklafalak, elrejtett barlangok és ismeretlen, csendes vízesések várják a merész felfedezőt. Mindkettőt, a Waimea kányont és a Na Pali partvonalat az ősi vulkán iker csúcsaira zúduló eső vájt ki. Ez természetesen napjainkban is mélyíti a völgyeket. Sok helyen 10-15 m az évi csapadék.

Észak-nyugaton, a tűzhányó csúcs fennsíkján terül el a híres Alakai láp (72. kép), ahol a legritkább élőlények gazdag gyűjte-ménye található. Ide csak az igen gyakorlott hegymászók jutnak el. Az évi csapadék on lápon 13–14 m. Nem régen két botanikus vesztette el életét, a meghatározatlan mélységű iszapban.

A kert szigetének becézik Kauai-t. Ráillik ez a név, különösen az északi partok buja növényzetére, és a virágokkal szegélyezett utcáira. Itt

Hawai'i

van a nemzeti botanikus kert is, és számtalan kisebb-nagyobb virág, kávé űltetvénnyel tűzdelt a sziget. Ilyen például az Olu Pua ültetvény, ahol több, mint 130 féle hibiszkuszt növ-esztenek.

72. kép

Hanalei, az eldugott falucska (450 lakósával) a sziget északi partján, híres szépségéről és féltve őrzött ősi, hawai'i hagyomá-nyairól.

Természetesen errefelé vannak a kiterjedt taróültetvények, hawai'i zöldséges kertjei is. A vidék szépségét elárulja az a tény, hogy ez vidék a legkedveltebb helye a hollywood-i fílmgyártóknak. Például a Luhamai völgy a színhelye a South Pacific c. fílmnek. A Na Pali erdeiben készűltek a King Kong és Jurassic Park dús növényzetű és vadont ábrázoló felvételei is. Természetesen a valóságban sokkal szebb a vidék, mint a fílmen.

1992-ben az Iniki nevü nagy, forró égövi ciklon (hurrikán) 6 óra alatt végig pusztította a szigetet. A 270 km óránkénti sebességű szél hatalmas károkat okozott. Ennek nyomait láttam 1993-ban. Szerencsére ma már előre jelzik a víhart így emberéletben nem esett kár. A szorgalmas újjáépítő munkálatokkal lassan felépűl a sziget.

A hawai'i mondák szerint a Luhamai völgyben született a szivárvány. Egy idegen látogató, Ka'ne'loa fílclepedőt (*tapa*) húzott ki a tengerből és a közeli Namolokama beömlő vízesés tavába dobta. Ott a –

kapa-, illetve a rostokból készült fílcnek a színei szétfolytak. A piros, narancs, sárga, zöld, kék, indigó, lila és szurke színeket a víz szétcsapkodta és ezek ívesen, szivárványként szétterültek az egekben.

A szigetek építkezési törvényei szerint az épületek nem lehetnek magasabbak, mint a pálmafák. Nincs közlekedési lámpa. Ez a törvény megőrízte a sziget kertjeit és szép parkjait. Igen megszerettem a sziget csendjét és gyönyörű kertjeit.

XXXIV.

Lanai sziget

Ezen a szigeten (14. ábra) volt a világ legnagyobb ananász ültetvénye. Hossza 60, szélessége 20 km, 85 % magántulajdon. Castle és Cook a sziget tulajdonosa, melynek Dole társaság a fiók vállalata. A sziget területének 20-22 %-a ültetvény, összesen 6-7,000 hold, nagyjából 500 m tengerszínt felett. Lanai City (73. kép) a sziget fővárosa. Ezt hívták a világ legkorszerűbb munkásvárosának. Lakossága 3,500. A sziget legmegassabb pontja, a Lanaihale hegy, 1026 m (74. Kép).

Több, igen elegáns és drága szállodája van, mint például a Four eason (75. kép). -company store- (76. Kép). Errefelé csendes a lakosság életmódja, de semmi korszerü felszerelésben, ennivalóban, vagy ruhában nem volt hiányuk. Csak kövesútak vannak. Lóháton és dzsippel közlekednek. A sziget partjai legnagyobb részben feltáratlanok. Kikötője Kaumalapau. Innen szállították az ananászt a honolului konzervgyárgyba, vagy nagy hűtőberendezésekkel ellátott

Mihály Márta

tengeri teherhajók vitték ezt a finom gyümölcsöt világszerte. A sziget sorsa, lakóinak élete horribilis változáson ment keresztűl.

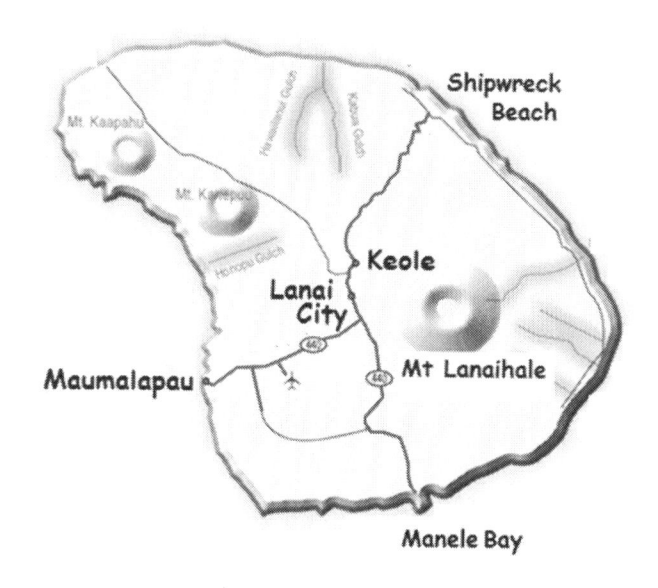

14. ábra

73. kép

Hawai'i

74. ábra

75. kép

Az elkövetkező fejezetben szeretném megvilágítani, hogy milyen módon váltak igen gazdaggá szép számmal, akik nem éppen emberileg elfogadható viselkedésükkel megbúktatták a Hawai'I Királyságot, kitaszították a hawai'i népet földjeikből, a hittérítés lehetőségeit saját meggazdagodásukra fordították. A Lanai sziget tulajdonjoga erre a tevékenységre egy tökéletes példa.

76. kép

Lanai sziget Maui-hoz tartózott, a XV. században érkeztek az első bennszülött lakósok, akik halásztak a partokon, később taro-t növesztettek a sziget belső, gazdag, nedvesebb vulkánikus talaján.

1779-ben C. Clarke, Cook's kapitánya látta meg a szigete először, aztán, majd 100 évig, nem hallottunk látogatóról. Az 1870-es években az amerikai kalandor, fegyvercsempész, elítélt bűnöző, mormon misszióssá vált tengerészkapitány Walter M. Gibson szerzi (?) meg Lanai tulajdonjogát. Személyiségére jellemző, hogy a szigeten Mormon Koloniát alapított (adómentes és igen divatos volt a hittérítés ekkorában). Végül is menekűlnie kellett Hawai'i-ból, hogy a sok gyalázatos tette miatt életét megmenthesse.

Ezután Lanai szigetet az "ananász király" James D. Dole vásárolta meg. Az unokatestvére Samphor B. Dole kormányzósága alatt, tagja volt az összesküvő csoportnak, mely megdöntötte Liliokulani úralmát, a Hawai'I Királyságot.

James. D. Dole vállatának vezetése 1985-ben David Howard Murdock kezébe kerűl. Végűl is 2003-ban Murdock megvásárolja a Dole vállalatot és ezzel a sziget 88 %-a a tulajdonává válik.

Murdock, mint romboló földgazda kezdi működését. A szép és értékes történelmi Lanai város, 70.kép (Dole építette, modern otthona volt több ezer ananász termelő munkásainak) csak úgy menekült meg a pusztúlástól, hogy US Nemzeti Örökséggé vált. Murdock-ra jellemző, hogy teljesen életképes vállalatokat vásárol fel, azokat jó haszonért szétszedi és a munkásokat az útcára dobja. A Carolina állam történetében arról nevezetes az üzleti vállalkozása, hogy a legnagyobb számú munkást tett egy vállatból az utcára.

2012-ben Lanai tulajdonjoga átszállt Larry Ellison-ra, aki az Oracle Vállalat tulajdonosa. Ezen a ponton a sziget már teljesen a gazdagok játszótere lett. Üres, vizet szivacsszerűen beszívó fűfajokkal és a helyi napsugár elpárologtató erejével fenntartott lukszus golfkurzusokkal, művész–ékszerboltokkal, hihetetlenül drága szállodákkal ($330-750/ napi, internet, 2013, 71. Kép, Four Season) várja a gazdag golfozókat. Ez az ár csak a szálloda!

2011 okt. 5-én volt a tárgyalás az új tulajdonos, Oracle vállalat és a szigeten élő, munkanélkűl maradt emberek (3000 körül) sorsáról, akik munka nélkűl maradtak, azután, hogy Murdock megvette a szigetet. Az ott dolgozó három ezer ananász űltetvény munkásainak sorsáról nem írtak. Ez megint igen jellemző példája a hawai'i szigetek teljes kisajátításának.

Ezek dolgozó emberek, állandó munkát, gazdaságos lakáskörűlményeket, szabad halász-vadászati jogot, mezőgazdálkodási lehetőséget és több más életkörülményeikhez helyileg fontos, hawai'i tradiciók megtartását óhajtják. A sziget hivatalos árát nem ismerjük, de a szakértők $600 milló-ról beszélnek.

Reménykedem, hogy Oracle vállalat nem teszi golfkurzussá a gyönyörű partokat és a 3000 embernek otthona lesz Lanai szigeten, megtermelheti-halászhatja napi kenyerét és a sziget eredetisége sem vész el.

A sziget északi partvidéken hires a szél-viz alkotta köszobrok eredetisége. Ezrével állnak a majd sivatagi, száraz talajon, várják a látogatókat, hiszen a hawai'i-ak szerint az isteneik alkották ezeket, az Istenek Kertjének nevezik. Tanácsos estefelé látogatni ezt a gyönyörű kertet, mely sokszor a Hold felszínére hasonlít, ilyenkor a nyugvó nap előcsalogatja a szobrok kőzeteinek fantasztikus színeit. Természetvédelmi területe a szigetnek a Kanepu'u Rezervátum, 460 hold. Itt találjuk a legnagyobb szárazságot tűrő erdőt, 48 endemikus fajtával büszkélkedhet Lahaina. Sajnos ezek sorsáról nem hallottam.

A tenger kiszámithatatlan erejéről és a korall veszedelmes természetéről tanuskodik a neves hajótöröttek partvidéke. Itt ősi települések voltak, a romokat itt-ott láthatjuk, de jelenlétükrők a hátrahagyott, igen kifejező köpetroglifák tanuskodnak (Kr.u.300-900). Több elakadt, félrefordúlt hajók, csónakok romjai láthatók. A part itt nem úszó hely, utóval homokra menni nem tanácsos. Egy-egy "kacér" hullám hamar csónakká varázsolja az autót. Láttam ilyesmit!

A sziget déli része egy bájos legendával kapcsolatos. A féltékeny halászlegény gyönyörű feleségét Pehe-t otthonhagyta, amig a sziget másik óldalán dolgozott. Közben egy hatalmas vihar a tengerbe sodorta házát, felségével együtt. A bánatos férj halott feleségét a sziget kiálló csücskére, Pu'u Pehe-re, Szerelmesek Kövére helyezte és bánatában a tengerbe ugrott. Állítólag a két szerelmes halottnak formáját láthatjuk a vizben.

Nem messze innen, a déli oldalon gazdag köpetroglifákat (Luahiwa) láthatunk. Sajnos a tengeri erózió igen kegyetlen, lassan leradírozza a vonalakat.

XXXVI.

Kaho'olawe sziget

A lakott szigetek közé soroltam Kaho'olawe-t, a valóságban manapság csak régi maradványok vannak a szigeten. Évtizedeken át katonai lőtérként használták. Kis sziget (15. ábra), hossza 16 km. Magányos szigetnek becézik. Legmagasabb pontja csak 390 m. Éghajlata száraz. A parti ásatások régi településekre utalnak. Pillanatnyilag a sziget használatlan, mert katonai éleslövészeti gyakorlótér volt a 40-80-as évekig. A katonaság nem takarította fel a veszélyes maradványokat (77. Kép).

Éles a vita az 1970-es évektől az amerikai állam és a bennszülöttek között a sziget kisajátítása és használata miatt. A hawai'iak úgy gondolják, hogy a sziget a hawai'i nép tulajdona és visszakövetelik a területet, főleg saját, vállásos és törzsi összejöveteleikre.

Többszösen próbálkoztak a hawai'iak a szigetre menni, a partvidéken le is telepedtek, de nagyok a robbanás veszélyek. A szigetfoglalókat letartóztatták, mert megszegték a "Veszély. Tiltott terület. Éles lőszer. Belépés csak engedéllyel." állami és katonai tilalmat (78. kép).

Mihály Márta

A hawai'i-ak jogos tűntetése tovább folyik (79. kép). Ez a törvénytelen lépés is alátámasztja a hawai-i-ak önállóságának jogait és földjeinek elrablását.

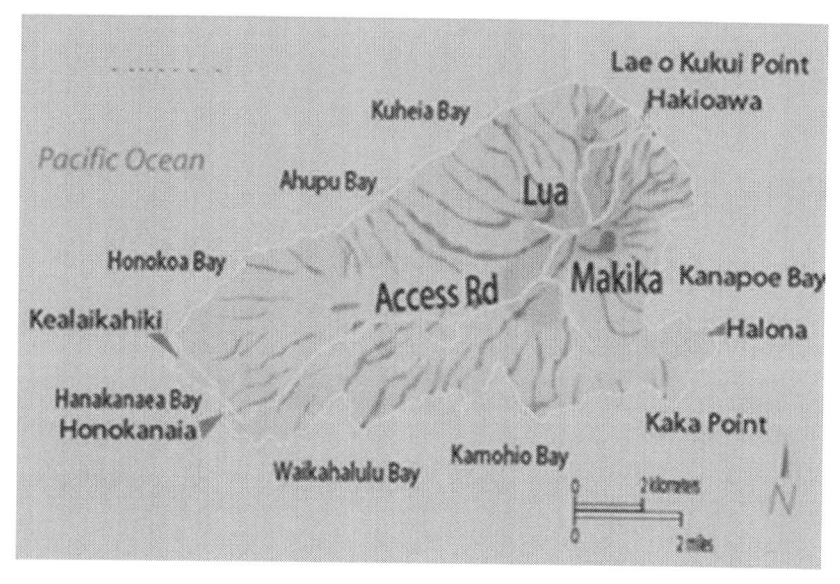

15. ábra

77. kép

Hawai'i

78. kép

79. kép

Talán érdemes visszapillantanunk a sziget múltjára és sorsára. Ez egyben megvilágítja a hawai'i-ak elmúlt 50 év függetlenségi és földtulajdon küzdelmeit az amerikai katonasággal és kormánnyal szemben.

A hawai'i-ak több, mint ezer évvel ezelőtt a szigeten laktak, halásztak és zöldséget termeltek. A mai napig is több -heiaus- (köimaszentély) szétlött romja tanuskodik erről. Ezekben képezték papjaikat (kahunas). A fehérek megérkezése után, a sziget bőrtön lett, a tolvajok és rablók otthonává fejlődött, akiket ideszállítottak Maui-ból.

R.C. Willie, a sziget tulajdonosaitól (A. MacPhee és Harry Baldwin) "megvette" a sziget egy részét és szerencsét próbáltak juhok tenyésztésével. A legeltetés tönkretette a talajokat.

A második világháború idején Baldwin (résztulajdonos?) és MacPhee egy kis területet a US katonaságnak adott (mennyiért ?) gyakorló térnek. A szerződés anyagi hátterét és tulajdonjogát nem ismerjük. Tekintetnélkűl a sziget érzékeny kúltúrális örökségére és agyon legeltett, gyenge termőhelyi viszonyaira a terület éleslövészeti gyakorló tereppé változott. A második világháború alatt a katonaság teljesen kisajátította a szigetet. Természetesen katonai módra, az összes katonai szemetet otthagyták. Veszélyes hely!

1976-ban a hawai'i lakosok megalakították Védd Kaho'olawe Földjét (Protect Halo'olawe 'Ohana) és elidítottak egy erős és komoly hadjáratot a sziget megmentéséért a bombázásoktól és természetesen követelték a föld visszaadását a hawai'i népnek. Sok tűntetés, illegális szigetelfoglalási "merénylet" zajlott le. Ennek dacára az 1980-es években Amerika felajánlotta Kaho'olawe szigetet pártfogó államainak, mint bombázó gyakorlati teret. Nagy volt a vilag felháborodása, már, akik tudtak róla. Természetvédő lígák serege Angliából, Ausztráliából, Új Zealand és Japánból tíltakoztak e kegyetlen akció ellen. Elhalasztották a határozatot, de helyi katonaság továbbra is gyakorlott a szigeten.

A fenti líga beperelte az amerikai államot, követelte a sziget visszaadását kúltúrális, tanulmányi, vallásos, tudományos és régészeti kutatások céljaira. 1993-ban a US Kongresszus betíltotta katonai gyakorlatokat és $400 milliót szavazott meg a sziget 10 éves feltisztítására. 1994-ben a szigetet a Hawai'i államhoz csatolták.

A pénz elfogyott, a 10 éves tísztítási időszak lejárt, de a szigetet csak

Hawai'i

komoly biztonsági ellenőrzéssel lehet látogatni. A környező tengerpart kölönösen veszélyes. Havonta bennszülött csoportok látogatnak oda, keresik isteneiket, elődeik otthonát és szétlövőldözött templomaikat.

Ismerjük saját kanadai történelmünkből (Első Nemzetünk földtulajdon jogai), hogy furcsa dolgok történnek, amikor az eltulajdonított földek jogosságát, vagy vízjogait keressük. Nem találtam korábban megjelent irodalmi hagyatékot, azt mondták elfogyott és már nem is kapható. Bővebb felvilágosításért talán a Bishop Múzeum a legjobb forrás.

Mihály Márta

XXXVII.

Hawai'i A "Nagy sziget"

Hawai'i-t a helyiek "Nagysziget"-nek hívják (16. ábra). Területe kéthar-mada az összes szigetek területének. Pillanatnyi hossza 150 km, szélessége 122. Lakossága 150 ezer. A sziget székhelye Hilo.

16. ábra

Hawai'i

Ez a legfiatalabb sziget, kora mindössze 0.9 millió évtől napjainkig. Öt vulkán építette, illetve építi a szigetet (17. ábra). A legmagasabb káter Mauna Kea (4205 m, 80. kép), Mauna Loa (4169 m, 81. kép), Hualala (2521 m) Kohala (1670 m) és Kilauea (1300 m, 82. kép). Hualala, Kilauea és Mauna Loa aktiv tűzhányók, magasságuk változó.

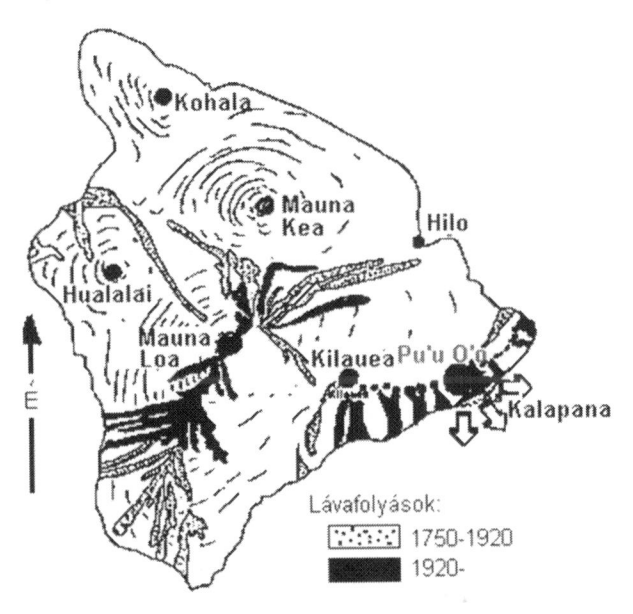

17. ábra

80. kép.

Mihály Márta

81. kép.

82. kép

Szigeti kirándulásaink során megérkeztünk a földalkotás játéka-inak csodálatos színpadára, a Hawai'i szigetre. Jelenlegi területe 4045 négyzet mérföld, de mérete minden percben növekedik és pusztúl. Itt püfög, füstöl, sistereg, gőzölög a világ egyik legbuzgóbb vulkánja, Kilauea és válltüzhányója Pu'u O'o (83. kép). 1983 óta megállás nélkül ömleszti a forró lávát.

Hawai'i

83. kép

2010-ben két válltűzhányó társúlt a régihez. Ezek növelik a kiömlesztett láva mennyiségét, mindent púsztítanak útjukban és valószínűleg megváltoztatták az atmoszférikus gázok vegyi összetételét is. Ezen a szigeten születik mindennap, minden percben, folytonosan az új föld, *Terra Nova* (84. kép).

84. kép

A sziget idősebb észak óldala, Kohala és környéke (1 millió éves körűli) Papelekoki tűzhányó (3490 m) munkája volt. Ez már kihalt. Közelében (10-20 km), talán a vállán Mauna Kea (4205 m) folytatta a hegyépítést vulkánjával. Vagy 80 km-re délre Mauna Loa tűzhányó

(4169 m) ömleszti láváját a tenger felé. Jó 10 km-re a kráterétől, müködése alatt felépítette a Kén Dombot (Sulphur Cone, 3453 m) a neves Kau Sivatag közepén. Természetesen a láva elérte a tengert, hatalmas terméketlen, száraz lávával borított területeket alkotott.

A működő tüzhány viselkedése igen változó, időnként száz méterekre löveli izzó láváját, máskor néma csendben tonna számra bugyogtatja repedéseiből a folyékony vöröskövet. Hömpölygő lávanyelvek futnak a kráter oldalán, nyomukban égetnek minden élőt és élettelent (85. kép). Idővel sisteregve, robbanó gőztornyok között, mint egy vörös kigyó, a tengerbe rohan az izzó láva. Éjszaka látható igazán a kígyózó láva.

85. kép

A vízben a láva felülete lehűl és nagy vörös, ízzóbelsejű, párnaformáju salakként gördül a tenger mélyébe. Körülötte forr a víz, sisteregve sűvölt a gőz, remeg a part, menekűlnek a tenger ijedt lakói.

A hawai'i egyetemen több tárgyat hallgattam, hogy megismerkedjem a szigetek sajátosságaival. Roppant szerencsém volt, mert az egyik előadás kezdetén berobogott egy fiatal professzor, mezitláb, foltos rövidnadrággal, viseltes trikkóban. Hibásan, előítélettel gondoltam, hogy vajjon mi is lesz ebből?

Hawai'i

Soha ilyen eredeti előadást a tengerbe ömlő, víz alatti lávárol nem láttam. Nagy élmény maradt. A kolléga a saját felvételeit mutatta, amint a forró párnaszerű lávák és a cikázó tüzek között mozgott, fényképezett. Láthattuk, ahogy mellette a lángoló lávadarabok sisteregtek és a mély tengerbe gúrúltak. Speciális öltözéket viselt és arca most is hullámzott a lelkesedéstől. Túlélte és tapasztalta, ez volt az álma. Igazi, élő előadás volt!

Ha a szárazföldön ömlik ki a láva, akkor ott kihül és megszületik a teljesen új szárazföld. Az utolsó 30 évben több, mint 380 hold új földdel gazdagodott a sziget évente, plusz a tengeralatti mérhetetlen területek is számottevőek. De, nem mérhetjük meg az építkezés ideje alatti kopást, így a valós növekedést sem.

A sziget dél-keleti oldala a két magas tüzhányó eső árnyékában van. Ez száraz vidék, néha sivatagszerüen kevés a csapadék (86. kép). Az észak-nyugati fekvésű területek rendszerint igen esősek (87. kép). Sok helyen 10-15 m az évi csapadék.

86. kép

Mauna Kea kihalt tűzhányó havas teteje és óriás mérete jól látható a tengerparti strandról. Kihalt tüzhányó hegyóriás magasságával és tömegével dominálja a Hawai'i szigetet. Hilo város központjából reggelente, szabadszemmel jól látható e szép hegyóriás (88. kép). Teteje nem szabdalt, mert a magassága miatt igen száraz és ezért a vízerózió minimális, nincsenek nagy kimosott szakadékok, mint a többi öreg vulkán tetején. Magassága 4205 m, ez a legmagasabb a hawai'i hegyláncolatban, de talán az egész világon, mivel a tenger mélysége e dómvulkán körül több, mint 13,000 m.

87. kép

A teteje a téli hónapokba hóval fedett, ezért nevezik a hawai'i-ak fehér hegynek. 3,500 évvel ezelőtt működött utóljára. A Jégkorszak, 15-16 ezer éve, egy eljegesedett jégréteget hagyott a kráter tetején. Itt állandó az eljegesedés és ez a hegy tetején lévő Waiau tó (4,200 m magasan) táplálója.

A csúcson korábbi eljegesedés nyomai láthatók. Az állandó jégréteg kb. 40 cm mélyen található a csúcsot betakaró vulkánikus hamú alatt. Alig vártuk, hogy megláthassuk ezt a krátert.

Rövid 2 óra alatt szinte Mauna Kea tetején lehettünk volna autóval. Érdekes és szép volt az út. A parti pálmák közül, az orchidea

Hawai'i

kerteken, trópusi gyümőlcsösökön és az esőerdökön keresztül hamarosan a magas alpesi cserjések között utaztunk. Mögöttünk maradtak a bokrok és helyüket a füvespuszták vették át.

88. kép

2830 m magasságnál elágazik az út, balra a Mauna Kea Jégkorszak Természetes Védelmi Területére, vagy jobbra, a Nemzetközi Onizuka Astrológia Intézetébe (3100 m, 89. kép). Mi balra fordúltunk. Megálltunk, az út szélén letelepedtünk, gyömőlcsöt ettünk, ittunk és természetesen jegyzeteinkkel egy jó körsétát másztunk. Hatalmas kögörgetegek, hamúfolyások, öreg lávaformációk között bújkáltak a bennszülött növények, a szél és erős napsűtés, éjszakai fagyos szellek elől (90. kép. Áfonyabokrok szorosan ölelgették az ormótlan, kopott lávaköveket. Egy érdekes útilapú félességet lengetett a szél a sánc másik óldalán. Nem tudtam odamenni.

Egyre emelkedett az út, elfogytak a füvek. Itt-ott a nagy láva kövek tövében néhány apró bokor sanyargott. Egy hatalmas kö tövében hawaii muskátli (*Geranium cuneatum*) pici fehér virágjait levelei közé dugdosta. A keskeny és igen rossz út-szerűúton (néha csak sejtettük az úttestet) a hold felszínére emlékeztető, csóré lávahamu és kögörgetegek sivatagi világába érkezünk. Megállt az autónk! (91. kép). Nem sikerűlt a csúcsra jutnunk, mert az autónk nem kapott elég okszigént. Leállt, nem reklamálhattunk, mert a bérlő nem ajánlotta ezt az útat a rossz körűlmények miatt. Talán erre állították az autógyújtását! Nagy gond volt megfordúlni és lefelé, mind ahogy lenni szokott még rosszabb volt az út. Az autót nem hagyhattuk ott, de nem igen vállalkoztunk a sok kilometeres gyaloglásra. A csillagviszgáló (92. kép) megtekintését elhalasztottuk.

89. kép

90. kép

Hawai'i

91. kép

92. kép

Dacára az erős szeleknek, hidegnek és csupasz kögörgetegeknek itt is van élet. Selyemmel bélelt lyukjában áldozatra várakozik a Mauna Kea-i pók, ritka algák színesre festik a havat és az újjonan felfedezett –*wekiu*- bogarak fürgén vadászgatnak a kövek alatt. Az itt élő növények, rovarok és madarak legtöbbjét nem találjuk sehol máshol a világon.

Mihály Márta

Elmondhatjuk, hogy Mauna Kea "lélegzik ". Érdekes jelenséget figyeltek meg a geológusok, miközben kutatásaik alkalmával a csúcs közelében lyukakat fúrtak. A lyúkakban levegő szívárgást észleltek, ez két irányú mozgást mutat. A száraz levegőt (ebben a magasságban csak 3-5 %-os a páratartalom, és elenyészően kevés a csapadék) szinte beszívja a hegycsúcs a porózus nyílásokon és később majd 100 %-os páratartalmú levegőt "lélegzik " ki. Arra gondolnak, hogy a hegy belseje még nem hűlt ki az utolsó kitörés (néhány ezer évvel ezelőtt) óta. Az ott lévő hő felolvasztja az állandó jégréteget és a felszabadult víz megtelíti a száraz levegőt nedvességgel. Ezt a levegőt fujja ki a hegy, ahogy "lélegzik". A hawai'i-ak ősi kőhalmaz bálványai mellett a modern ember is nyomott hagy Mauna Kea csúcsán. Az útról jobban láttuk a csillag és atmoszférikus változásokat vizsgáló tornyokat. A hawai'i egyetem 0.6 m, a NASA 3 m, kanadai-francia-hawai'i 3.6 m és az angliai 3.8 m átméröjü lencse teleszkópjai és néhány más csillagászattani intézet kutatófelszereléseit találjuk itt.

A légköri viszonyok tökéletesek az égbolt vizsgálatára. A tiszta éjszakák száma magas, 68 %. A levegő mozgás a csúcson egyenletes, tehát a képek nem torzítottak. Mivel települések nincsenek a közelben, ezért Mauna Kea éjszakái a legsötétebbek. Ez lehetővé teszi a távoli és kisebb égitestek megfigyelését is. A levegő páratartalma a csúcson alacsony (3-5 %), ez tisztává, illetve átlátszóvá teszi a levegöt, így az infravörös hullámok könnyen áthatolnak rajta.

Nemcsak a növény és állatvilág megkapó szépsége és érdekes-sége, hanem a Kö-korszak-ban illő hawai'i tevékenységek is sok titkot rejtegetnek Mauna Kea-n. Az őslakók feljártak a csúcsra. Nem messze a csúcstól egy köbánya van, ahol köszerszámaikhoz kemény, megkövesedett lávát bányásztak. Itt barlangokra és emberi csontmaradványokra találtak. Az utóbbi igen ritka, mert a hawai'i-ak gondosan elrejtették halottaikat. Több ősi szerszámot is felfedeztek. Az ösvényeiket a visszamaradt köbálványok jelzík.

Az alacsonyabban fekvő barlangok a vallásos szertartásokon kivül az öshawai'iak vadászkunyhói is voltak. Ezekben tanyáztak a királyi madarászok, akik a tollpalástok és istenségek fejszobrainak befödéséhez szükséges színpompás madarak tollait gyűjtötték. A madarakat megfogták, tollait megtépték és azután szabadon engedték. Természetesen sok madár legyengűlt és életét vesztette, sérülés, majd későbbi fertözés miatt.

Meghatottak ezek az ősi oltár maradványok ennek a hatalmas hegyóriásnak az oldalán. Elnézegettem a levelekbe csomagolt gyümölcsöt, vagy érdekes formáju ködarabokat. Ezek elárulták, hogy nemrégen valaki arrajárt és ajándékot ajánlott fel Poliahu-nak, a hóistennőjének. Én is gondolataimat az oltárra, a kövek közé rejtettem és óvatosan levelekbe csavart narancsomat mellédugtam, remélve, hogy örökké megmarad a szentély és ez a nemes szokás

50 ezer ember él Hilo –ban, a sziget fővárosában (93. kép). Bájos, régi város az eső-erdő övében van, így naponta többször bőhozamú eső hull. Ahogy előbújik a trópusi nap a nedvesség pillanatok alatt elpárolog. A város a két nagy vulkán, Mauna Loa és Mauna Kea hegyek keleti oldalán, a tengerparton, csendes öbölben fekszik. Szép, virágokkal, fákkal telí, trópusi városka.

93. kép

Gyakran veszélyezteti a lávafolyás, dagályhullám, szökőár és földrengés. Útóljára 1942-ben, majd 1960-ban öntötte el a várost Mauna Loa lávája. Mindkét alkalommal súlyos károkat okozott. 1946-ban az alaszkai földrengés, 1960-ban a chilei parti földrengés szökőhullámai seperték el a város parti részét, 61 ember vesztette életét (94 és 95.

kép). A helyi Pacific Muzeum igen részletes tájékoztatót ad.

Tsunami, (Japán szó, nagy hullám a kikötőben), nem téveszthető össze a dagályhullámmal. Ez több méter magas vízfal, a vízalatti földrengés centrumában keletkezik. Ilyenkor valahol a tengerpart közelében a földrészek egymásra csúsznak, vagy betüremlenek és ez a hatalmas geológiai torlódás nagy vízalatti zavarokat gerjeszt.

A szökőár hullámainak a természete igen változó. Sokszor egy-egy hullám a tenger felszínén 100-150 km-re van egymástól és lehetséges, hogy csak 0.5 m magas. Viszont sebességük óriási. Néha 6-800 km óránként. Szinte észrevétlenül gurulnak a tenger felszínén. Ahogy közelednek a partok és a sekélyvíz felé úgy sebességük tizedére csökken és a hullámok egymásra torlódnak. Erejük rohamosan megnő.

Attól függően, hogy a hullám teteje, vagy a völgye éri el a partot, változik a szökőár viselkedése. Ha a hullám teteje ért előbb a parthoz, akkor a szökőár kisebb, de erős csapásokkal, szinte bombázza a partot. Ha a hullám völgye kapja el a partot, akkor a hátramaradt hullám ereje messze beszívja a vízet és az erejétől függöen egyre több tenger fenék látható. A tapasztaltabbak ezt a jelet jól ismerik és azonnal magasabb területekre menekülnek. Mintegy 5-10 perces gyakorisággal, néha óránként, megjelennek a "hullám vasutak". Néha több méter magas vízfal, máskor hatalmas fodrozódó hullámok sepernek el mindent az útjukból.

Ma már korszerü figyelő állomások gondoskodnak a -tsunami- előrejelzéséről. Hilo-ban az 1960 évi nagyhullámokat egy chile-i földrengés okozta. A harmadik, 8 m magasságú hullám tette a legtöbb kárt. 15 órával a földrengés után ért Hilo-ba. Elmosta a félvárost. Útóljára 1975-ben érintette a szigeteket. Ez a partokon mindent elsepert.

Igen gyakoran, naponta többször remeg a föld Hilo-ban, hiszen közel van a tűzhányó. Szerencsére ritkán erősebb mint 5 Richter fok. Először bizony ez is ijesztő, de idővel megszokható.

Hawai'i

94. kép

95. kép

Egy juliusi éjszakán tapasztaltunk egy 5.4 fokos földrengést. Hilo-ban. Engem a rázás kidobott az ágyból. Csak a lámpák döltek fel az éjjeliszekrényen. Mire rádöbbentünk, hogy mi történt, már vége volt a földrengésnek. A tengerpartján laktunk, a negyedik emeleten. Minden közel volt. Lehetőség ajánlkozott megismerni a környék hires és nagykiterjedésű orchidea, athirium gyömbér űltetvényeit is.

Hilo város igen híres zöldség-hal és virágpiacáról (96. kép). Minden friss és a választék hatalmas. Igen sokféle zőldség és gyümőlcs részemre ismeretlen volt. Itt találkoztunk egy hőlggyel, aki sajáttermesztésű krumpliját árúsította. Darabja 1$ volt. Friss és finom. Hilo nem a krumpli hazája! Viszont 5 darab fotbalnagyságú, helyi papaya-t, mind az ötöt is 1$-ért adta. A virágok illata, színe és változatossága elbűvöli vásárlókat. Nagyon kedveltük a piacot.

96. kép

A sziget másik érdekessége a makadámia mogyoró *(Macadamia termifolia)*. z egy örökzöld ausztráliai fa faj. Termése mogyorószerű, olaj és vitamindús mag. Krém szinű és ízletes.

A legjövedelmezőbb a sziget dél-nyugati oldalán, Mauna Loa árnyékában termelt kávé. Izze kiváló, de igen drága. A környéken termelnek banánt, narancsot és papaya-t *(Carica papaya)*. Ez citromsárga, húsos belsejü (apró fekete magokkal a közepén) gyümölcs. Ize édes, citromos eperre emlékeztet. Illatos, vitaminokban

Hawai'i

igen gazdag és üditö. Juliusban sok a mango (*Mangifera sp.*) is, és avokado körte (*Persea americana*).

A várost orchidea-kertek, taro ültetvények, cukornádasok, gyümölcsösök veszik körül. Az orchidea sokszor vadon is nő, mint a gyom, sokszor még a parkolók mentén is. Szinte kelleti magát e sok, a táncosnők eleganciájára emléztető virág. Több hónapot töltöttünk Volcano –ban, az esőerdő közepén. Itt exotikus kamélia bokrok, orchideák és óriáspáfrányok díszítik a házak kertjeit.

1847-ben J. Parker massachusetts-i tengerész a Hawai'i szigeten egy marhatenyésztő tanyát létesített (Parker Ranch). Öszeszedte az elvadult marhákat, amit valamikor a királynak ajándékoztak és ezzel kezdte el a tenyészetét. Később a hawai'i királynak (Kamahameha) szépségéről híres unokáját vette el feleségül és ezzel a házassággal megnövekedett a legelő és a jószágállomány is.

Ma a hatodik generáció (Smart) örököseié ez a tanya. Az állattenyésztő központot a turisták is látogathatják. Az állat gondozás mellett a régi szép birodalmi épületek és a kincsekkel teli, európai jellegű uradalmi kastély is megtekinthető. 1862-ben épült, neve Poupelu, Találkozó hely. Itt eredeti Degas, Renoir, Pissarro festményekben gyönyörködhet a látogató. Meglepően szépek a kínai Ming porcelánok és velencei csillárok is.

Nincs hiány sem a természeti, sem a múzeális pompákban. Ez a nagy kiterjedésű trópusi legelő (több, mint 200 ezer hold), lankás üde dombjaival Kaliforniára (vagy némely része a Hargitára) emlékeztet, de csalóka a kép, mert a háttérben Mauna Kea tüzhányó havas csúcsai fehérlenek.

A völgyekben vad orchideák nőnek és bronzos bőrő, ízmos, virágos kalapu, igen jóképű, főleg portugál eredetű -paniolo-k (hawai'i cowboy-) lovagolnak a békésen legelő, kövér marhacsordák között. Több, mint 50 ezer göbölyt (kiherélt, de nem igavonó állat) nevelnek itt. Az övék a legnagyobb Hereford csorda is. A tanya melletti falu, Waimea a központja a cowboy, ló és marhatenyésztő tevékenységeknek. Ez igen fontos ipar és tekíntélyes foglalkozás is, hatalmas jövedelemmel. Igen finom és drága a friss marhapecsenyéjük.

Mihály Márta

Sok száz évvel ezelőtt a Kohala kráter keleti oldala volt a legsűrűbben lakott terület. Itt született az első hawai'i király, Kamehameha 1758-ban, azon az éjszakán, amikor a Halley üstökös keresztül síklott a hawai'i égbolton. A működő tüzhányók látták mindkét eseményt, mesélik a legendák. A színes és morajló éjszakák azóta is köznapi jelenségek ezen a hatalmas szigeten. Sok, még feltáratlan maradvány van ebben a keskeny, de sziklafalakkal erősen elzárt völgyben. Út errefele nincs, a völgy csak lóháton közelíthető meg. Fontos hawai'i települes.

A sziget nyugati és szárazabb óldalán több érdekes öreg település van. Kawaihae öböl (Pu ukohola) híres köszentélyében áldozta fel 1791-ben Kamehameha király ellenséges unokaöccsét. Ennek a - hieau- nak isteneit csak emberi áldozatok békítették ki. Híres szentély volt, mert királyuk Kamehameha építette és az itteni események jutatták a királysághoz.

1820-as évek után jöttek erre a vidékre a misszionáriusok. A Hualala kihalt tüzhányó nyugati óldalán telepitették meg a kona kávét. Ma is finom, aromatikus kávét termelnek itt.

Sok, 100 lakósnál kisebb falú, golf pályák, nyaralók és szállodák díszítik a híres Kona partot. Valamikor itt volt a mélytengeri halászat központja is. Ez a sport elvesztette régi népszerűségét a lecsökkent halállomány és az emberek természetvédelmi együttműködése miatt. Felhőkarcolók errefelé nincsenek, az épületek stílusa, elhelyezése és magassága kellemesen beleillik a pálmafák tengerparti szegélyébe.

XXXVIII.

Hawai'i vulkánikus nemzeti park

Jelentős szerepe van ennek a Parknak, mert állandó tűzhányó tevékenységével formálja és változtatja Földünk geológiai történetét és természetesen Hawai'i sziget földrajzát is. Ezért választották Világ Örökség Területnek (World Heritage Sites, 18. ábra).

A Parkban a világ két legtermékenyebb vulkánja működik: Manoa Loa (4170 m. 96. kép) és Kilauea (1250 m, 97. kép). Nagy gyakoriság-galváltozásokat szenved a környék, a tengerpart is. 2005-ben a hatalmas lávapolc, amit Manoa Loa és Kilauea tűzhányói, több évtizeden keresztül építettek, a tengerbe zuhant. A lava a törésen keresztül, tovább folyik. Szükséges megjegyeznem, hogy a vulkánok magassága változó, ez a kitörések eredménye. Nem helyesírási hiba.

A hawai'I vulkánok rendszerint nem lobbanékonyak, de 1790 és 1924-ben Kilauea hatalmas robbanások között ölte meg Keoua törzsfőnök több, mint 100 katonáját. A menekűlő lábnyomokat a kihűlt lava megőrízte.

A Park éghajlata a magassággal változik, a trópusitól az alpesi sivat-

Mihály Márta

agokig. Természetesen ez igen változatos növényvilágot teremt. Csodálatos és különleges életformákat találunk itt. A biológusok a 23 féle növénytársulást 5 nagyobb ökoszisztémába osztályozzák: alhavasi, hegyi szezonális, alhegyi szezonális, esőerdő és tengerparti szisztémák.

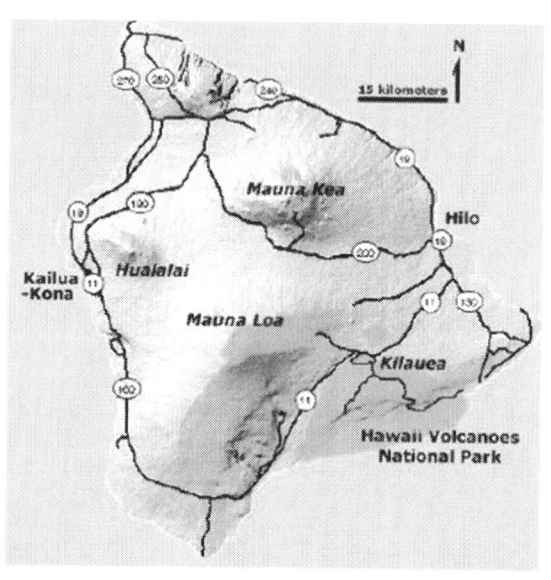

18. ábra

97. kép

Hawai'i

98. kép

Csak egy endemikus denevér él a Parkban, a bennszülött madarak ritkák. A marhatenyésztés, illetve a legeltetés és a behozott állatok (malac, kecske, patkány, mongoose, kutya) sok kárt tettek és tesznek az endemikus növény-állatvilágban.

A Parkban három útvonalon látogathatjuk meg ezt az egyedűlálló, és sajátos vulkán mezőt. Autóval a kráterek körűl, a kráterek közötti útvonalon és a Manoa útakon keresztűl. Ezek legtöbbje kerékpárral is megtehető.

A park 170,000 hold. Itt püfögnek, fűstölnek, vagy lávájukat ömlesztik mai is müködő vulkánok: Mauna Loa, Kilauea és Pu'u O'o.

A sziget többszöri látogatása, mindennap változó élményekkel gazdagított, részemre a legnagyobb élmény az új élet születése volt, az égett lávaföldeken. Csodálattal tőltött el a vulkánok ereje, a folyó tűz. Ahogy a forró, sistergő, fordúló-szökkellő lávatömegek erejét láttam, meggyőződtem, hogy a Földünk a legmozgalmasabb égitest. Hogyan is hittem, valamikor régen, hogy hat nap alatt teremtődött? Milyen szerencsések vagyunk, hogy nem ismerjük a jövendőjét.

Közel laktunk a Park bejáratához (2 km), Volcano faluban az ohiak és fapafranyok között (99a,b. kép), így gyakran voltunk a Parkba . Változatosabb, érdekesebb, vagy változóbb körűlményeket talán sehol nem láttam.

99a. kép

99b. kép

Ez a Park a tűzhányók és Pele istennő otthona, aki Haumea-nak a leánya és Wakea az apja. Pele a tüzek istennője, a hegyek alkotója, a kövek olvasztója, az erdők pusztója, a föld égetője és teremtője is,

Hawai'i

így mesélik a hawai'i legendák.Jelenleg is működő tűzhányó a geológusok számításai szerint 3 millió alatt érte el a tengerszítjét. Talán egy másik millió, vagy hosszabb idő alatt épűlt a hegyek tengerszínt feletti része. Mauna Loa a világ legnagyobb vulkánikus hegye. A tenger mélysége 5500-8000 m. a sziget alatt, plusz a vízszint feletti magasság 4530 m. Magasabb, mint Mt. Everest és tömege több, mint százszorosa Mt. Rainier-nek (US). Természetesen minden pillanatban épűl.

Hatalmas, csupasz lávamezők tanuskodnak a tűzhányó évszázados működéséről. Szép –ohia- (Metrosideros sp.) erdőket égetett ki a farönkre tekeredett forró lava. Manapság, mint boszor-kányszobrok, égetten áldogálnak, vagy kidölt törzse helyén az úttőrő páfrány hírdeti az új életet.

Igen ritkán egy-egy magasabban fekvő erdőrészt elkerűl a folyó láva. Az erdőfolt megőrzi a régi erdőt, annak élővilágát. Értékes helyek ezek a -kipuka-k, ilyen Kipuka Puaulu, Mauna Loa lávafolyásai között.

Sok órát tőltöttünk ebben az ősi erdőben, teljesen körülölelt Manoa Keaa száradozó, mérföldes lávatengere. Itt madarak énekeltek, apró virágok lengették fejüket az ösvény szélén. Életre kelt erdészlelkem! Mindent látni akartam! Igen gyorsan sötétpiros foltot fedeztem fel az erdőszélén. Hatalmas vadmálna bokrokra találtam, ezért volt sok madár arrafelé. Hatalmas (3-4 cm!) érett málnák kilója csüngött az ágakról. Megkóstoltam. Ehetetlenül savanyú volt, de gondoltam sok cukorral jó lekvárt főzök. Sikertelen volt, a cukor teljesen ehetetlenné tette a málnát.

A -kipuka- sok kellemes meglepetést tartogatott ritka, de lelkes látogatóinak. Számos bennszülött, sok ismeretlen növénnyel találkoztunk mint például a hawai'i ko'oko'olau *(Bidens hawaiiensis)* és a hawai'I málna *(Rubus hawai'iensis)*. Főleg –ohia- (Metrosideros sp.), -Koa- (Acacia koa 6. kép) szép példányokat láttunk. A helyet többször látogattuk, az erdészek igazi kincse és mennyországa.

Egy alkalommal az erdőfólt szélén, hatalmas –aa- lávagörgetegek mögött virágzó Sophora sp. bokrot láttam. Megkerűl-tem a háznagyságú köroncsot és hírtelen újvastagságú csövet fedeztem fel, ügyesen beágyazva a kövek közé. A csöben víz folydogált, ami igen csak feltűnt. A cső bekapcsolódott valahol az útmellett haladó nyílvános vízszólgálati hálózatba, ami szintén törvényellenes. Néhány méterre a csötől nagy cserepekben, elrejtve, jó félméter magasságú kender virágzott. A növényt gyermekkoromtól jól ismertem, Erdélyben növesztettük és rostjait vászonszövésre, kötelekre használtuk. No, de megváltozott a világ, Azonnal elsiettem a környékről, mert a szigeteken viszonylag könnyű és jó jövedelem a -pakolo`lonövesztése. Narkotikus elemei miatt törvényellenes. Nagy pénzek forognak veszélybe! Nem tanácsos a ``kertésszel`` találkozni. Gyorsan elutűntünk.

Moku'aweoweo kaldera a teteje Mauna Loa-nak, rossz autóút visz fel kb. 3300 méterre, onnan az erőssek és lelkesek mászhat-nak gyalog a nehéz -aa- lava szinte áthatolhatatlan görgetegein.

Manoa Loa csúcskráterének tűzijátékát Liliokulani királynő is meglátogatta, 1883-ban. Nagy érdeklődéssel követte a hegy növekedését és a környék új lávafolyásait.

Legtöbbször fagy van arrafelé. De úgy hallottam, hogy a kilátás a kaldera tetején minden fárdságot megér. Fantasztikus lehet.

A 17. ábra jól szemlélteti a tűzhányós eseményeket a Parkban. Kilauea tevékenysége itt igen kiterjedt. A tűzhányó magassága csak 1500 m, de a ez változik a kitörések gyakoriságától, a kráter helyétől és természetesen a lava mennyiségétől. Kilauea krátere Halemau'ma'u, melynek viselkedése megvilágitja a környék geológiai változásait (98. kép).

Kilauea tűzhányó hegy óldalán két hasadék van (strukturális gyengeség a megszilárdult lávarétegekben). Az egyik nyílás (rift) délnyugati irányú, Ka'u sivatag felé. A másik szakadék kelet-délkeleti, Puna-n keresztűl, a tenger irányába. Ezen a hasadékon több vulkán ömlesztette a lávát a tengerbe. Több, mint háromezer holddal növesztették a szigetet.

Ezeket a területeket Kilauea krátere Halamau'mau építette. Nézzük meg ezt a világhírű krátert egy kicsit közelebbről. Többszörösen

Hawai'i

láttam, mellette (kb. 150 méterre) ebédeltem, de mindig a legnagyobb izgalommal vártam, hogy az itt-ott füstölgő kupacok lángokat lövelnek. Érdekes, hatalmas kráter, részemre ijesztő volt.

A legenda úgy meséli, hogy Pele a tűzhányók istennője sok kergetőzés után legyőzte testvérét, Namakaokaha'i-t, a tenger istennőjét és a Halema'uma'u kráter mélyére költözött. Halema'uma'u (ház a páfrányok között -ama'uma'u-, *Nephrolepsis exaltata*, 5 kép). Ez a kráterek körüli lávaföldek első útörő páfránya.

A hawai'I vulkánok általában csendesek, de másként történt 1790 és 1924-ben. Ekkor hatalmas gőznyomás keletkezett a kráter kűrtőjében, mert víz került be a kaldera mélyébe, mely kirobbantotta a bedúgúlt kűrtőt. Ez a robbanás nagy mennyíségű kötörmeléket, félig szilárd lávatörmeléket terített széjjel.

Ez jelentősen megnövelte a kaldera átmérőjét: 360 méterről 900 méterre. Mélysége 400 m. felett volt. Tekintettel az említett sáncokra Kilauea keleti és nyugati vállain, sok esetben bizonyos távolságra a csúcskalderákból tör felszínre a láva. Ez történt 1959-ben, amikor Kilauea-Iki tűzhányó kitört (100. kép).

100. kép

Az utólsó évtizedek tűzhányói a dél-kelet irányú lávaszakadék mentén törnek a felszínre és haladnak a part felé. Útjukban mindent elégetnek.

A geológusok a Makaopuhi kráter (Kilauea *vállkráterje*) lávájában közvetlen méreseket végeztek, hét hónappal a kitörés befejezése után, 1960-ban. A megszilárdúlt lava vastagsága 6-7 m., és a hőmérséklet alatta 1064 C fok volt. A láva megszilárdúlása a kráterben lassú folyamat, mert 15 hónap alatt (1961 október) csak 10-11 m vastag volt a szilárdulás. 1967-ben 30 m vastagságúra szilárdúlt a lávató felülete. Ekkor 1140 C volt a folyós lava hőmérséklete. Ezek gondolom, hogy csak irányadó számok, hiszen nem igen tudjuk, hogy mi történik a kráter alatt.

A Nagy Szigeten a Hawai'i Vulkánikus Parkban két vulkánó működött 2010-ig. Mindkettő lapos folyású (Shield típus), nagy terjedelmű. Ez nagyobb lehetőséget adott a láva közelebbi tanúlmányozására. Gondolom, hogy az újabb kitörések több lehetőséget adnak a fenti körűlmények tanúlmányozására.

Kilauea és Pu'u O'o vállvunkánja rendületlenűl ömleszti a sziget délkeleti óldalán a forró lávávájat a tengerbe. Csak este látható igazán ez a tűzes-fűstös-szeles esemény. Néhányszor elmentünk megnézni, de nem sikerűlt közel jutnunk a sűrő köd (?) miatt.

Itt találkoztunk 2 fiatal német emberrel, akik speciális őltözékben a tengerbe csorgó lávafolyás alá álltak és fényképezték a láva csobbanásait. Állítólag nagy összeget ígért a német tv vállalat. Én nem láttam az eseményt sem a filmet. Remélem igaz!

Természetesen ezek a tűzhányók állandóan változtatják, pusztítják az útban eső környezetet, ugyanakkor növelik a sziget területét is. Több, mint 10 km-es szakaszon az autóút közepén folyt a láva, Kalapana falú közelében, miközben P'u O'o kráterje szűnet nélkűl ömlesztette és ma is pumpálja forró láváját, több, mint 30 esztendeje. Elöntötte Kalapana tengerparti kis falucskát is.

Meneküłtek az emberek, otthonaik, mint a szalmakazal, pillanatok alatt leégtek. Néhány évvel később vastag lávaföld takarta ezt a bájos falucskát. Egyszerű -hieau- állt a lávaföld tetején, a helyiek emlékeztettek Pele-t és isteneiket a földjükre, otthonukra.

Hawai'i

Mi is emlékeztünk, sokszor megálltunk ebben az eltemetett bájos kis falúban, friss vízért, ennivalóért. Megcsodáltam bájos virágoszőldséges kertjeiket és szabadon szaladgáló igen színes kakasaikat, a tyúkok kotyogása egy pillantra hazaszalasztott. Barátságos, beszédes helyiekkel találkoztunk. Egyedűl a templomot mentették meg, mert az magasabban volt.

A 2011-es hírek szerint egy harmadik vállvunkánó (Kilauea's) is ömleszti a lávát és a szundikáló Halemau'ma'u kráter is elöntötte a környéket. A Parknak ezt a részét bezárták. Természetesen a kénes gázak termelése, talán a koncentrációja is emelkedett.

Kilauea tetején lévő Halema'uma'u- kráter többszörös kitöréseit, sok monda, rajz és fényképek mesélik. Itt alakúlt ki hatalmas lávató, majd kráter, a neves Halema'uma'u, melyet nagy csodálattal szemlélt a világ. Látogatottsága növekedik.

Amit most látunk az a szundikáló (?) és lesűlyedt (1924) lávaszíntje. A kráter hatalmas, itt-ott kisebb füstölgő kráterekkel. Ösvények vannak a felszínén, de én nem kivántkoztam ott sétálni. A kráter karimája tele van kénes füstölgő nyílásokkal.

A hatalmas kráter egyik része nyított (talán lerobbant a karimája, vagy elvitte a mozgó láva), itt kellemes ösvény láttatja a bennszülött növényeket és madarak tömegét. Nagyon érdekes séta.

A Halemau'ma'u kráter közvetlen peremén vendéglő és szálloda van. Kellemesen szemlélhető a hatalmas vávaföld. Majd napjában megálltunk itt.

A csendes és rendkivűl érdekes vilag megváltozott, úgy tűnik, hogy a szundikálás véget ért. A környéket hatalmas lávatengerek, sűrű köd öntötték el. 2011-ben lezárták az utakat. Ezekből láthatjuk, hogy a tűzhányó felébredt.

1959-ben kitörések dél-nyugatra és keletre húzódtak, Kilauea vállvulkánja, Kilauea Iki a tűzhányó karimájából hatalmas égőlágnyelvekkel tört ki a tűzhányó. 6-700 m szökőkútakkal építette az új kalderát, a kráter 1700 m hosszú, 1000 m átmérőjű és 130 m mély.

A lava természetesen széjjelhányódott, az aktiv paszátszelek és a tűzhányó ereje az égő cseppeket, habkövet és a hamut egy pompás lávahamú (pumic) heggyé formálták. Gyalog, épített ösvényeken kényelmesen megközelíthető ez a pompás kráter, a hamú hegy és megtekíthető Kilauea-Iki tűzhányó púsztítása is. Ugyanakkor az eredeti növények is foltokban ott vannak. Sok napot tőltöttünk el ezen az érdekes, szinte múzeumnak tetsző hegyóldalon. Neve: Elpusztitás ösvénye, Devastation Trail (101a,b. kép). Igen kényelmes 2-3 km-es, roppant tanúlságos séta. Meleg hely!

101a. kép

Itt találkoztam először a hawai'i -nene- lúddal (10c. kép). Egy pár volt, nyugodtan legelték az endemikus sóskabokor I leveleit és halk suhogással "beszélgettek". Csipegették -kukainene- *(Coprosma ernedeoides)* fekete bogyóit. Itt találtam, a csupasz lávakövön egy kicsi 6-8 cm, gyíkot is. Bejelentése nagy érdeklődést keltett, hiszen a láva megölte az elődeit. Kölönben egy igen meleg, majd levegőtlen hely. Izgalommal, kissé idegenkedve gyalogol keresztűl a kiránduló, jómagam is, ezen a sült kövek, füstölgö hasadékok, pattogó hamúdombok között. Talán az élettelen Hold felszíne ilyen sívár. Itt-ott levélbe csavart kavicsokat, virágokat és sült disznóhúst szárít a tüző nap. A környező lakósok néha még egy-egy üveg jó italt is hajítanak a kráterbe engesztelésűl. Hátha Pele istennő örökre megállítja a födrengést és a tüzhányókat.

Hawai'i

Az endemikus növényeket, csigákat, bogarakat és madarakat kedvelő látogatót a kaldera körüli ösvények élővilága várja. Hihetetlenül érdekes és leírhatatlanul szép séta ez. Sok helyen kénes lyukakból sűrűn, ütemesen püfög a gáz. Nem égett ki a tüzhányó még.

101b. kép

101c. kép

Mihály Márta

Néha az –*aa*- láva akadály nélkül, igen gyorsan a tengerbe ömlik. A forró láva és a víz találkozása gőzös robbanásokat okoz. Ez a folyékony lávát többszörösen gyorsan fekete üveggé változtatja. Ezeket finom fekete homokká őrli a tengervíz és az aranysárga homok helyett fekete, csillogó szemcséket terít a partjára. Ilyen volt a híres fekete üveghomok part Kalapana falu mellett. Ez Kilauea 1840 évi kitöréséből maradt vissza. A kép 1987-ben készűlt (102. Kép), azóta a láva eltemette a fekete strandot és a falút is.

102. kép

A fekete strand mögött, -Painted Church of Kalapana-Star of the Sea- egy fehérre festett katolikus kis templom volt, a papaya gyűmőlcs feldolgozó mellett tündökölt (103a,b,c. kép). Ez volt a falú központja , gyűlekező helye és évekig Damien volt a pásztoruk.

Damien pap ápolta a helyiek lelkiszükségletét és építette ezt a bájos kis templomot. A képek nagy részét is ő festette. Később a Molokai sziget leprás betegek gondozására szentelte életét. A Szentszék elfogadta Damien atya szentéavatását.

1987-ben Kilauea tűzhányó leégette Kalapana falú nagyrészét (104c,d,e. kép). A teplomot sikerűlt védett helyre szállítani. Vissza- mentünk meglátogatni Damien atya házfestékkel ábrázolt Krisztusát.

Hawai'i

Szép helyen, a parton, továbbra is messziről hírdetti hírnevét, fehér falaival és Szentjeivel. Mellette iskolát terveznek.

103a. kép

103b kép.

103c. kép

104c. kép. Kalapana utolsó napja.

Hawai'i

104d. kép. A láva most az úton folyt a település felé.

104e. kép. Kalapana falut kerestem.

Mihály Márta

XXXIX.

Pu'u O'o robbanásra készűl

A tűzhányó ébredését már sok hónappal a tulajdonképpeni tevékenység kezdete előtt észlelik. Ugyanis a kirobbanást bizonyos, jól megfigyelhető geológiai változások előzik meg. Ilyenkor a kráter teteje fokozatosan megnő, szinte felfújódik, nyugalmi állapotához képest. Az elképzelés szerint a magma 5-10 km mélységben, a hegy belsejében gyűlik össze. A gyűjtőmedencében a magma egy bizonyos gáznyomás elérésekor a kűrtőkön keresztül a föld felszínére tőr, vagyis aktívvá válik a tüzhányó (105a,b. kép).

A forró magma hatalmas nyomással maga előtt tolja és tömöríti az előzetes kitörésből visszamaradt folyékony és szilárd láva törmelékét. A kűrtőkben a gáznyomás növekedik. Emiatt az egész hegy vibrál, ezer és ezer kisebb-nagyobb főldrengés rázza a hegyóriást és természetesen a környéket.

Ezeket, a szigetek körül 40 megfigyelő állomás folyamatosan méri. A

Hawai'i

vibrálás, illetve földrengés gerjesztette hullámvonalak segítségével nagyjából követni tudják a hegy belsejében mozgó forró magma útját. Néha a magma felnyomódik a hegy legmagasabb csúcskráterébe és ott tör ki, a levegővel érintkezés után láva nevet kapja. Gyakran a tűzhányóhegy oldala reped meg a nagy nyomás alatt. Ilyenkor ennek a repedésnek vonalán (néha több kilométer hosszú), függönyszerűen lövel ki a láva. Rendszerint ezek a repedések több kilométerre vannak a kráter csúcsától.

105a. kép. Pu'u O'o tűzhányó kalderája sűlyedő lávával

105b. kép. Pu'u O'o készűlődik a kirobbanásra

Mihály Márta

A geológusok, ha követni tudják a kitörést megelőző eseményeket akkor viszonylag pontosan, néhány órával a kirobbanás előtt meg tudják határozni a kitörés helyét. A hosszúlejáratú előrejelzés még nem megbízható. A kitörés után pontos adatokat vesznek fel minden helyszíni változásról, a láva tulajdonságairól. A Vulkánikus Obszervatórium tájékoztatja a környező településeket a lávafolyásról. Természetesen szemmel tartják a földrengés okozta pusztító szökőárakat is.

Ismeretes, hogy az amerikai geológiai állomások a legmegbízhatóbb tájékoztatói a tektonikus, földrengéses, tűzhányók okozta szökőárak keletkezéseinek és terjedelmének. Hatalmas jelzők állnak a part közelében, vagy 30 m. magasan, ijesztő jelzéssel figyelmeztetik a lakosságot a veszélyről. Borzasztó hangos! Ugyan ilyen változás jelzők vannak a tengeren is, a szigetek közelében.

Kétszer is tapasztaltuk a mentési szólgálatok kiváló biztonságát. Földrengéskor azonnal tájékoztatót kap a lakosság a tennivalókról. Segítség igen komoly és gyors. Szökőár közeledte előtt a parti lakosságnak azonnal (rendőri ellenőrzéssel!) a kijelölt magaslati állomásokra kell menni, ahová előre elkészített elsősegély szükségleteidről kell gondoskodnod.

Pontosan és folyamatosan tajékoztatnak a szökőár magasságáról, annak érkezési idejéről. Amikor a japáni nukleáris fejlesztő állomások leolvadtak, akkor rövidesen tudtuk a szökőár érkezési idejét Honolulu-ban. A hozzánk közeleső, kb 10 km-re, egy hatalmas lávakökibújásra telepedtünk le. Onnan láttuk a tengert és vártuk a szökőár érkezését.

Mindenki nyugodt volt, nagy volt a hőség és kevés árnyék. Egy csoport fiatal ember saját grill-jüket, hűtött italukat, finom húsokat sütögettek mellettünk. Feletébb udvariasak, vendéglátó, helyiek voltak. Élveztem természetességüket.

Hawai'i

XL.

Kitört Pu'u O'o tűzhányó

Kilauea vállkráterének, Pu'u O'o kirobbanása, (most is müködik) 1983 január 2-án, röviddel éjfél után kezdődött (106. kép). A földrengést jelző csengők sokasága felébresztette az otthon és a kutatóban alvókat, akik a laboratóriumba rohantak és nagy várakozással követték a földrengés erősségét és természetét.

Ekkor percenként 3-5, emberileg alig észlelhető földrengést jelzett a gép. A mozgást szabályos vibrálás kísérte. Ez jele annak, hogy a magma nyomul a kűrtőkben. Közben a felállított gépek jelezték, hogy a tüzhányó csúcsa (Kilauea), amely előbb felfújódott most erősen lesűllyedt, vagyis a gáznyomás, illetve a lávakitörés nem a csúcson volt várható.

Az elkövetkező néhány óra alatt a földrengés erőssége és a gyakorisága fokozatosan növekedett. A jelek arra mutattak, hogy Kilauea dél-keleti vállán, a föld felszíne alatt, a magma láthatatlan repedéseket formál. Ez a magma mozgás lassan a csúcstól 7-8 km-el lejjebb, keletre húzódott. A geológusok műszereikkel követték a mozgást, remélve, hogy közel lesznek a kirobbanáshoz.

Nem csalódtak! Január 3-án, röviddel éjfél után kirepedt a Föld. Elkezdődött a csodálatos tűzijáték és a vörös lávák szimfóniája. Jajgatott, remegett a Föld. Egetrázó hangokkal, nagy gőzzel és sistergéssel a felszínre lövelt a piros láva. Az első lávacsóva a csúcstól 10 km-re, Kilauea kráter vállán, Pu'u O'o-n tört ki.

106. kép

Igen gyors iramban, szinte szemlátomást repedt a felszín. Rövidesen több, mint 10 km hosszan kinyílt a Föld. A repedésből majd 100 méter magasba lövelt az ízzó, piros láva. Lüktetett, püfögött és, mint egy óriás piros égőfáklya úgy emelkedett az egekbe. A hatalmas, vörös lávacseppek fortyogva pottyantak vissza az égő hasadásba, vagy melléje.

A lüktető cseppek csipketengere, mint világító, vörös kigyópatakok rohantak a tenger felé. A tüzijáték vörösre és narancssárgára festette az eget. Hangjával felébresztette Hilo város lakosságát, 35 km-re a repedéstől.

Ez a váll tüzhányó azóta is müködik, váltakozó bőséggel. Eddig 400 m-t (2000-ben) adott a vulkán magasságához és Pu'u' O'o nevet kapta. Ez egy kihalt madárféle, amelyik itt fészkelt hajdanán. Csak Pele istennő tudja, hogy meddig müködik majd Pu'u' O'o tűzhányó és mekkorára fogja épiteni a szigetet.

A vulkánikus kitörés elől nincs védelem, néhány perc múlva örökre eltemeti az útjában állókat (107a,b. kép). Szomorú látvány a teljes

Hawai'i

pusztulás. A lávanyelv könnyen folyik a már meglévő autóútakon is.

107a. kép. Futnak a lángok a tenger felé.

107b. kép

Két napos volt a -pehoehoe- láva, amikor a folyások között álltam

(108. ábra). Az időnként kicsapó forró gőzök fűtötték az amugy is meleg hawai'i levegőt. Furcsa érzésekkel, bizonytalanúl álltam a simafelületű, még langyos, nem teljesen szilárd -*paoheohe*- láván. Nem éreztem nagy bíztonságot. Igaz bármikor odacsúrdulhatott volna egy újabb folyás.

108. kép

Ez a vulkán és a további kitörései eltemették Kalapana falut, 162 házát örökre letörölte a térképről. Emberi áldozat nem volt. A tűzhányó azóta is müködik. 1993-ban már hatalmas lávamezőket halmozott fel a hajdani tengerparti falu tetején. Az elöntött 1998 telén Kalapana falú lávatengerének tetején űltem és a szakadékban a falut kerestem (109. kép). Itt-ott apró páfrányok nöttek a lávakö repedésekben.

Hawai'i

109. kép

Mauna Loa frisebb láva folyásos területei és Kilauea kráterei a vállkráterekkel együtt védett területek. Ezek a területek alkotják a Hawai'i Nemzeti Vulkánikus Parkot Ez a szigetek vulkánikus tevékenységek fantasztikus és percenként változó a színpada.

A Park élő geológiai muzeuma az elmúlt eseményeknek, valós ábrázolása a jelenlegi földtani változásoknak és alapos szemlélődés után bepillantást ad a közeljövőben várható eseményekről is. Mindezek megértéséhez a helyi megfigyelőállomás kiváló, jól illusztrált intézete ad segítséget.

Ebben a parkban találkozhatunk az új földdel is, a *terra nova*-val. Olyannal, aki érintetlen. Még nem nőtt, nem csirázott rajta semmi. Csak a forró gőzök és a szelek jártak atomjain. Élettelen, langyos, fekete és messze mélyről felbugyogott láva borítja.

Csodákat, változatos életeket igér. Itt láttam az élet megszületését elöször. 2-3 cm apró, üdezöld, szinte a forró napsütéstől szédelgő páfrányok mutogatták magukat a kegyetlenül éles és meleg lávarepedésekből. Sohasem mulasztottam el az alkalmat, hogy megcsodáljam öket. Részemre ez az új élet volt a legértékesebb élmény.

Pu'u O' o tűzhányó müködése 30 esztendeje folytonos. Néha, 1993, 1996, 1997 és 1998-ban néhány napra lelassúlt, vagy megállt, de mivel a láva föld alatti csövek hálózatán keresztül is ömlik a tengerbe, ezért körülményes a szűnetek idejét pontosan mérni.

A napi átlagos friss láva termelés mennyisége 1998-ban 470 ezer köbméter körül volt, a kéndioxid napi átlaga 2340 tonna. Sokszor igen erős a levegő kéndioxid szennyeződése (*vog*). Ekkor 95 kisebb-nagyobb, földrengést észleltek, de Vulkán Obszervatórium 4800-t vett fel müszereivel. Ezek nagyrésze mikroszeizmikus nyugtalanság.

A tűzhányó tevékenységét állandóan figyelik, nem csak az obszervatóriumok, hanem a magánszemélyek is. Az aktivnak hitt területeken bármikor felbugyoghat a láva. A figyelmeztető jelek utasításait érdemes elolvasni.

A Kilauea kráter környéke eső erdővel övezett és nem messze délnyugatra hírtelen, minden átmeneti zóna nélkűl hatalmas, főleg -aa- lávakövekkel takart sivatagot találunk, melynek neve Ka'u. Ez a terület, ahol igazán, szabad szemmel láthatjuk a savas-eső hatását a növényzetre és a talajra egyaránt. Itt pontosan annyi eső húllik, mint a környező esőerdőkben (10-13 m évente), de a vulkánikus robbanások megtőltik a levegőt magas kéndiokszid gázakkal, ez keveredik az atmoszférikus elemekkel és igen erős savas esőt alkot.

A savasság sok esetben ph: 3.4, ami szinte ecetté változtatja az esőt. A Csendes Óceán légáramlatai határozzák meg az eső irányát, sajnos ilyen savas folyadékkal a növények képtelenek táplálkozni, tehát csupasz, sivataggá változik a hely.

Természetesen az -ohia- (Metrosideros sp.) bennszülött fa ehhez a kegyetlen savassághoz is alkalmazkodott. Letagadja a szanyarú viszonyokat, virággal teli ágaival. Ezt a levegőkeveréket -vog-nak nevezik és igen kellemetlen illatú, megnehezíti a lélegzést.

A Sziget nyugati partjai a napos, száraz és régi lávafolyások települései gazdag hawai'i tradiciókat mutatnak. A megmaradt imaházak, ugyan legtöbbje elhanyagolt, de őrzői a régi hagyományoknak és sok helyen ma is összegyűlnek a bennszülöttek és ünneplik régi szokásaikat és ezek feltétlen jelei annak, hogy mai is keresik a spirituális erőforrásukat a -mana-t. Ilyenek Ka Lae (a Sziget déli csücske), Pu'uhonua a Honaunau Nemzeti Történelmi Park, melyekről részletesen megemlékeztem.

Mihály Márta

XLI.

Mo'okini Luakini heiau a királyok köszentélye

A hawaiìak igen soksor kihangsúlyozták, hogy imaszentélyeik helyének kiválasztásakor a födrajzi szépség volt a legfontosabb. Valóban Mo'okini egy parti sziklafalon van, mely kinéz az óceánra, ennél szebb helyet a sziget északi részén nem is választhattak (110 és 110a,b,c,d,e. kép).

110a. kép. A köszentély.

Hawai'i

110b. kép. Ma már igen megrongálta az idő a hajdani a szépségét ennek a hires köszentélynek.

Rettentő meleg, napsütéses idő volt, amikor szakadékon felmásztunk, szép volt a látvány. Ezt az imaházat Ku háborús istennek ajánlották, ez megjelölte az imaszentély kiváltságos helyzetét. Csak kirányok és papok használhatták és a győzelmet emberi élettel hálálták meg Ku-nak.

110c. kép. Ajándékok az isteneknek.

110d. A szentély óltára bedölt, de sokaknak még ott vannak az isteneik, virágokkal köszöntik.

110e. kép. A köhalmaz mögött van a tenger és a látogatót a kövek istensége fogadja. A teknőben tengervíz van.

Hatalmas méretűek és szép kivitelű építmények voltak. Ezek a tulajdonságok hatalmas spirituális erőt, -mana-t ígértek. Ez volt az

Hawai'i

egyetlen imaszentély, melyben csak emberi áldozat elégítette ki az isteneket (luakini hieaus). Az áldozatot, talán helyesebben az emberi élet ajándékát (talán a hawaii értelmezéshez közelebb áll?) adták. Ez volt a legnagyobb spirituális erő, amit ajálhattak.

Az imaház 480-ban épűlt, bazalt kövekből 85x42 m nagyságú, csak a királyok, vagy papok mehettek be. 1963-ban megnyították és Nemzeti Történelmi Park lett. Sajnos a régi szépsége elkopott. Mellette köszentélyt építettek a cápák istenségének is, sajnos az idő már a tengervíz alá vitte, de néha a cápákkal együtt látható. Sajnos, amikor ott voltam nem jöttek a cápák. Állítólag gyakoriak.

Mihály Márta

XLII.

Papahanaumokuakea

Egy új vízalatti hawai'i sziget csoportot fedeztek fel. Kb. 250 km-re, észak-nyugatra, a fő Hawai'i szigetcsoporttól, elnyúlik 2000 km-re a Csendes Óceánba. Ezek az alacsony szigetcsoportok nagy jelentőségüek a bennszülött hawai'i-ak kozmológiai és kúlturális életében. Képviselik a hawai'i hitet a természet és az emberek rokonságában. Úgy gondolják, hogy innen eredt az életük és lelkük ide tér vissza haláluk után. Makumanamana és még 2 sziget őslakók településéről is tanuskodik. Ezeket mondja el:World Heritage Sites, Firefly Ed, 2012. Sajnos nem találtam felvilágosítást a rendkivűl hosszú hawai'i névre.

XLIII.

Hawai'i különlegességek

A legtöbb szigeten még ma is megtaláljuk az ananász *(Ananas comosus)* ültetvényeket. Termőterülete csökkent, mert máshol olcsóbban termelik. Űdítő trópusi gyümőlcs.A termelt mennyiség az 1990-es években 300 millió tonna körül mozgott. A legtöbbet a Lanai szigeten termelik. A hawai'iak -*hala kahiki*-nek hivják. Kamehameha király udvarában élő spanyol kertész, Francisco de Paula y Martin naplójában említi és dícsérí az ananász levét és húsát.

Az ültetvény kezdeményezője J. Dole amerikai fiatalember volt, aki 1898-ban, a harvardi egyetem befejezése után hajóra szállt és Honoluluba utazott. Három évvel később 6 holdon 12 ezer palántát ültetett Wahiawa-ban, Ohau szigeten. A két év alatt, amig a gyümölcs megérett egy kis konzervgyárat épített. Az első termés 1893 ananászt hozott.

Az üzlet szenzációs vállalkozás volt, mert 1922-ben, 19 évvel később Dole több, mint 1 millió dollárért megvásárolta az egész Lanai szigetet. Dole dicsekedett barátainak, hogy szenzációs üzletet csinált, mert a sziget több, mint 20 millió dollárt ért. Valóságban még ennél is sokkal többet. Dole lebontatta az öreg kikötővárost és helyére dolgozói számára egy szép, modern várost (Lanai City) épített. Természetesen az évek során a genetikusok több fajta hibrid ananászt fejlesztettek ki. Ma már a világ minden részén ismerős a jó minőségü Dole ananász, akár konzerv, vagy friss gyümőlcs formájában.

Cukornád *(Saccharum officinarum)* évelő füféle. Vastag érett füszárai leveses masszával teltek. A kivont masszából előbb melaszt készítenek majd cukorrá finomítják. A növény ősszel virágzik, termése 40-50 cm hosszú fehér, majd halványlila apróvirágokból, később magokból áll. Dugványokkal szaporítják.

Taro-t *(Colocasia esculenta)* a polinéziaiak hozták magukkal, mint főeledelüket és azóta is igen fontos szerepe van táplálkozásukban. A növény minden részét fogyasztják. Főleg a répára hasonló gumóját eszik. Ezt reszelik meg -*poi*-nak. Néha a - *poi*-t néhány napig erjesztik és kiválónak találják disznó, hal és tengerisaláták mellé.

A növény vízigénye két általános csoportra osztja. A száraz féle taro, amit csak eső öntöz. Ezt megsütve használják A másik féle taro-t állandóan folyó mocsarakban, patakok mentén tenyésztik. Manapság is ez a legfontosabb mezőgazdasági termék és alapeledel.

1960 óta a szigetek haltenyésztő szakértöi világhírűvé váltak az édesvizű ollótlan rákok *(Macrobrachium rosenbergii)* tavi tenyésztésével. Jelenleg 25 tenyésztó van, 200 holdas vízfelszínnel. Emellett tenyésztenek ollós rákot, harcsákat és osztrigát is. Az útszélén frissen, nyersen, vagy főzve árúlják. Finom helyi különlegesség, kényelmes fapadokkal, jó árnyékkal és tengeri kilátással. Igen népszerű.

A Kona kávé *(Coffee arabica)* második legjobb ízű kávé a szakértők körében. 1813-ban jelent meg, mint kerti dísznövény. Később a kényes bokrok jól alkalmazkodtak Kona (Hawai'i sziget) köves hegyoldalához. Itt a reggelek tiszták és naposak, a délutánok rendszerint borusak és párádúsak. Szeptembertől februárig szedik a kávé szemeket, rendszerint négy, vagy ötször szednek meg egy bokrot, mivel a bokor hónapokon át virágzik és érik. Csak a piros, érett szemeket lehet felhasználni. Egy kg kávéban kb. 550 szem van. A szedő napi teljesitménye 150 kg körül mozog.

A szemekről áztatással (8-24 órás) eltávolítják a héjjat, ezt vízes erjesztésnek hívják. Ezután kiterítve, gondos forgatás mellett a napon szárítják a szemeket. A hártyaszerű magburkolat leválasztódik és ez a nyers, zöld kávé. Ilyen állapotban egy évig tárolható. A kávé pörkölése az utólsó mozzanat. A minőség, aroma és savasság, illetve az íz főleg a pörköléstől függ. Természetesen minden lépés nagy szaktudást igényel.

Az igazi Kona kávé illata igen vonzó, aromája kellemes, minden keserű utóíztől mentes, $40-60 kilója a helyi piacokon. Az utólsó évtizedben a termelés átterjedt a többi szigetekre is. A felhagyott ananász és cukornád földekre mostanában gyakran kávét ültetnek.

Mihály Márta

XLIV.

Vallásokról

A vallásos élete a szigeteknek igen sajátságos, merőben különbözik az amerikaitól. Buddhisták, hawai'i-ak, izraeliták, keresztények, shintok, taoisták és több, részemre ismeretlen hitágazat alkotják a vallásos felekezeteket. Százalékos eloszlása az összlakosságnak reálisabb képet ad a helyzetről.

A lakosság 25 %-a nem tartozik hivatalosan egyik hitágazat, illetve egyházközséghez sem. Ez nem jelenti azt, hogy nincs hitük. Buddhisták 16 %, katolikus 29 %, protestáns 10 %, vegyes keresztény 6 %, shinto 5 %, és az új hawai'i vallás 15 %-a az összlakósságnak. Ez a százalék azokat mutatja, akik vallásukat gyakorolják, tehát hivatalosan a fent említett felekezetek valamelyikéhez tartoznak.

A hawai'i vallás a hawai-i hit, buddhista, shinto és keresztény vallásos elemek keveréke. Egyre népszerűbb a szigeteken, talán, mert helyet ad az elveszettnek hitt őshawai'i vallásos elemek felújításának. Az ősi hawai'i vallás mély nyomokat hagyott a szigetlakók lelkületében, hite és szokásai nem haltak ki, csendesen együtt éldegélnek a kereszténységgel, vagy a többi hittel is, hiszen az amerikai alkotmány mindenkinek tökéletes vallásszabadságot biztosít. Ma is sokan a hawai'i-ak közül Kane, Ku és Lono istenségeknek képzeli a katolikus hit Szentháromságát.

A különbözö külső és belső vallásos megnyílvánulások arra engednek következtetni, hogy az ujonnan jöttek olyan szertartásokat és templomokat, zsinagógákat, illetve imaházakat akarnak új otthonukban, mint amit elhagytak régi hazájukban. Anyanyelvükön akarnak imádkozni és beszélgetni isteneikkel és papjaikkal. Ezért néha egy-egy imaházon, zsinagógán, vagy templomon belűl az alapítók régi szertartási módja és nyelvezete is megmarad. A hawai'i lakosság elfogadja és tiszteletben tartja a vallási, származási és nyelvi különbségek széles változatát és az ebből eredő sok-sok, részünkre különleges szokást is.

A vallási változatosság velejárója a változatos nemzetiségi házasságoknak is. Egy újságírónő írta magáról, hogy az egyik nagymamájával a buhista szertartásokra, a másikkal kereszteny templomba járt. De az egyik nagynénje és nagyapja shinto volt. Ezekkel is gyakran járt az imaházakba. Szülei vallástalanok voltak. Igy igazából nem érzett semmi különösebb vonzalmat az egyik, vagy másik után.

Mihály Márta

XLV.

Pidgin angol

A hivatalos nyelv angol és hawai'i. Sokan nem beszélik egyiket sem. Különlegességeket találunk a sokféle nyelv körül is a szigeteken. Az idők során a sok féle bevándorló kialakított több típusú társalkodó angol nyelvet, vagyis a hawai'i pidgin angolt. Érdekes hallgatni ezeket a nyelvkeverékeket. Attól függöen, hogy melyik szigeten és milyen népcsoport között folyik a társalgás változik pidgin, persze gazdagon szennyezett az illető nép anyanyelvével.

A pidgin angolt használók mindennapi életében egymás megértése a legfontosabb (Nyelvi szabatosságról, vagy nyelvtani szabályokról itt nincs szó). A megértés pedig elsősorban a társalgók jóindulatán múlik.

Gondoljunk csak egy igazán hétköznapi esetre, ahol az angolul nem beszélő bennszülött együtt dolgozik egy kevés angol tudású koreaival és egy csomó kínaival, akik egyáltalán nem tudnak angolul. Hasonló nyelvi nehézséget, mi bevándorlásunk elején tapasztaltuk. Könnyen lehet, hogy egy angolul gyengén beszélő portugál a

Hawai'i

munkavezetőjük. Ilyen helyzetben felettébb érdekes pidgin nyelv születhetik.

A szigeteken gyakrabban használt nyelvek: hawai'i, szamoai, kantonéz (kínai), hakka (észak kínai), mandarin (irodalmi, hivatalos kínai nyelv, tanszéke is van az egyetemen), japán, koreai, spanyol, portugál, Ilocano (Fülöp Szigetek luzon-i tájszólása), tagalog (Fülöp Szigetek nemzeti nyelve), vietnámi és természetesen kis számban a legtöbb európai, skandináv és orosz nyelvet is beszélik. No és a szép magyar nyelvünket is halljuk, ha ritkán is.

Első látogatásom alkalmával, 1972-ben kislányommal a strandra mentünk. Átöltözködés közben természetesen magyarúl beszélgettünk. Egy hölgy érkezett az öltözöbe, hírtelen lányomhoz fordúlt és magyarúl szólt hozzá " jajj, de szépen beszélsz magyarul, ki tanított rá " kérdezte az asszony. Ő volt az első ember, akivel Hawai'i-ban szót váltottunk. Kicsi a világ, éljen Magyar nyelv!

Mihály Márta

XLVI.

Hawai'I lakoma -luau-

A vallásos szertartások igen vázlatos leirásánál említettem, hogy minden neves családi esemény, társadalmi megmozdulás, sikeres halászat, épitkezés, de főleg az aratás vallásos szertartással kezdődik és hálaadó lakomával fejeződik be. Ez nem idegen fogalom a kereszténység körében sem.

Híres és gyakorlott a kanadai és amerikai hálaadó ünnepségünk (Thanksgiving). Ez novemberben van, amikor nagy hálaadó vacsorára jön össze a család. Ünnepelte a jó termést Kína, Egyiptom és utalást találunk a Bibliában a héberek hálaadó ajándékaira is. India hindu lakossága napjainkban is nagy hálaadó ünnepekkel, lakomákkal köszöni meg isteneinek a jó rízs termést.

A hawai'iak áldozataikat Lono istenség köóltárára helyezték és neki ajánlották fel. Ezután részt adtak a termésből a királynak és törzsfönököknek, akik szintén felajánlották ajádékukat Lono-nak. Ezeket szép verses köszönetek, táncok kisérték.

Amikor úgy érezték, hogy elég volt a dicséret és köszönetből, akkor

Hawai'i

kezdődhetett a lakomázás, tánc, sport versenyek és vidámság. Ezt a búcsúszerü ünneplést hivják Makahiki-nek, a nagy lakoma neve - *lu'au-*.

A *-lu'au-* neve és formája napjainkig fennmaradt. Különlegessége a föld alatti (*imu*) kemencében előre megtűzesített kövek között sütött friss malac és csirke. Legtöbbször egy darabban sűl a malac, forró kövekkel a pocijában, máskor feldarabolják és reszelt kókuszdió húsával hintik meg. A kemence tetejére tüzes köveket raknak és ezeket növénylevelekkel zárják le. Sokszor csirkét is tesznek a malac mellé. 3-4 óra alatt elkészül a finom, puha malacsült.

-Poi-t, narancsot, citromot, ananászt, banánokat, kókuszdió levét, papaya-t *(Carica papaya)*, mango-t *(Mangifera)*, guava-t *(Psidium guajava)* és más helyi gyümölcsöket szólgálnak fel a húsok mellé.

Régen a földön, trópusi leveleken, sok-sok virággal díszített asztalt terítettek és táncos, jó kedélyü vacsorát rendeztek. Az étrend idővel módosult, de a lakoma vidámsága és a szép hula táncok emlékezetessé teszik a mai *-lu'au*-t is. Az ennivaló igen ízletes, de nem magyaros.

A Makahiki, illetve hálaadó fesztivál szelleme kis foszlányokban megmaradt a szigeteken. Októberben virágokkal díszített, gyönyörű felvonulások voltak a 80-as években. A búcsúszerü vigadalom régebben egy hétig tartott (Aloha Week). Minden szigetről jöttek a fövárosba ünnepelni. Az ünnepségeket a hawai'i törzsfőnök nyitotta meg, aki egy hétig királyi szerepet tőltötte be. A díszes bevonulást nagy kagylók fuvós kűrtzeneje vezette be. Szép és ünnepélyes látvány volt. Sajnos az utólsó 1-2 évtizedben a hosszú parádé kiment a divatból.

Családommal együtt mi is minden évben részt vettünk az ünnepléseken, felvonulásokon és vacsorán is. Örök emlék marad az esti müsorok kellemes vidámsága, polinéziai bája, fantasztikus –hulatáncaik és Hilo Hati táncos revüje.

A *-hula-* táncok kezdetben a vallásos szertartások szerves részei voltak. Úgy a férfiak, mint a nők szakképzett táncosok voltak. Táncaikkal hódoltak királyaiknak és isteneiknek, dícsérték a föpap-

Mihály Márta

jaikat, törzsfőnökeiket. A -hula- tánc fontos része volt a hawai'i kúlturának, a tánc mozdulatai illusztrálták a -chant-al (énekes történet, ballada) elmondott eseményeket. Ezek a táncelemek őrizték meg az eseményeket.

Amolyan iratlan, énekelt történelem könyvek voltak. Minden szigetnek meg volt a saját tánca, táncosai és történelme, tehát a saját -chant-jai is.

A legenda szerint Pele istennő testvére Hi'iaka mutatta be a táncot legelőbb a hawai'iaknak. A mozdulatokat Laka istennőnek ajánlották fel és iskolákban (*halau*) tanulták, titokban. Sikeres gyakorlások után váltak a hula diákjai nyílvános táncosokká (*olapa*).

A szigetek felfedezése előtt úgy a férfiak, mint a nők deréktól felfelé mezítelenek voltak. Derékon alul a nők nyitott szoknyát viseltek. A férfiak szemérem kötényt hordtak. A -hula- táncoknál szoknya rostokból, vagy élő növények leveleiből készült. Fejük, nyakuk, csuklójuk és bokájuk virágokkal, levelekkel, kagyló, vagy állatfogakból készített koszorúval volt díszitve.

Ezeket a táncokat és a ruházatot gyökeresen megváltoztatták a hittérítők. A táncosokat hosszú ruhába öltöztették és mindent elkövettek annak betíltására. A tánc mozdulatait közönségesnek, erkölcstelennek nyílvánították. A -chant- éneklését és a táncot is betíltották, pedig nem értették. Ugyan a ruha megváltozott, a –chant- megmaradt. A táncok ütemét sokszor átvette a portugál –ukulele- és a hawai'i gitár zene, de a tánc bája és lágy mozdulatainak csodálatos kifejezőképessége megmaradt.

Természetesen a hula-t a szabadban táncolják. Két nagy csoportra oszlanak a táncok: a régi -hula-, a régi -chant-al. Az ujabb, illetve modern -hula-, hosszú, divatos ruhákkal és gitár zenével. Úgy a zene, mint a mozdulatok és a környezet tökéletesen és kellemesen egybeolvad. A szép -hula- tánc sajátosan hawai'i müvészet és rendkivül szórakoztató.

A müvészet világhírű. Minden évben Hilo-ban tartják a hires versenyt a szigetek és vendég országok között. Neve Merry Monarch Festival, világhírű esemény. Egyszer voltam ott 3 napig. Ilyen szép táncokat

Hawai'i

soha nem láttam. El kell mondanom, hogy a fiatal legények táncai közvetítették nekem a hawai'i fizikai és tengeri temperamentumot legjobban. Elkápráztató volt!

Magyar őseinknél is nagy szokás volt a lakoma és a sikerek ünneplése. III. Béla magyar királyunk írnoka Magister Péter az írásaiban (harmadik század elején) emlékezik, hogy amikor elődeink megérkeztek régi hazánkba, Álmos törzsfőnök vezetésével, akkor önnepelték az eseményt "fecerunt magnum aldumas"-al (nagy áldomást rendeztek (csináltak, latin-facere-). Érdekes, hogy ez a szó napjainkig csak egy betűváltozással fennmaradt. Tehát ősmagyar szokás volt a vendégeskedő ünneplés.

Mihály Márta

XLVII.

Válaszút

A könyvem elején említettem, hogy a geológusok a legöregebb szigetet a hawai'i hegyláncolatban 23-50 millió évesnek becsülik A legfiatalabb sziget (Hawai'i) tűzhányó kalderái pedig 0.8-1 millió évtől e pillanatig számithatók. Ez idő alatt alakult ki e sziget jelenlegi növény és állatvilága. A fejlődés folytonos. Számos új élőlény keltkezik, vagy érkezik, közben mások kihalnak. Az utóbbinak több oka lehet, néhányról csak említést tehetünk, hiszen nem tudjuk pontosan, hogy mi történt.

Például egy friss tűzhányó teljesen elpúsztíthatta egy kis sziget amugy is ritka és alacsonyszámú élővilágát. Lehet, hogy vihar sodort el minden élőlényt, vagy éppen az egész vulkánikus hegy felrobbant és törmelékével a tengerfenekére sodorta a felszínén élő lényeket. Igy nyílvánvalóan a pusztításokat geológiai események, meterológiai változások, vagy vulkánikus robbanások okozhatták. Ezeket emberi beavatkozás nem változtathat meg.

Idöközben új szigetek épűltek és valószínüleg azokon új élőlénytársulások fejlődhettek ki. Feltétlenül voltak olyanok, amelyek valami okból képtelenek voltak utódokat nevelni, megöregedtek és kihaltak. Ezt a veszteséget sem lehet megakadályozni.

Nem tudhatjuk bizonyosan, hogy a bennszülöttek milyen növényeket, rovarokat, madarakat és kisebb rágcsálókat találtak a szigeteken, amikor a partokon kikötöttek. Azt sem tudjuk pontosan, hogy mikor fedezték fel Hawai'i-t. Valószínüleg kisebb csoportokban és feltehetően egymás tudta nélkül, találtak rá egy-egy szigetre. Az is lehetséges, hogy láncszerüen az első település leszármazottjaiból népesedett be a többi sziget.

A vándorló csoportok sem mindig ugyanazt azt a fajta magot, dugványt, csirkét, malacot, vagy kutyát hozták magukkal. A behozott állatok és növények táplálták őket hosszú tengeri útjaikon és a kikötés utáni maradék bíztosította őket a letelepedési időszak bizonytalansága idején. Nem ismerjük a megmaradt növényeket, vagy állatokat sem.

A bennszülöttek és a velük utazó növények és állatok is idegen fajták voltak és valószinüleg letelepedésük után jelentős károkat okoztak az akkori életvilágban. Ezeknek a bevándorolt és behozott élőlényeknek a hatását ennyi év után nem tudjuk felmérni.

A bennszülöttek letelepedése után a szigetek akkori élővilága eltérő bánásmódban részesűlt, hiszen a parti lávaföldek lakottá váltak. A partok közelében az első telepesek írtották az építkezésre alkalmas fafajokat, megtizedelték a fedésre alkalmas nagylevelű növényeket, füféléket. A mezőgazdasággal foglalkozók a lápok és patak menti mocsarak növényzetét és állatait írtották ki, hogy taro-ikat növeszthessék.

Ebből láthatjuk, hogy a kipusztúlt élölények számát, vagy fajtáját még csak fel sem becsűlhetjük. Mivel a növények és állatok közvetve, vagy közvetlenül a napi megélhetésüket, vagy hajlékukat szólgálták, nem beszélhetünk tudatos pusztításról.

A bennszülötteknek is az elmúlt évszázadok alatt alkalmazkodniok kellett a szigetek éghajlati körűlményeihez, növény és állatvilágához. Ha elfogyott egy közkedvelt édes bogyó, akkor másik növénnyel helyetesítették. Ha kimerült a kert talaja, akkor tovább kőltöztek. Ha nem ujjúltak fel a füvek, akkor felégették a növényzetet. Az elharapózott tüzeket csak az eső ólthatta ki.

Az erdőben legelő állatok is pusztították az akkori növénytakarót, rovarvilágot és sokszor éhenhalásra itélték a madarakat. Sok esetben túlzásba vitték a madártoll gyüjtést is. Helytelen, kártevő és pocsékoló volt ez a gazdálkodás Földünk élőlényeivel szemben, de akkor a hawai'iak nem ismerték fel kártevésüket és annak jelentőségét, hiszen minden cselekedetüket az istenek engedélyével, azok segítségével, imával tették.

Teljesen másként viselkedtek a XVIII. század szigetre bevándorlói. Úgy érezték, hogy kötelességük benépesíteni ezt a részükre "vad és civilizálatlan " helyet. Újnyelvet, isteneket, hasznos és haszontalan növényeket, teheneket, nyulakat, kutyákat, kecskéket is hoztak.

Nem ismerték az őshonosság értékét, annak sajátos jellegét és érzékenységét. Ebben az időben nem volt divatban a természetvédelem. Úgy látszott, hogy a Föld javai, így a hawai'i szigetek élővilága is kifogyhatatlan. A cél a Föld leggazdaságosabb kihasználása és gyors meggazdagodás volt.

A tudatlanság miatt ma főleg az emberileg alig megközelíthető ormokon, szakadékokban és védetté nyílvánított helyeken maradt meg az őshonos élővilágból valami. A parti területeken elterjedt a sok gyom és a kertinövény. Tekintettel a trópusi éghajlatra a szigeteken majdnem minden dísznövény jól érzi magát és mivel ellensége nincs hamar elszaporodik és kiöli az őshonos növényeket.

A szigetek lakossága növekedik. Az emberi települések egyre jobban kiszorítják az élőközösség többi tagjait is.

Dacára a természervédelmi törvényeknek a kiveszett, vagy a kiveszőben lévő őshonos fajok száma rohamosan növekedik. Szinte úgy néz ki, hogy képtelenek vagyunk egymást, vagyis élőlénytársainkat magunk körül megtűrni, pedig ma már ismerjük ennek a viselkedésnek veszélyét és mégis igen gyatra a viszonyunk a bennünket körülölelő élő és élettelen vílággal szemben.

Hawai'i

Meg kell osztanom Berry Thomas amerikai szerzetes és ökológus-filozófus gondolatát, aki könyvének (The Dream of the Earth, A Föld Álma) egyik fejezetében mondja, "Ha a Föld élőlényeinek parlamentje lenne, akkor a legelső határozat az emberek kitagadása lenne a közösségből, mert a további jelenlétük halálosan veszélyes. Ördögi tetteinkkel mi vagyunk a világ megrontói. A föld legszentebb törvényeinek meggyalázói, " véli Berry.

Kemény szavak ezek, de igazak. Sűrgösen meg kell vizsgálnunk tetteinket és terveinket a Földünk élőlényeivel szemben, legyen az embertársunk, vagy a katicabogár. Kétségen kívül minden cselekedetünk nagy körültekíntést és óvatosságot követel. A természetvédelmi akciókat nem lehet elhalasztani, mert fontos válaszút elött állunk. Vagy megbecsüljűk Földünk minden élőlényét, atmoszféráját, vízeit, erdeit és talaját, vagy a mi megmaradásunk is bizonytalanná válik.

Remélem, hogy a Hawai'i Szigetek régi társadalmának bemutatása, élőlényeinek ismertetése, a forró lávák természetének leírása kinyította a kapukat e szép szigetek felé és némi vágyat sugárzott e gyönyörű szigetvilág meglátogatására.

Ezek és a tengerek örökösen változó szépsége hívtak engem vissza, 40 esztendőn keresztűl, igen-igen sokszor. Második otthonom lett ez a Szigetvilág.

Mihály Márta

-Mahalo- köszönöm

Köszönet kedves olvasó közönségemnek. Remélem sikerült egy kis ízelítőt adnom a Hawai'i Szigetek szépségéből. A sok természeti csoda és szépség leírása még töredékeiben sem lehetséges. Sem szó, sem fényképek nem ábrázolhatják a víz változó kékségét, a tengeren gyorsan lebukó hatalmas napkorongot, a naplementék bággyadt levegőjét és narancsszíneit. Hogyan írhatjuk le a trópusok buja illatát, a napsütésben táncoló langyos esőcseppek milliárdját? A csóré láva síkoltó, kegyetlen feketeségét és a rajta küzködő újszülött, csírázó magot?

Szókincsünk elszűrkűl, amikor a tüzhányók hatalmas erejét, a kráterek váltakozó színét és a végtelen lávamezők szürke szépségét akarjuk elmesélni. A tenger sok féle hangulatának, színének, hangjának és mozgásának leírása pedig csak igen-igen gyenge próbálkozás.

Csak csudás élményeim megosztására törekedhettem. Úgy, írtam, ahogy a legjobban tudtam. Bevallom, sajnos nem úgy, ahogy láttam és szerettem volna, mert sokszor a csudás szépségre szót se talá-

Hawai'i

ltam.

Most a kora reggeli órák templomi csendjére emlékezem, Haleakala kráter tetején, az egekhez és Maui istenséghez oly közel. Szemem elött most is megsíklik a napfény. Fekete lávakövek élén ezer felé szikrát szór a felkelő nap, akárcsak 20 évvel ezelőtt. Akkor is megbabonázott az óvatosan ébredező, jeges -*kupaoa*- bokor levelének harmatos ezüstje és lenyűgözött a kráter lila köntösének szépsége. Fejemben örök zsoltárok zsonganak és most is, csak nekem suttogott a –*nene*- lúd, 40 esztendő elmúltával is.

Szemeim igen sokszor megteltek a sok csudalátástól, de úgy éreztem, hogy a csudák és szépségük leírását csak próbálgattam.

A hawai'iak a szigetről távozót is *Aloha*-val búcsúztatják és illatos -*lei*-t tesznek a távozó nyaka köré. Reménykednek, hogy akárcsak a virágot, az eltávozót is egyszer visszasodorja a víz. Minden látogatásom után én is illatos virágkoszorúmat a tengerbe ejtettem. 40 esztendőn keresztűl sokszor visszatértem.

1999-ben a Hawai-i sziget legdélibb csücskén (Ka La'e) kóboroltam a nagy láva görgetegek között. Itt találkoznak a keleti és nyugati vízáramlatok, rajtuk hancuroznak a vonuló bálnák. Mély hullámok szépséges ölén táncolt a sok, színes tengeri hal. E hullámok hátán jöttek és itt találkoztak évezredeken keresztűl a halászgató és vándorló polinéziaiak. Jó zsákmányértfinom sűltet áldoztak isteneiknek.

Ezeréves lávakövek megviselt kenukikötő lyukai most is várják az új vándort. Melléjük űltem, ujjaimmal megsímogattam ezeket a viseltes, öreg lyukakat. Lelkem mélyén búcsúzkodtam. Gondolataim, mint a virágfüzér, a hullámokon lágyan szétterültek. Óhajomat, hogy visszatérjek a sebessen elrohanó hullámokra akasztottam. Szép idő volt. Kék tengerek és fehér fodrok között játszadozó, illatos passzátszelek csókolgatták arcomat. Remélem, hogy még visszatérek.

Szép és jó az élet Ka Lae-n, férjem nem siet haza.

A halászok a jó fogást bőséggel meghálálták, finom sűltet és gyümőlcsöt ajánlottak fel isteneiknek.

Hawai'i

A régi csónakkikötő lyukak várják a kenuk seregét Ka La'e-n. Itt szerencsés a halászat és békések a kövek.

Mihály Márta

Irodalmi források

Abbott, Isabella Iona. 1992. La ...au Hawai'i. Bishop Museum Press, Honolulu, Hawai'i.

ALOHA. 1990. Idependent Travel Guide to Hawai'i, Travel & Leasure, Hawai'ian Airlines.

Apple, R.P. 1977. Tales of Old Hawai'i. Island Heritage Ltd.,Norfolk Island, Australia.

Ariyoshi, R. 2000. The National Geographic Traveler, Hawai'i. National Geographic Society, Washington, USA.

Barrére, D.B. 1994. Tracing the Past at Honaunau. Hawai'i Natural History Association, Hawai'I National Park, USA

Berry, Th. 1988. The Dream of the Earth. Sierra Club Books, San Francisco, 730 Polk Street, CA 94109

Burns Smith, S. 1996. Kona Caffee Farming. Gold Coast.

Carlquist, S. 1980. Hawai'i A Natural History. Printed for the Pacific

Tropical Botanical Garden. SB Printers, Inc., Honolulu, Hawai'i.

Christensen, J.S. 1972. Instant Hawai'ian. The Robert Boom Co., Honolulu, Hawai'i 96813

Clark, H. 1994. Volcano areas to close to protect nene gosling. The Honoluli Advertiser

Cook, Ch. 1999. The History of HJawaii -- the Pokiki Tradition, Mahalo Air Islader.

Cruikshank, D.P. 1986. Mauna Kea, University of Hawai'i, Institute for Astronomy, Honolulu, Hawai'i.

D'Alleva, A. 1998. Arts of the Pacific Islands. Harry N. Abrams, Inc., N.Y.

De Chardin, T. 1955. Le Phénomene Humain. Seuil, Paris, France.

Department of Geography, University of Hawai'i. 1983. Atlas of Hawai'i. University of Hawai'i Press, Honolulu.

Dudley, M.K. 1990. Man, Gods, and Nature. Na Kane O Ka Malo Press, Honolulu, Hawai'i.

English, K.. 1995. Napoe Hawaii, Taro: Root of Our Culture.

Fullwood, J. 1994. Paddling the Na pali, a feast for the senses. The Honolulu Advertiser.

Gutmanis, J. 1976. Kahuna La'au Lapa'au, Island Heritage publishing, Aiea, Hawai'i.

Handy, E.S., Emory, K.P., Bryan, P.H. Buck, J.H. et alia. 1965. Ancient Hawai'ian Civilization. A series of lectures delivered at the Kamehameha Schools. Charles E. Tuttle Company, Tokyo, Japan.

Kane, H.K. 1997. Ancient Hawai'i. The Kawainui Press, Hawai'i.

Kawainui Press. 1987. Pele Goddess of Hawai'I Volcanoes. Captain Cook, Hawai'i.

Lang, G. 1971. The Cuisine of Hungary. Bonanza Books. New York.

Lozoff, R. 2012. Timeline from Lahaina. Facebook blog.

Macdonald, G. A. and D.H. Hubbard. 1982. Volcanoes of the National Parks in Hawai'i Published by the Hawai'i Natural History Association in Cooperation with the National Park Service. Tongg Publishing Co., Inc. Honolulu, Hawai'i.

Macdonald, G. and Hubbard, D. 1951. Volcanoes of the National Parks in Hawai'i. Tongg Publishing Co., Inc., Honolulu, Hawai'i.

Mack, J. 1979. Haleakala. The story behind the scenery. KC Publications, Las Vegas, Nevada.

Mack, J. 1992. Haleakala. KC Publications, Inc., Printed by Dong, Seoul, Korea.

Medeiros, A. C., Loope, L.L. and H.F. James. 1989. Caves, Bird's Bones and Beetles. New Discoveries in Rain Forests of Haleakala. Park Science, Vol. 9, no. 2.

Merlin, M.D. 1976. Hawai'ian Forest Plants. Library of Congress Catalog Card Number 75-36304.

Mihály, M. 2011. Vándorlások. SCADA Electronic Books, https://createspace.com/3691045.

Mihály, M. 2012. Kína a Selyemúton. SCADA Electronic Books. https://createspace.com/3972201.

Munro, G.C. 1978. Hawai'i's Birds, Published by the Hawai'i Audubon Society, P.O. Box 22832, Honolulu, Hawai'i 96822.

Peele, W.T. and D.W. Cook. 1976. Close-up Map U.S.A. Hawai'i. Produced by the Cartographic Division, National Geographic Society, Washington.

Queen Liliokulani. 1972. Hawai'i Story by Hawai'i's Queen. Charles E. Tuttle Co. Rutland, Vermont & Tokyo, Japan.

Ramsay, C. R. 1993. Hawai'i's Hidden Treasures. National Geographic Society, USA.

Ramsay, C.R. 1993. Hawai'i's Hidden Treasures. Prepared by the Book Division, National Geographic Society, Washington, D.C.

Rangi Hiroa (Peter H. Buck). 1964. Arts and Crafts of Hawai'i. Section XI. Religion. Bishop Museum Press.

Sagan, C. 1994. Pale Blue Dot. Random House, N.Y.

Seiden, S. 1986. Hawai'i. The Big Island. An Island Heritage Book. Honolulu, Hawai'i.

Smatthers, G.A. and Dieter Mueller-Dombois. 1974. Invasion and Recovery of Vegetation after a Vulcanic Eruption in Hawai'i. National Park Service Scientific Monograph Series, Number five, Island Ecosystems IRP IBP, Hawai'i.

Sohmer, S.H. and R. Gustafson. 1987. Plants and Flowers of Hawai'i. University of Hawai'i Press, Honolulu, Hawai'i.

St. Lawrence, M.S. 1961. Exploring Nature in Hawai'i. Tongg Publishing Co., Ltd., Honolulu, Hawai'i.

St. Martin's Press. 2004. Lets GO HAWAII. N.Y.

Tanji, E. 1994. City lights threaten endangered native seabirds on Kauai, Maui. The Honolulu Advertiser.

Tenbruggencate, J. 1994. 'Alala has something to crow about. The Honolulu Advertiser.

Tenbruggencate, J. 1994. Birds of a feather. The colorful history of Hawai'i' kahili., The Honolulu Advertiser.

Tenbruggencate, J. 1994. Owls, feral cats endangering native birds.The Honolulu Advertiser.

Tenbruggencate, J. 1994. Researchers plant beginnings of an albatross habitat. The Honolulu Advertiser.

The Kamehameha School Lectures Series. 1965. Ancient Hawai'ian Civilization. Charles E. Tuttle Co. Ruthland, Vermont & Tokyo, Japan.

Udvardy, M.D.F. 1983. Dinamikus állatföldrajz. Tankönyvkiadó. Budapest.

World Heritage Sites. A complete guide to 936 UNESCO World Heritage Sites, 2012. United Nation Educational Scientific and Cultural Organization, Firefly Books.

Zimmerman, E.C. 1948. Insects of Hawai'i. Honolulu, University of Hawai'i, Honolulu.

Hawai'i

Tartalomjegyzék

Bevezető az új kiadáshoz 7
Bevezető az első kiadáshoz 10
Előljáróban 12
A szigetek 14
A szigetek születése 16
Terra Nova 20
Éghajlat 25
A láva sajátosságai 29
A növényzet betelepülése 33
Állatvilág 41
Hawai'i emberek 52
Hawai'i navigátorok 56
Növényi örökség 60
Pele a tűzhányók istennője 64
Újjabb tengerjárók 69
Hokulea, Örömcsillag 72
Hawai'iloa 75
Aloha'aina, Föld, Istenségek 80
Heiau, Kőszentély 83
Királyi tollpalástok 91
Mindennapi élet 94
Fahasználat 100

Hawai'i nyelv 106
Felfedezők, jöttek az angolok 109
Kamehameha királyok kora 113
Hittérítők 118
Sok istenség, sok a kalandor 122
Hawai'i gyarmatosítása 127
Behozott munkások 131
Különleges demográfia 136
Megnyilnak a kapuk 139
Lakatlan szigetek 141
    Nihoa sziget 142
    Necker sziget 143
    Laysan sziget 145
    Lisianski sziget 146
    Lakott hawai'i szigetek 147
Ni'ihau sziget 148
Oahu sziget 150
Maui sziget 174
Molokai sziget 195
Kauai sziget 201
Lanai sziget 207
Kaho'olawe sziget 213
Hawai'i A "Nagy sziget" 218
Hawai'i vulkánikus nemzeti park 235
Pu'u O'o robbanásra készűl 250
Kitört Pu'u O'o tűzhányó 253
Mo'okini Luakini heiau a királyok köszentélye 260

Hawai'i

Papahanaumokuakea 264

Hawai'i különlegességek 265

Vallásokról 268

Pidgin angol 270

Hawai'I lakoma -luau- 272

Válaszút 276

-Mahalo- köszönöm 280

Irodalmi források 284

Mihály Márta

EMLÉKEK

Haleakala Kráter, Maui, Hawai'i

Itt laktunk Kailua-ban (Oahu sz.). A Kahuauki Hegyorom a hattérben. A Kailua Öböl strand 100 m-re, az ellentkezõ irányban.

Rainbow Tower, Hilton Hawai'i Szálloda, Waikiki, Hawai'i, 1972.

Mihály Márta

Férjemmel, Waikiki, 1972.

Fűrdöző családommal, férjem és kislányom, Martha, Waikiki 1973.

Hawai'i

Kislányommal, Ala Moana Strand, Honolulu, 1973.

Kislányom, honolului diák. Kaneohe Bay (Oahu), 1981.

Mihály Márta

Látogató leányommal, Honolulu, 1987.

Vejem Tim és leányom látogatóban, Waikiki, 1991.

Hawai'i

Nagy öröm volt vejem Tim és lányunk néhány napos látogatása, 1991-ben. Waikiki, Hawai'i.

Nem éppen kényelmes az -aa- láva, de ez volt az egyetlen közeli űlőhely, ahová gyorsan eljutottam a kender- kert felfedezése után.

Mihály Márta

Mindig megcsodáltam az ágyúgolyó fát (Couroupita guianensis). Foster Botanikus Kert, Honolulu.

Hawai'i

Lahaina Jodo Misszió. Nagyon szép kert veszi körűl a neves japán központot. Ez a legnagyobb kerti Buddha Lahaina-ban.

A szobor: -Ka'ohana oka La'e-, Család Ka La'e-n. A szobor a Hawaiiak ősi településének, családi köszentélyeinek kisajátítását és elvesztett jogait jelképezi. A szobrász: R.C. Leimana Pelton, Ka La'e, Hawai'i.

Midway sziget- a katonai kűzdelmek maradéka a madárvilág kedvenc otthona lett. Nekik nem ismerős a történelem.

Háttérben a hires Kaneohe Öböl, kiváló strand, melyet a lekopott kráter karimájainak esővvel eródált hegyei öveznek.

Hawai'i

Minden reggel a kailuai sétám alatt, csak 1-2 méterre a tenger hullámaitól ezek a színek tették varázslatossá a sétámat.

Kailua (Oahu sziget) strand melletti otthonunk kertje, grill-sütővel az előtérben. Itt étkeztünk, olvastunk, kedveltük kertünket.

Waimea öböl erős hullámai igencsak feldobták a hullámlovagló legényt a lécével. A partról csodáltuk merészségét.

Kimenekűltek, magassak voltak a hullámok. Drága nap volt, eltörött a deszka. Az ára többszáz, vagy több ezer dollar is lehet.

Hawai'i

Kedves emlékeim maradtak erről a mocsárról. Dr. Udvardy Miklós Magyar akadémikus, ismert zoológus és jó barátunk társaságában látogattam ezt az értékes, endemikus madarakkal, növényekkel, csigákkal teli tengerpart széli mocsarat. Miklós bátyám harcos gondnoka volt ennek a páratlanul értékes helynek. Óhaja ezeknek megőrzése volt, kerítést és vízfeletti ösvényekért kűzdött. Sajnos nem érte meg vágyai teljesűlését, Kealia Allami Park lett és teljes védelmet kapott. Miklós bátyám, köszönet a harcokért.

Mihály Márta

Gyakran emlegetjük az ananászt, mint ízletes, űdítő gyümőlcsöt, de elfeledkezünk arról, hogy virágja is igen különleges és szép. A szedése viszont nagyon nehéz munka.

Hawai'i

A Carneval Spirit fedélzetén. Többszörösen sétahajóval útaztunk Vancouver-ből Honolulu-ba. Mögöttünk áll a híres Aloha Torony.

Waimea strand. Vihar van, piros zászlók lengedeznek. Kevés a fürdöző. Kiváló fűrdőhely nyáron.

Hoomaluhia Botanikus kert bejárata. Ez közel van Kailuha-hoz, esőerdö. A háttérben az esővel kimosott régi láva hegyvonulatot láthatjuk. A repedésekben sok száz patak folyik, amikor esik az eső.

Hawai'i

Barátságos gyümölcs árusunkat gyakran látogattuk. Balóldalon friss kukorica csövek (roppant édes, 5 cső, 5$), középen almabanán (applebanana), helyileg kedveltebb, rövidebb, de édesebb mint a közönséges banán. A jobb szélső csoport az érett papaya (Három darab, 5 $). Kedvenc gyümölcsöm.

Férjem pihenője, Manoa Kea árnyékában. Nem könnyű terep, de a természettudományok páratlan kincsesháza.

La Perouse Öböl (Maui sz.) kristálytiszta és néhány méter mély vize kedvenc halász és búvárkodó hely. Valamikor innen rakták hajókra a szigeten nevelt marhákat. Lakatlan terület és különleges növény és halvilága miatt Állami Park lett. Sokat dolgoztunk a környék növénytársulásaiban. Roppant meleg és száraz hely.

Felmásztam a csillagvizsgálót szegélyező –aa- sávig. Kevés növényt találtam. Örömmel űltem le a -Dubautia menziesii- endemikus bokor mellé. Szép emlék maradt. Egyedűl kirándúltam.

Hawai'i

La Perouse Öböl nem könnyű gyalogló hely. Kimásztam a csücskére, az -aa- lava között kis medencéket találtam, igazi hal-ovodák voltak. No és tele csodálatos meduzákkal. Megérte a nehéz gyaloglást.

Turtle Öbölbe (Ohau sz.) készűlt ez a kép, a kedvenc partvidéken. 2012-ben, házasságunk 55. évfordóláját ünnepeltük itt. A tenger gyönyörű volt. Vigan síklottak a teknősök. Melegen sütött a nap és boldog voltam, hogy visszajöhettem.

Mihály Márta

Wakiki királynője, Nemzeti Kincs a Royal Hawai'ian Szálloda. A 20-as években épűlt. Régi vendégei színészek, művészek és módos emberek voltak. Berendezése klasszikusan elegáns. Nyítva van a tengerre, bárki élvezheti csodálatos kertjét, étermeit és partihomokját.

Hawai'i

A parti óldalon egy kerti bár van. Innen a legjobb a kilátás a Diamondheadr-re. Százak jönnek a naplementét megcsodálni. Rendszerint hetente egyszer mi is beűltünk a neves bárba. Elegáns kiszólgálás, klasszikus hawai'i zene, a helyi gyümőlcs italok, a világ sörei-borai és Hawai'i szorakoztatók várják a vendégeket. Finom a helyi rák. Természetesen mindez igen jó árért, de az utca másik óldalán mindez töredékért megkapható. Minusz ez az elegáns környezet. A kép 2012-ben készűlt.

Ka'anapali Strand (Maui sz.). Több kilóméter hosszú ez a remek és elegáns fürdőhely. A tenger viszonylag sekély (ezért ellenek itt a bálnák) és meleg. A part drága szállodáival sok ezernek adnak szállást naponta. A vendéglőkben bármi kapható. Elegáns fürdőruha-cipő űzletekkel van tele. Sokat fürödtünk itt, a hosszú homokos part a legjobb pihenő hely.

Az Ala Moana (Honolulu) Strandon. Szokásosan, naponta 1 kilómétert úsztam ezen a városi, családi strandon. Lacikám ebédre jött az egyetemről. Jó úszó találkánk volt ezen a tiszta családi, nagy parkos, virágzó fákkal teli, városi úszóhelyen.

Kertünk (Kailua, Ouhu sz.) banán termését szedtük. Sajnos a madarak igen gyorsan megcsipkedik az éretteket. A világosabb (almabanán) sokkal finomabb volt. A termés nyelének leve örök foltot hagy a ruhán, amit csak az olló vesz ki. Sajnos ezt nem tudtuk.

Kilátás a Diamond hegy tetejéről Waikiki-re.

Hawai'i

Sohasem mulasztottam el a szállodák fogadóját megnézni. Hawai'iban, itt a legszebb virágcsokrokat lehet látni. A japánok nagy művészei a virágcsokor építés mesterségének. Különben a viselt ruhám a legpraktikusabb hawai'i őltözet.

Férjemmel a Foster Botanikus Kertben (Honolulu).

Hawai'i

Láva Fa Allami Park-ban (Lava Tree State Park, Hawai'i sz.). 1790-ben Kilauea óldalából kiömlő –pahoehoe- lava elöntötte az -ohia- (Metrosideros sp.) erdőt. A több métervastag láva körbeölelte az élő fákat. A láva megkeményedett és a fa a belsejében elhalt. Természetesen azóta felújúlt az erdő. Egy volt fatörzs láva burkolata mellett állok.

Ma csak kirándúltunk, nem messze La Perouse öböltől (Maui sz.)

Lavarock sör Lacinak, gin tonikával nekem. Turtle Öböl.

Nagymama reggelije, Kailua, Oahu sz.

Hawai'i

Finom ebédet ettünk a helyi vendéglőben, Napili, Maui. Csodálatos volt a trópusi kert is.

Egy reggel úgy hallottuk, hogy igen viharosak az északi partok (Oahu sz.), Elmentünk a hullámokat megcsodálni. Magasak és félelmetesek voltak. Nem fűrdött senki.

Lacikám lemondott az úszásról, egy kicsit magasak a hullámok.

Hawai'i

Otthonukat vesztett hawaii középosztály tábora (Makaha part, Oahu). Az ingatlannal nyerészkedők megfizethetetlenné tették részükre a városban élést.

Mihály Márta

Itt virágzott a noni. Apró fehérvirágok kapaoszkodnak a citromszerű termésre. Gyakori bokor a tengerpartok közelében, a Nagysziget délkeleti óldalán.

Gondolataimat a köszentély bejáratát őrző istenségre bíztam. Öreg, szép Erdélyből jöttem. Vándor tarisnyámban reményt, szeretetet és reménységet hoztam. Reményeim busásan megtérűltek.

Hawai'i

Sok-sok szépet és jót láttam, gyermekéveim csodálatos növényének, az útilapunak igazi hawai'i rokonát is megtaláltam.

Mihály Márta

Hawai'i

Mihály Márta 1933-ban született Lövétén, Udvarhely megyében. Elemi iskoláit Erdélyben végezte, a szentendrei Ferenceseknél érettségizett. Sopronban, majd Vancouverben, szerzett erdömérnöki diplomát. Londonban él férjével. Hawai'i második otthona.

Made in the USA
Charleston, SC
08 March 2013